KB043636

회화잡는 스피킹 영어회화 사전

회화잡는 스피킹 영어회화 사전

2022년 7월 10일 초판 1쇄 인쇄
2022년 7월 15일 초판 1쇄 발행

지은이 이서영
발행인 손건
편집기획 김상배, 장수경
마케팅 최관호
디자인 김세희
제작 최승용
인쇄 선경프린테크

발행처 *LanCom* 랭컴
주소 서울시 영등포구 영신로34길 19
등록번호 제 312-2006-00060호
전화 02) 2636-0895
팩스 02) 2636-0896
홈페이지 www.lancom.co.kr
이메일 elancom@naver.com

ⓒ 랭컴 2022
ISBN 979-11-92199-13-9 13740

맨날 해도 안 되는 영어회화 바로 찾아 써먹기

회화
잡는

이서영 지음

스피킹
영어
회화사전

LanCom
Language & Communication

Preface

해외여행을 계획하는 사람들은 대부분 설렘 반 두려움 반으로 외국어 공부를 시작합니다. 물론 이제는 핸드폰만 들고 다니면 상대방의 말을 바로 통역할 수 있고, 내가 하고자 하는 말도 영어로 어떻게 표현하면 되는지 바로 찾아볼 수 있는 시대가 되었지만, 아무리 기계가 발달했다고 해도 사람들과 직접 소통하는 즐거움과는 비교할 수 없을 것입니다. 외국 땅에서 현지인들과 영어로 말하는 것은 여행하는 사람만이 누릴 수 있는 색다른 경험이고 즐거움이니까요.

커뮤니케이션(communication)에서 가장 중요한 것은 듣고 이해하는 것입니다. 그것은 사실 그렇게 어렵지 않습니다. 우리가 일상생활에서 쓰는 말들을 생각해 보면 늘 그 말이 그 말일 정도로 정말 쉬운 말들뿐이잖아요? 그리고 외국인들의 서툰 한국말을 듣고 어떤 기분이 들었는지 생각해 보면 서툰 영어로 말하는 것이 더 이상 창피하지 않을 것입니다. 그러니 우리말 표현을 그대로 영어로 바꿔서 문법에 맞춰 말하려고 애쓰지 말고 틀려도 괜찮다는 마음으로 가볍게 말하세요. 물건 이름을 모르면 손으로 가리키면서 How much?라고만 해도 다 통하니까요.

하지만 문제는 상대방의 말을 듣고 이해하는 것입니다. 아무리 상대가 쉬운 말로 하고 손짓 발짓으로 설명한다 해도 그런 식으로는 한계가 있을 수밖에 없습니다. 그런 문제를 극복하려면 적어도 일상생활에서 흔히 쓰는 핵심단어, 관용구, 기본 패턴 정도는 공부해야 하고, 귀에 익혀 두어야 해요.

물론 그렇게 공부하고 가도 처음에는 바로 알아듣기 힘들 거예요. 하지만 Pardon?(미안하지만, 다시 한 번 말해주세요) 또는 Please speak more slowly.(좀 천천히 말해주세요)라고 말해서 두어 번 다시 들으면 무슨 말인지 알아듣게 됩니다. 귀에 익은 단어며 관용구들이 들릴 테니까요. 그리고 그때의 기분은 아마 말로 표현하기 힘들 것입니다.

그런 의미에서 이 책이 독자 여러분의 영어회화 기본을 탄탄하게 다지고 귀를 여는 데 조금이라도 도움이 될 수 있기를 기대합니다.

2022. 7
저자 씀

About this book

이 책은 영어회화를 기본(basic)부터 제대로 시작하려는 분, 이미 기초
영어를 배우고 있는 분, 수년간 영어공부를 했지만 회화에 자신이 없
어 외국인과의 대화를 망설이시는 분들을 위해 만들어진 책입니다. 회
화의 첫걸음을 내딛는 가장 기본적인 인사 표현부터, 감사·사과·축하
등의 감정표현, 긍정·부정·맞장구 등의 의사소통을 매끄럽게 하는 표
현, 날씨·시간·외모·성격·약속·초대 등의 일상생활 표현, 전화·쇼핑·교
통·은행 등의 해외여행에 꼭 필요한 알짜표현으로 구성하여 필요한 회
화표현을 즉석에서 찾아 바로바로 활용할 수 있습니다.

이 책의 특징

① 상황별로 쓸 수 있는 다양한 표현들을 모아 필요한 표현을 골라 바
로 활용하는 데 중점을 두었습니다.

② 영어회화를 처음부터 새롭게 시작하는 사람의 입장에서 '인사' 등
아주 기본적인 표현에서부터 '생각이나 느낌을 말하는 방법' 등 기본
적인 영어회화를 완벽하게 익힐 수 있도록 하였습니다.

다시 말하면 먼저,

How are you?
Good-bye.
Excuse me.

와 같은 기본적인 회화를 배운 다음 이것들을 응용해서 다음과 같이,

How's everything going?
Good-bye for now. See you again.
Excuse me for a moment. I'll be back soon.

으로 활용하는 요령을 익히는 것입니다. 이와 같이 자신이 말하고자 하는 표현이 입에서 술술 나올 수 있을 만큼 회화의 감각을 갖게 하는 것이 이 책의 커다란 목표입니다

③ 사전처럼 한눈에 찾아보기 쉽도록 우리말 해석을 먼저 두고 영어의 본래 의미를 이해할 수 있도록 다양한 표현을 두어 기본을 충실히 익힐 수 있도록 하였습니다.

④ 회화표현 중간 중간에 간단한 어법 설명이나 유사표현, 반대표현, 단어의 뉘앙스 차이 등의 간단명료한 해설을 두어 초보자들이 회화를 보다 폭넓게 이해하면서 익힐 수 있도록 하였습니다.

⑤ 랭컴출판사 홈페이지(lancom.co.kr)에서 무료로 제공하는 mp3 파일에는 본문 전체가 원어민의 일상적인 발음 속도로 녹음되어 있어 듣기와 말하기에 만전을 기할 수 있습니다.

Part 02 대화 표현
Expressions of Communication

Part 04 일상 표현
Expressions of Daily

인사 표현

Expressions of Greeting

Unit 01 만났을 때의 인사

How are you? / How's it going? / How's everything?처럼 How로 시작하는 인사말은 어떻게 지내는지 기분과 컨디션을 묻는 것이지만 실제 의미는 그냥 '안녕하세요?'이다. 그러니까 I'm ok.(괜찮아) / Pretty good.(아주 좋아) / Not too bad.(나쁘지 않아) 등으로 대답하면 된다. 하지만 What으로 시작하는 인사말은 질문 자체가 디테일하기 때문에 대답도 What's new?(뭐 새로운 소식 있어?) - Not much.(별로) / What's up?(별일 없어?) - I just finished homework.(방금 숙제를 끝마쳤어) 식으로 질문에 적절하게 디테일해야 한다.

Greetings

처음 만났을 때
How do you do?

처음 뵙겠습니다.

How do you do?

» 처음 만났을 때 하는 정중한 인사로, 상대방의 이름을 붙여서 How do you do, Mr. Jones [Miss Kim, Mrs. Lee]?라고 하는 것이 보통이다. 파티나 모임처럼 친밀감이 형성되어 있는 상황에서는 간단하게 Hello! / Hi!라고 인사하기도 한다.

만나서 (정말) 반갑습니다.

I'm (very) glad to meet you.
I'm (very) happy to meet you.
I'm (very) pleased to meet you.
It's (very) nice to meet you.
(I'm) Glad to meet you.
(I'm) Pleased to meet you.
(It's) Nice to meet you.

» How do you do?에 이어서 '만나서 반갑습니다.'라고 하는 인사이다. 평소에 알고 지내던 사람을 만났을 때는 Nice to meet you again.(다시 만나서 반가워요)이라고 again을 덧붙이면 된다. 헤어질 때는 (It was) Nice meeting you.(만나서 반가웠습니다)라고 한다.

알게 되어 (정말) 기쁩니다.

I'm (very) glad to know you.
I'm (very) pleased to know you.

이 박사님, 뵙게 되어 영광입니다.

It's a great pleasure to meet you, Dr. Lee.
It's an honor to meet you, Dr. Lee.

» 손윗사람이나 평소에 존경하던 사람을 만났을 때 하는 지극히 공손하고 정중한 인사이다. 하지만 좀 과장되고 지나친 느낌이어서 상대방이 어색해질 수도 있다.

A　Hi, Tae-ho. 안녕, 태호.

B　Nice to meet you, Jane. 제인, 만나서 반가워요.

　》 인사말 뒤에 이름을 불러주면 더욱 친근한 느낌이 든다.

A　How do you do, Mr. Lee. I'm glad to meet you.
이 선생님, 안녕하세요, 뵙게 되어 기쁩니다.

B　How do you do, Mrs. Brown? 안녕하세요, 브라운 부인.
I'm pleased to meet you too. 저야말로 뵙게 되어 기쁩니다.

한 번 뵙고 싶었어요.

I've always wanted to know you.

I've always wanted to meet you.

I've been wanting to meet you.

I've been looking forward to meeting you.

말씀 많이 들었어요.

I've heard a lot about you.

I've heard a great deal about you.

I've heard many good things about you.

A　I've often heard of you from Tom. 톰에게서 말씀 많이 들었어요.

B　Good things, I hope. 좋은 이야기였으면 좋겠군요.

성함은 알고 있었어요.

I knew you just by name.

》 '만난 적은 없지만 이름은 알고 있었다.'라는 뜻이다. 같은 의미로 '얼굴은 알고 있어요.'라고 할 때는 I know you just by sight.

Good morning, Jack.

안녕하세요, 잭. <아침>

Good morning, Jack.

» 친해지면 Morning, Jack.이라고 할 수도 있다.

안녕하세요, 낸시. <점심>

Good afternoon, Nancy.

안녕하세요, 김 선생님. <저녁>

Good evening, Mr. Kim.

» 위의 3가지는 각각 아침, 점심, 저녁에 만났을 때의 인사이다. Good night.(↗)
(안녕히 주무세요. / 안녕히 가세요)은 헤어질 때의 인사이다.

A   Good morning, Mrs. White. How are you today?
안녕하세요, 화이트 부인. 오늘은 어떠세요?

B   Just fine, thank you, and how are you, Mr. Lee?
좋습니다, 감사합니다. 이 선생님은 어떠세요,

A   Fine, thank you.
좋습니다, 고맙습니다.

» And (how are) you(↗)?에서 you를 강하게 발음한다.

안녕하세요.

Hello.

Hi.

Hello there.

Hello again.

» Hi.는 누구에게나 쓸 수 있는 일반적인 인사 표현으로 Hello.와 함께 가장 많이 쓰
인다. 미국 구어에서 많이 쓰이는 Howdy?라는 표현은 How do you do?에서 나
온 말이다. 헤어지고 나서 다시 만났을 때는 Hello again.이라고 인사한다.

어떻게 지내세요?

How are you?
How are you this morning?

» 만났을 때 Good morning. 뒤에 이어서 하는 인사로 '어떻게 지내세요? / 오늘 아
침엔 좀 어떠세요?'라는 뜻이지만 실제로 상대방의 건강상태를 묻는 것이 아니라
그냥 안부를 묻는 '안녕하세요?' 정도의 의미이다.

잘 지내요. 감사합니다. 당신은 어떠세요?

I'm fine, thank you, and how are you?
Just fine, thank you. And you?
I'm very well, thank you, and how are you?
Pretty well, thank you. And you?
No problems. Are you well?

» How are you? 식의 질문을 받았을 때는 이런 식으로 좋다든지 별로라든지 자신
의 상황에 따라 대답하고 나서 상대의 근황도 되물어봐주는 것이 예의이다.

A   Good afternoon. How are you, Miss Jones?
    안녕하세요, 어떻게 지내세요, 존스 양?

B   Not too well, I'm afraid. I have a slight headache.
    별로예요, 머리가 좀 아파요.

» 건강이 좋지 못할 때는 이런 식으로 대답하고, 상황에 따라 Couldn't
be better, thanks.(이보다 더 좋을 순 없어요) / Pretty good.(아주 좋아
요) / Good.(좋아요) / Not bad.(나쁘지 않아요) / So-so.(그저 그래요) /
Terrible.(엉망이에요) / I'm tired.(힘들어요) 등으로 대답한다.

부인은 건강하신가요?

How is Mrs. White?

가족들은 모두 건강하십니까?

How's your family?

How's everyone at home?

How are your folks?

Are you all very well at home?

Are you people all well?

» How's your family?류의 질문에 대해서는 They're all very well.(모두 건강하니
다)처럼 They ~.(복수)로 대답한다.

어떻게 지내십니까?

How are you doing?

How are you getting along?

How are things?

How's things?

How's everything?

How's everything going?

How's it going?

How's it going with you?

How's the world treating you?

How's yourself?

» How are you? 대신 쓸 수 있는 인사 표현들이다. 각각의 뜻은 다 다르게 해석할
수 있지만 실제 의미는 그냥 '어떻게 지내세요? / 안녕하세요?'라는 뜻으로 알아들
으면 된다. 구체적으로 의미를 해석하려고 애쓰지 말고 그냥 I'm OK.(그냥 그럭
저럭 괜찮아요) / I'm doing great.(완전 좋아요) / I'm better.(괜찮아졌어요) 식
으로 대답하면 된다.

A **How's everything going?** 일은 잘됩니까?

B **Not too bad.** 괜찮아요. / 견딜만 해요.

A **What's new?**

별 일 없어요?

B **Nothing much.**

별 일 없어요.

» 친근한 사이의 인사이다. What's new? 대신 What's up? / What's going on up here?라고도 한다.

건강하길 바랍니다.

I hope you're well.

오랜만에 만났을 때
It's been a long time.

그동안 어떻게 지내셨어요?

How have you been?

How have you been getting on?

Have you been well?

» How are you?를 How have you been?으로 바꾸면 '그동안 어떻게 지내셨어요? 그동안 잘 지내셨어요?'라는 인사가 된다.

오랜만입니다.

I haven't seen you for ages.

We haven't seen each other for a long time.

It's been a long time.

It's been ages (since we last met).

Long time no see.

» 오랜만에 만난 사람에게는 이런 식으로 인사한다. for ages(= for a long time)는 꼭 몇 년 동안 못 만났다는 것이 아니라 그만큼 오래 못 본 것처럼 느껴진다는 의미로 몇 주, 몇 개월간 못 본 사람에게도 사용할 수 있다.

다시 만나서 정말 기뻐요.

It's great seeing you again.

It's really nice to see you again.

우리 모두 당신이 보고 싶었어요.

We all have missed you.

» miss는 기본적으로 '그리워하다'라는 의미를 갖고 있는데 '(사람이) 없어서 섭섭하다, (물건이) 없어서 안타깝다'라는 뉘앙스로 자주 쓰인다.

전화라도 드리려고 했는데 못했어요. 오랫동안 소식 전하지 못해 죄송합니다.

I was thinking of calling you up, but I somehow couldn't. I'm very sorry for my long silence.

» 다소 격식을 차린 인사로 장황한 느낌을 준다. 하지만 정말 미안한 마음이 들 때는 이런 표현으로라도 마음을 전하고 싶어진다. 또 가끔은 이런 식으로 표현하는 것이 필요할 때도 있다.

A   Hi, Jack. It's been a long time. How have you been?
안녕, 잭, 오랜만이야. 어떻게 지냈어?

B   I've been fine. And you?
잘 지냈어. 너는?

A   I haven't seen you for weeks. How have you been, Miss Jones?
몇 주 동안 못 만났네요. 그동안 어떻게 지내셨어요, 존스 양?

B   I was out of town for two weeks to visit my father in England.
영국에 계신 아버지를 찾아뵙느라 2주 동안 여기 없었어요.

» 한동안 만나지 못했던 사람과 만났을 때, 상대의 안부 인사에 대해 I've been fine. And you?처럼 형식적인 대답을 할 수도 있지만, 이처럼 구체적으로 대답하면 훨씬 더 친근하고 다정한 느낌이 든다.

Unit 02 소개할 때

소개할 때의 예절이 복잡하다고 생각된다면 딱 두 가지만 기억하자. 첫째, 나이 많은 사람에게 어린 사람을! 둘째, 여자에게 남자를! 친구들 사이에서는 Jane, This is Tom. 식으로 가볍게 소개해도 좋지만, 대부분의 상황에서는 좀 더 공식적인 표현을 쓰는 것이 안전하다. 자주 쓰는 표현은 Jane, I'd like you to meet Tom. / I don't think you know Tom. / May I introduce you to Tom? / Jane, do you know Tom? 등이다. 해석은 조금씩 달라도 의미는 '제인, 탐을 소개할게요.'이다.

Introductions and Courtesies

A   **I don't think I've seen you before.**
처음 뵙는 분 같은데요.

B   **No, you probably haven't. I'm new here.**
네, 그럴 겁니다. 여긴 처음이거든요.

A   **Oh, well, it's nice to meet you. I'm Sun-hee.**
아, 그러세요, 만나서 반갑습니다. 저는 선희예요.

B   **And I'm Jack. Nice to meet you, Sun-hee.**
저는 잭입니다. 만나서 반가워요, 선희.

우리 만난 적이 없는 것 같습니다.

I don't think we've met before.
We haven't met before, have we?

» 전에 만난 적이 있는지 기억이 확실하지 않을 때 확인하는 질문이다.

제 소개를 하겠습니다.

Let me introduce myself, then.
May I introduce myself?
Perhaps I should introduce myself.
Please allow me to introduce myself.

» 자기 소개를 할 때의 대표적인 표현들이다.

전 찬호입니다.

I'm Chan-ho.
My name's Chan-ho.

» '이름'은 first name / given name, '성'은 family name / sur name / last name, 중간 이름은 middle name / Christian name이다.

우리, 전에 어디서 만난 적 있죠?

We've met somewhere before, haven't we?
I've seen you somewhere before, haven't I?

» 이름은 모르지만 전에 만난 적이 있는 사람일 때, 잘 기억은 안 나지만 어디서 본 것 같은 느낌이 들 때는 이런 식으로 말을 건넨다. 비슷한 표현으로 Haven't we met somewhere? / I think I've seen you before. 등이 있다.

A   Excuse me, but haven't we met somewhere before?
실례지만, 전에 어디에서 만난 적이 있지요?

B   Yes…yes, of course we have. We met at Chan-ho's wedding reception.
네…그렇군요. 찬호의 결혼 피로연에서 였어요.

A   I'm Sun-hee. You're Jack, right?
저는 선희인데 잭 맞나요?

B   That's right. Nice to meet you, Sun-hee.
맞아요. 만나서 반갑습니다, 선희.

A   Hi! Do you remember me? 안녕하세요. 저 알죠?

B   Yes, of course. We met at the party last week, didn't we? 물론입니다. 지난주에 파티에서 만났지요?

A   Yes, that's right. I'm afraid I can't remember your name, though.
네, 맞아요. 그런데 이름이 기억나지 않네요.

B   I'm Tom White. You're Sun-hee Lee, aren't you?
톰 화이트입니다. 당신은 이선희죠?

미안합니다. 다른 사람과 혼동했습니다.

Oh, sorry. I must have mixed you up with someone else.

최서영입니다. 이름이 어떻게 되죠?

Seo-young Choi. May I ask your name?

제 명함입니다. 당신 것을 받을 수 있을까요?

Here's my card. Could I have yours?

» '명함'은 name card / business card / visiting card. 간단히 card라고도 한다.

이름은 동수이고 한국 서울에서 왔습니다.

My name is Dong-soo. I'm from Seoul in Korea.

» 자기소개를 할 때에는 제일 먼저 이름을 밝히고 어디 출신인지, 가족 상황은 어떻게 되는지, 취미는 무엇인지, 직업은 무엇인지, 좋아하는 것, 싫어하는 것, 희망사항 등에 관해 덧붙이는 게 좋다.

아이가 둘 있습니다.

I have two children.

» 독신일 경우에는 I'm single. 기혼일 경우에는 I'm married.라고 한다.

배드민턴에 흥미가 있습니다.

I'm interested in playing badminton.

취미는 록 뮤직이고 아마추어 록 밴드에서 노래했습니다.

My hobby is rock music and I used to be a singer in an amateur rock band.

소방 공무원입니다.

I'm a public employee in the fire department.

» 직장에 대해 묻는 표현은 Where do you work?(직장이 어디예요?) / When did you start?(언제부터 일했어요?) / How do you like working there?(직장생활은 어때요?) / How are your coworkers?(직장 동료들은 어때요?) 등이 있다.

영어를 아직 잘 못해서 열심히 배우려고 합니다.

I'm still poor in English, so I think I'll do my best to learn more.

I'm not very good in English yet, so I'm determined to try my best to improve it.

이름을 물을 때
Can I ask your name?

A   **Can I have your name, please?** 이름이 어떻게 됩니까?

B   **Tom White.** 톰 화이트입니다.

» 전화에서는 Who's calling, please?라고 이름을 묻는다.

이름을 말씀해 주시겠습니까?

May I have your name?

Can I ask your name?

Could I have your name, please?

Would you mind giving me your name, please?

Would you mind if I ask your name?

» Your name, please.는 너무 사무적이므로 May I have your name?으로 묻는 게 좋다. Could I …? / Would you …?라고 하면 더욱 정중한 말투가 된다.

A   **What's your first name, please?**
이름이 어떻게 됩니까?

B   **My first name is Seo-young.**
서영입니다.

성이 뭡니까?

What's your last name, please?
What's your family name, please?

A   I'm afraid I didn't catch your name.
성함을 잘 못 들었습니다.

B   It's Brown. Mary Brown.
브라운입니다. 매리 브라운이요.

이름 철자를 말해 주시겠습니까?

Could you spell your name, please?
How do you spell your name?
Would you mind spelling it for me?

A   I'm sorry, but I missed your last name.
미안하지만 성을 듣지 못했습니다.

B   Monroe. 몬로입니다.

A   Sorry, but could you spell it for me?
실례지만, 철자를 말해 주시겠어요?

B   Sure, M-O-N-R-O-E. 그러죠. M-O-N-R-O-E입니다.

A   Monroe. Thanks. 몬로 씨, 고맙습니다.

A   I'm John Adams. 존 아담스입니다.

B   Sorry, I'm terrible at remembering names. Could you spell Adams for me? I'm more likely to remember it that way.
미안하지만 저는 이름을 잘 기억 못합니다. 아담스의 철자를 말씀해 주시겠어요? 그 편이 기억하기 쉬울 것 같군요.

  » I always have difficulty remembering American names.(미국인의 이름 은 기억하기가 어려워요)라고 설명을 덧붙이는 것도 좋다.

아주 긴 이름이군요.

Your name is very long, isn't it?

» 서구인들의 이름 중에는 정말 긴 이름도 많다. 이름이 달랑 세 글자인 우리 입장
에서는 first name, family name만 해도 길게 느껴지는데 middle name까지 있
을 땐 정말 알아듣기 힘들다. 그럴 땐 어떻게 해야 할까? 미안하지만 다시 한 번 말
해 달라고 Sorry? / Come again? / Pardon? 알아들을 때까지 무한질문! 그래도
안 되면 Please speak slowly.(천천히 말해주세요) 그래도 안 되면 Please write it
down.(적어주세요)이라고 말하자. 이름은 무조건 정확하게 알고 있어야 하니까!

이름을 어떻게 발음합니까?

How do you pronounce your name?

기억하기 쉬운 이름이군요.

Your name is easy to remember.

A   Is that a common English name?
평범한 영어 이름입니까?

B   No, it isn't. Its rather unusual, actually.
아뇨, 사실은 좀 독특한 이름입니다.

다른 사람을 소개할 때

I want you to meet Mr. Park.

박 선생님을 소개합니다.

I want you to meet Mr. Park.
I'd like you to meet Mr. Park.
May I introduce you to Mr. Park?
Let me introduce you to Mr. Park.

» 미국에서는 사람을 소개할 때 보통 Mr.나 Ms. 등의 호칭을 붙여 소개한다.

A   By the way, Jack, I want you to meet my friend Miss Helen Parker.

그런데 잭, 내 친구 헬렌 파커 양을 소개하겠습니다.

B   How do you do, Mr. Long? 안녕하세요, 롱 씨.

C   How do you do, Miss Parker? I'm very glad to know you. 안녕하세요, 파커 양. 만나서 반갑습니다.

B   Thank you. I'm very pleased to meet you, too.

고맙습니다. 저도 만나서 반갑습니다.

» 보통 소개할 때에는 남자를 여자에게 먼저 소개하는 것이 예의지만 남자가 손윗사람이거나 상사일 경우에는 이렇게 소개한다.

A   Have you met Kate, by the way?

그런데, 케이트를 만난 적 있습니까?

B   No, I don't think I have.

아뇨, 없는 것 같습니다.

A   Oh, well, let me introduce you, then. Kate, this is Chan-ho. Chan-ho, Kate.

그럼 소개하겠습니다. 케이트, 이쪽은 찬호입니다. 찬호, 케이트입니다.

A   Come to think of it, I've never met Mrs. Long.

생각해 보니까 롱 부인을 만난 적이 없어요.

B   Haven't you, really? I'll introduce you to her.

그래요, 정말이에요? 소개해 드릴게요.

해리슨 씨, 미스 리를 만난 적 없을 것 같은데요.

Mr. Harrison, I don't think you've met Miss Lee.

존슨 씨, 이쪽은 김 선생님입니다.

Mr. Johnson, this is Mr. Kim.

» 다른 사람에게 소개할 때는 He is … / She is …라고 하지 않고 This is …를 쓴다.

프레드, 내 친구 동수야.

Fred, my friend, Dong-soo.

» 가까운 사이에서는 이름만 말하기도 한다. 이런 경우에는 이름을 확실하게 발음
하는 것이 포인트!

해리, 내 집사람이야.

Harry, meet my wife.

화이트 씨, 이 분은 우리 집 주치의인 아담스 박사님이세요.

Mr. White, this is Dr. Adams, my family doctor.

이 박사님, 이쪽은 제 미국 친구인 해리슨 씨예요. 한국에 온 지 얼마 안 됐어요.

Dr. Lee, this is Mr. Harrison, a friend of mine from the United States. He's just arrived here in Korea.

몬로 부인, 박 선생님을 소개할게요. 제 동료예요.

Mrs. Monroe, I'd like you to meet Mr. Park. He's a colleague of mine.

» 소개할 때 이름만 달랑 말하는 것보다 a friend of mine I've been telling you
about(항상 당신에게 말하던 친구), a new friend from Canada(캐나다에서 온
새 친구) 등 소개하는 사람과의 관계를 설명하는 게 좋다.

매리와는 초등학교 때부터 아는 사이입니다.

Mary and I have known each other since we were at primary school.

오른쪽에서 왼쪽으로 롱 씨, 미스 박, 미스 김, 해리슨 씨입니다.

From right to left, Mr. Long, Miss Park, Miss Kim and Mr. Harrison.

» 여러 사람을 소개하는 경우에는, from right to left(오른쪽에서 왼쪽으로) , in
order of age(연령순으로), in alphabetical order(알파벳순으로) 등으로 한다.

여러분, 존슨 교수님을 소개합니다.

Ladies and gentlemen, I'd like to present Professor Johnson.

» 이것은 한 사람을 대중에게 소개하는 경우의 표현이다. 다수의 청중에게 강연자를 소개할 때에는 Let me introduce you to our guest speaker, Dr. Wallace.(초대 강사인 월리스 박사님을 여러분께 소개하겠습니다)라고 한다.

여동생을 소개해 주셨으면 하는데요.

I wonder if you'd mind introducing me to your sister.
I'd like to meet your sister.

A Could you introduce me to that girl who's talking to Helen?
헬렌과 이야기하고 있는 그 여자 분을 소개해 주실래요?

B Sure, but she's already got a steady boyfriend.
좋아요. 그런데 그 여자는 이미 사귀는 남자가 있어요.

출신지 · 직업 · 취미를 물을 때
Where are you from?

어디 출신입니까?

Where are you from?
Where do you come from?
Where were you born?
Where is your hometown?

» 태어난 곳이 어디인지를 묻는 표현이다. 같은 나라 사람에게 물으면 어느 지방에서 태어났는지 묻는 것이고, 다른 나라 사람에게 물으면 어느 나라 사람인지를 묻는 질문이 된다. What part of the country do you come from?이라고 물으면 그 나라의 어느 지방에서 태어났는지를 묻는 것이다.

A　Where are you from, Tom?

톰, 어디에서 태어났습니까?

B　A place called Banbury. It's a small town in England near Oxford.

밴베리라는 곳입니다. 옥스포드 근처에 있는 영국의 작은 마을입니다.

A　Which part of the States are you from, Sally?

샐리, 미국 어디에서 태어났습니까?

B　Well, I was born in Arkansas but my parents live in Florida now.

네, 아칸소에서 태어났는데 부모님은 지금 플로리다에 살고 계세요.

거기서 성장했습니까?

Were you brought up there, too?

» 소위 'getting-to-know-someone' questions(서로 알기 위한 질문)지만 개인적인 일을 시시콜콜 캐묻는 것은 실례가 된다. 궁금한 것이 많더라도 꾹 참고 에둘러 How interesting! That's where I've always wanted to go.(재미있군요! 늘 가보고 싶었던 곳이에요)라고 하든지, Really? I stayed there for a month some five years ago. I suppose it must have changed a lot recently.(그래요? 5년 전쯤에 한 달간 묵었던 곳이에요. 요즘은 많이 변했겠지요) 등으로 말을 이어가다 보면 상대방이 알아서 궁금증을 풀어줄 수도 있다.

이곳 생활은 재미있습니까?

How are you enjoying it here?
How are you getting along in Korea?
How do you like living here?

A　Do you often come here?　이곳은 자주 오세요?

B　No. It's the first visit, actually.　아뇨, 사실 처음입니다.

어디에서 근무하십니까?

Who do you work for?

» 비슷한 표현으로는 Where do you work?(어디에서 일하세요?) / What do you do?(직업이 무엇입니까?) / What do you do for a living?(무슨 일을 하세요?) / What sort of work do you do?(어떤 종류의 일을 하세요?) / What line of work are you in?(어느 분야에 종사하세요?) 등이 있다.

> A What do you do?
>   직업이 무엇입니까?
>
> B I'm studying dress design in Seoul.
>   서울에서 의상 디자인을 공부하고 있습니다.

어느 학교에 다닙니까?

Where do you go to school?
Which school do you go to?

어느 대학을 나왔습니까?

Where did you go to college?
Which university did you go to?

취미는 무엇입니까?

What are you interested in?
What are your hobbies?
What do you do in your free time?

» 세 번째 표현은 '한가할 때는 무엇을 하십니까?'라는 뜻이다. 두 번째 표현을 What's your hobby?라고 하면 취미가 하나밖에 없다는 느낌을 줄 수 있다.

가족은 몇입니까?

How large is your family?

» How many are in your family? / How many family members do you have?라고 물어봐도 된다.

A   **Don't forget to keep in touch.** 꼭 연락하세요.

B   **Of course not.** 물론이죠.

» 새로운 사람을 만나는 것도 중요하지만 만남을 계속 이어나가는 것도 무척 중요하다. 마음에 드는 사람이라면 꼭 연락처를 받아두자. 내가 연락하겠다고 할 때 쓸 수 있는 간단한 표현으로는 I'll call you.(전화할게요), I'll contact you.(연락할게요), I'll be in touch.(연락할게요) 등이 많이 쓰인다. 계속 만나자고 할 때는 Let's keep in touch.(계속 연락하고 지냅시다)라고 말하고, 한동안 연락이 끊겼던 사람에게 다시 연락하자고 할 때는 I want to get back in touch with you.라고 한다.

A   **How can I get in touch with you?**
어떻게 연락하면 됩니까?

B   **I'll be staying in Seoul. Here's the phone number.**
서울에 있습니다. 이게 전화번호입니다.

» 연락해 달라고 할 때는 Hit me up!(연락해!), Keep in touch.(연락해) 등의 친근한 표현이 있고, Please call back later.(나중에 연락주세요)처럼 공손한 표현이 있다.

어떻게 연락할 수 있습니까?

How can I get in touch with you?
How can I reach you?

» 비슷한 표현으로는 How can I contact with you?가 있다.

A   **We're all going for a jog this afternoon. Would you like to join us?**
우리 모두 오후에 조깅할 건데 함께 하겠어요?

B   **That sounds like fun. What time are you going?**
재미있겠군요. 몇 시에 갈 겁니까?

» 상대방과 공통되는 관심사를 찾으려고 노력하는 것이 외국인과 만났을 때 대화를 이끌어 가는 핵심이다.

헤어질 때의 인사

만남은 늘 작별을 전제로 한다지만 어떤 상황이든 사실 작별 인사는 아쉽기 마련이다. 오랜만에 만난 친구와 헤어질 때, 파티나 모임에서 먼저 일어서야 할 때라면 더욱 그렇다. 그래도 시간이 되면 헤어져야 하느니 인사라도 다양하고 정겹게 해 보자. Good bye.(잘 가) / Have a nice day.(좋은 시간 보내) / Take care.(건강해) / See you later.(나중에 보자) / See you soon. (곧 만나자) / I'll call you when I get home.(집에 가면 전화할게) / Let's keep in touch.(계속 연락하자)

Farewells

헤어질 때의 일반적인 인사
Good-bye!

안녕히 계세요[가세요].

Good-bye!

So long!

Bye! [Bye-bye!]

잠깐 다녀오겠습니다.

Good-bye for now.

» for now는 '당분간'이라는 뜻으로 곧 다시 만날 예정일 때 사용한다.

또 만납시다.

See you. / See you later.

See you around.

Be seeing you.

» See you later.(또 만나요)는 I'll see you later.를 간단히 표현한 것이다. Be seeing you.도 I'll be seeing you.의 간단한 표현이다.

그럼 곧 다시 만납시다.

Let's meet again soon.

I'll see you before long.

Good-bye till we meet again.

I'll see you again soon.

I hope we'll get together again very soon.

내일 봅시다.

Good-bye till tomorrow.

Good-bye. See you tomorrow.

그럼 수요일에 만납시다.

Good-bye. See you (on) Wednesday.

안녕, 매리. 다음 주에 봐요.

So long, Mary! See you next week!

안녕히 가세요[계세요].

Good morning(↗).

Good afternoon(↗).

Good evening(↗).

Good night(↗).

» Good morning. Good afternoon. Good evening.는 만날 때의 전형적인 인사지만 끝부분을 살짝 올려 작별 인사를 대신하기도 한다.

헤어질 때의 상황별 인사
Take it easy.

몸조심하세요.

Take it easy.

» 원래의 의미는 '걱정하지 마세요, 무리하지 마세요.'이지만, 헤어질 때의 인사로도 사용한다. 과로하고 있는 사람에게는 '너무 무리하지 마세요.'라는 게 된다.

조심하세요.

Take care.

Take care of yourself.

Be careful.

» Bye!와 같은 의미로 사용된다. 장기 여행을 떠나는 사람에게도 쓸 수 있다. 문병하고 나올 때는 Look after yourself. I hope you'll be well soon.이라고 한다.

즐거운 하루 되세요!

Have a nice day!

즐거운 주말 되세요!

Have a nice weekend!

» '다음주에 만나요 / 월요일에 봐요'는 See you next week. / (I'll) See you Monday.

A Have a nice weekend, Miss Parker!
주말 잘 보내세요, 파커 양!

B Thank you. The same to you, Mr. Brown.
고마워요, 브라운 씨 당신도요.

» 금요일이나 주말에 헤어질 때 나눌 수 있는 인사 표현이다. '당신도'는 Thanks. And you too.라고 해도 좋다.

재미있게 놀다 오세요!

Have a good time. Enjoy yourself.

» 데이트나 파티 등 즐거운 일로 외출하는 사람에게 '잘 놀다 오세요. 실컷 즐겨요' 라고 인사하는 것이다.

행운을 빌어요!

Good luck!
I wish you good luck.
Good luck in the future.
Every success in the future.

» 시험을 치러 가는 사람에게는 '시험 잘 봐!'라는 의미로, 첫 출근하는 사람에게는 '새 직장에서 일 잘 해요.'라는 의미로 두루두루 사용할 수 있다.

잘 다녀오세요.

I hope you'll have a pleasant journey.
I wish you a pleasant journey!
I wish you a nice trip!
I hope you'll enjoy your trip.

I hope you'll have a splendid voyage!
I hope you'll have a good flight.

» 여행을 떠나는 사람을 전송할 때 쓰는 표현으로 travel(긴 여행이나 원거리 여행, 외국 여행), trip(짧은 여행, 단체 여행, 소풍, 출장), journey(먼 곳에 가서 오래 머무는 여행), tour(일정한 지역 내에서 여러 곳을 방문하는 여행) 등으로 구별해서 쓴다. 특히 voyage는 배 여행, flight은 비행기 여행을 말한다.

당신이 보고 싶을 거예요.

I'll miss you.

» 떠나는 사람에게 이보다 더 감동적인 인사는 없을 것이다.

이제 가봐야겠어요.

Well, I should be going.
I'd better be going now.
I'm afraid I must be leaving now.

» 다른 사람들과 함께 어울리다가 먼저 자리를 떠야 할 때, 먼저 가봐야겠다고 양해를 구하는 표현이다.

만나서 반가웠습니다.

It's been nice seeing you.
It's been my pleasure (seeing you).
I'm glad to have met you.
It was nice seeing you again.

» 헤어질 때는 반드시 만나서 반가웠다든가 함께 해서 즐거웠다는 종류의 감사를 담은 인사를 하는 것이 좋다.

즐거웠습니다.

I had a wonderful time.
I had a very good time.

» 특히 식사 초대를 받았다든가 파티에 초대를 받아서 갔을 경우에는 이런 감사의 인사를 잊지 말고 꼭 해야 한다. 뭐, 정말 지긋지긋한 시간이었다면 할 수 없지만.

파티 정말 즐거웠습니다.

I had a very good time at the party.

저녁 잘 먹었습니다.

I enjoyed the dinner very much.

오늘 저녁 매우 즐거웠습니다.

Thank you for an excellent evening.

I had a very nice evening.

초대해 주셔서 감사합니다. 매우 즐거웠습니다.

Thank you for inviting me. I've enjoyed myself thoroughly.

A   Come again soon.   또 오세요.

B   Thanks. I certainly will. Good night.
고마워요. 그럴게요. 안녕히 계세요.

안부를 전할 때

Please say hello to your sister.

여동생에게 안부 전해주세요.

Please say hello to your sister.

아버님께 안부 전해주세요.

Kind regards to your father.

» regards는 '경의, 안부 인사'를 의미한다.

매리에게 안부 전해줘.

Please give my love to Mary.

» 친근한 사이에 쓰는 인사 표현이다.

아담스 교수님께 부디 안부 전해주십시오.

Please remember me to Professor Adams.
Please give my regards to Professor Adams.
Please send my best wishes to Professor Adams.
Will you convey my regards to Professor Adams?

» 다소 격식을 차린 인사이다.

A   Good-bye. Please remember me to everyone at home.
안녕히 가세요. 식구들에게 안부 전해주세요.

B   Thank you. I certainly will.
고마워요. 꼭 그럴게요.

A   Please give your parents my regards.
부모님께 안부 전해주세요.

B   Thanks, I will. Yours too.
감사합니다. 그럴게요. 당신 부모님께도 안부 전해주세요.

A   I happened to see Mr. White yesterday. He sent you his regards.
어제 화이트 씨를 우연히 만났는데 당신에게 안부 전하더군요.

B   Did he? Give my best wishes next time you see him, will you?
그랬습니까? 다음에 그를 만나면 제 안부도 좀 전해주시겠어요?

» '그가 당신에게 안부를 전했다.'는 He said hello to you.라고 한다.

고맙다고 할 때

고맙다는 말을 입에 달고 사는 서양 사람들 입장에서는 한국 사람들은 정말 고마움을 모르는 사람들처럼 보일지도 모른다. 아주 많이 나아졌다고 해도 한국 사람들은 아직도 감정 표현에 서툴다. 마음 따뜻하기로야 세상 둘째가라면 서러울 우리가 그런 오해를 받는다면 얼마나 억울한가! 이제부터 아낌없이 감사 인사를 퍼부어주자. Thank you / Thanks / Thanks a lot / I really appreciate it. / You're too kind. / You're an angel. / Thank you for your kindness.

Expressions
for Gratitude

감사합니다.

Thank you.

Thanks.

A   After you, please.   먼저 하세요.

B   Thank you.   고맙습니다.

A   Would you take a seat, please?   앉으시겠어요?

B   Thank you.   감사합니다.

정말 감사합니다.

Thank you very much.

Thank you so much.

Thank you very much, indeed.

친절에 감사합니다.

It's very kind of you. Thank you very much.

Thank you for your kindness.

Thank you for your kind help.

Thank you for helping me.

» Thank you for …는 감사의 마음을 구체적으로 전하는 기본 표현이다. 바로 입에서 나올 정도로 연습하자. 그냥 Thank you,하는 것보다 성의 있어 보인다.

여러 가지로 감사합니다.

Thank you very much for everything.

Thank you for all your kindness.

수고해 주셔서 감사합니다.

Thank you for your trouble.

Thank you for all the trouble you've taken.

찾아와 주셔서 감사합니다.

Thank you for coming to see me.

전화해 주셔서 고맙습니다. 잘 있어요, 브라운 씨.

Thank you for calling. Good-bye, Mr. Brown.

콘서트 표, 감사했습니다. 정말 훌륭한 공연이었어요.

Thank you for the concert tickets. We enjoyed the wonderful performance.

서류를 검토해 주셔서 감사합니다.

Thank you for taking time to check my papers.

Thank you for looking through my papers.

칭찬 감사합니다.

Thank you for the compliment.

어쨌든 감사합니다.

Thank you, anyway.

Thank you all the same.

Thank you just the same.

A   Can I help you?
도와 드릴까요?

B   No, there's no need. Thank you all the same.
아뇨, 그럴 필요는 없습니다. 아무튼 감사합니다.

» '호의만으로도 감사합니다.'라는 마음을 전하는 말이다.

A **Won't you come?**
오시지 않겠습니까?

B **I'm sorry I can't. Thank you just the same.**
미안하지만 갈 수 없습니다. 어쨌든 감사합니다.

아, 고마워요.

Thanks.
Oh, thanks.

» Thank you.의 의미로 가볍게 사용한다. 복수형에 주의

대단히 감사합니다.

Thanks a lot.
Thanks a million.
Thanks very much.
Many thanks.
A thousand thanks.

» Thank you very much.의 의미로 이들 중 어느 하나를 사용해도 굉장히 감사하게 생각한다는 마음을 넉넉하게 전할 수 있다.

도움 감사합니다.

Thanks for your help.

» Thanks for …라는 형식은 구체적으로 무엇 때문에 특히 감사하고 있는지 전하는 표현이다. 그냥 Thank you very much.라고 하는 것보다 훨씬 감동적인 표현으로 많이 이용된다.

유학생 장학금에 대해 알려 주셔서 고맙습니다.

Thanks for your information about scholarships for studying abroad.

» 알려준 정보가 무척 유익했다는 마음을 읽을 수 있다.

선물에 감사할 때
Thank you for your nice present.

좋은 선물 감사합니다. 열어봐도 됩니까?

Thank you for your nice present. May I open it?

» 서구인들은 선물을 받으면 그 자리에서 바로 풀어보고 곧장 감동을 표현한다.

제게 주는 거예요? 정말 고마워요.

Is this really for me? Thank you very much.

» 뜻밖의 선물을 받았을 때 놀라워하며 감사하는 표현이다.

생각지도 못했어요! 정말 감사합니다.

What a nice surprise! Thank you very much.

» 너무 뜻밖의 선물이라 정말 깜짝 놀랐다는 느낌의 표현이다.

A Congratulations! Here's a little present for you.
축하해요! 이거 작은 선물이에요.

B Oh, thank you very much, Mr. White. This is just what I've always wanted.
정말 고마워요, 화이트 씨. 정말 갖고 싶었던 거예요.

이런 걸 갖고 싶었어요.

This is just what I wanted.
It's exactly what I wanted.
I really wanted something like this.
I've always wanted one of these.

» 선물한 사람에게는 가장 기분 좋은 대답이 아닐까?

고마워요. 이러시지 않아도 되는데요.

Thank you, but you shouldn't have (done that).

A　This is for you. I bought it in Los Angeles.
이거 받으세요. 로스앤젤레스에서 산겁니다.

B　Oh, what a nice surprise! Thanks a lot. Can I open it?
아, 생각지도 못했어요! 정말 고마워요. 열어봐도 되나요?

A　Yes, of course.
물론이에요.

B　Oh, that's beautiful. I've always wanted one of these.
아, 멋지군요. 이런 걸 갖고 싶었어요.

A　I'm very glad you like it.
마음에 드신다니 기쁘군요.

친절에 감사할 때
It's very kind of you.

친절하게 대해 주셔서 감사합니다.

It's very kind of you.

That's very kind of you.

It's very good of you.

It's so nice of you.

친절이 큰 도움이 되었습니다.

You've been very kind.

You've been very helpful.

It was a great help.

친절하시군요!

You're very kind!

How kind of you!

대단히 고마워요. 친절하게도 마중나와 주셨군요.

Thank you very much. It's awfully good of you to meet me here.

» kind, nice, good은 모두 같은 의미이다.

I'm very grateful to you.

진심으로 감사드립니다.

I'm very grateful to you.
I am really grateful to you.
I am much obliged to you.
I'm very much obliged to you.

» 격식을 차려 정중하게 인사할 때에는 grateful(= thankful), obliged 등을 이용할 수 있다.

정말 고맙습니다.

Much obliged, thank you.

그렇게 해주신다면 정말 감사하겠습니다.

I'd appreciate it if you'd do so.
We should be much obliged if you would do so.

» 정중한 감사의 인사. appreciate(감사하다)을 이용해서 I appreciate it very much.(정말 감사드립니다)라고 할 수도 있다.

친절에 정말 감사드립니다.

I really appreciate your kindness.

찾아주셔서 정말 감사드립니다.

We appreciate very much your calling on us.

파티에서 한 말씀 해주신다면 정말 감사하겠습니다.

**All of us would appreciate it very much if you
   would make a speech at the party.**

**Would you make a speech at the party? We'd
   appreciate it very much.**

» 파티나 모임 등에서 특정인에게 말씀이나 연설을 청하는 표현이다. 여러 사람들
   앞으로 모시는 표현이므로 무척 공손하고 품위 있는 표현이다.

초대해 주신 아담스 교수님께 깊이 감사드리고 싶습니다.

**I wish to express my deep appreciation to
   Professor Adams for his kind invitation.**

» 공식적인 회의의 연설 등에서 격식을 갖춘 의례적인 인사이다. 캐쥬얼한 표현을
   하면 절대로 안 되는 곳도 있는 법, 언젠가 필요할 때를 위해 이런 표현도 있다는
   것 정도는 기억해 두자.

뭐라고 감사를 드려야 할지 모르겠습니다.

I have no words to thank you.

I don't know how to thank you.

I don't know how to express my thanks.

I can't thank you enough.

**I can't thank you enough for what you have done
   for me.**

» Gratitude is the sign of noble souls.(감사는 고귀한 영혼의 표시이다)라고 이숍
   은 말했다. 그러니 우리 모두 감사의 인사를 아까지 말자.

Unit 05 사과할 때

영어로 사과할 때에는 말을 잘 골라야 한다. 가장 무난한 표현은 Excuse me! 그걸로 좀 부족하다 싶으면 Pardon me!도 괜찮다. I'm afraid ~를 써서 I'm afraid it won't be possible today.(유감스럽지만 오늘은 안 될 것 같아요) 식으로 이유를 설명하는 것도 좋다. 하지만 I'm sorry.는 잘못을 인정하고 모든 책임을 지겠다는 뜻이기 때문에 신중하게 생각해야 한다. 그리고 사과는 딱 한 번만 해야 한다. 두 번 세 번 사과의 말을 반복하는 것은 영어권 사람들에게 거짓말처럼 들린다는 것!

Expressions for Apology

Excuse me.

실례합니다.

Excuse me.

» Excuse me.는 '실례합니다, 미안합니다'라는 의미로 가볍게 사과하는 대표적인 표
  현이다. 사람을 부를 때, 다른 사람 앞을 지나칠 때, 다른 사람 앞에 있는 물건을
  가져올 때, 부딪쳤을 때, 먼저 자리를 떠야 할 때 등 다양한 상황에 쓴다.

실례지만 미국에서 오셨습니까?

Excuse me, but are you from the United States?

실례지만 성함이 어떻게 됩니까?

Excuse me, but may I have your name?

실례지만 지나가도 되겠습니까?

Excuse me, please. May I get through?

말씀 중에 죄송한데요 ….

Excuse me if I interrupt you(↗).

Excuse me for interrupting you, but ….

미안하지만, 한국말로 하겠습니다. 영어 단어가 생각나지 않아서요.

Excuse me, but let me speak in Korean. I can't think of the English word.

미안하지만, 모르겠는데요.

Excuse me, but I don't know anything about it.

늦어서 죄송합니다.

Excuse me for being late.

» 약속 시간에 늦은 것에 대해 가볍게 사과할 때 쓸 수 있는 표현이다. 엄청나게 많
  이 늦었거나 중요한 회의 등에 지각했을 때는 I'm sorry I'm so late.라고 한다.

잠깐 실례하겠습니다. 곧 돌아오겠습니다.

Excuse me for just a moment. I'll be back soon.

Will you excuse me for a couple of minutes? It won't take long.

» 이야기를 나누다가, 또는 식탁에서 잠깐 자리를 떠야 할 때 꼭 필요한 표현이다. 대답은 Certainly.(그러세요) / Take your time.(천천히 하세요) / There is no hurry.(서두를 필요 없어요)라고 하면 좋다.

내일 선생님의 수업에 빠져도 됩니까?

Can I be excused from your class tomorrow?

» Can I be excused from swimming today?(오늘 수영 가기로 한 거 빠져도 될까요?) / Can I be excused from this game?(이번 경기에 빠져도 될까요?) 등으로 your class tomorrow 부분에 다른 단어를 넣어 다양하게 응용할 수 있다.

가능하다면 내일 회의는 빠지고 싶습니다.

I'd like to be excused from tomorrow's meeting, if possible.

» Can I be excused from ~의 또 다른 응용이다. I'd like to와 뒤에 if possible(될 수 있으면, 가능하다면)을 덧붙여 공손하고 부드러운 표현이 되었다.

I'm sorry의 용법
I'm sorry.

실례합니다.

Sorry.

» '실례하겠습니다.' Sorry.는 일상 회화에서 Excuse me.에 가깝다.

죄송합니다.

I'm sorry.

» 상대방에게 피해를 끼쳤거나 중요한 잘못 또는 실수를 저질렀을 때는 Excuse me.보다는 I'm sorry.라고 진지하게 사과한다.

정말 죄송합니다.

I'm very sorry.

I'm so sorry.

I'm terribly sorry.

I'm awfully sorry.

이렇게 늦어서 죄송합니다. 오래 기다리셨죠?

I'm sorry I'm so late. Have I kept you waiting long?

어제는 집에 없어서 죄송했습니다.

I'm sorry. I was not at home yesterday.

미안합니다. 기억나지 않습니다.

I'm sorry. I have such a short memory.

» a short memory는 '건망증, (어떤 일을) 잘 잊어버림'

폐를 끼쳐 죄송합니다.

I'm sorry I caused you so much trouble.

일이 이렇게 되어 죄송합니다.

I'm sorry it worked out this way.

폐를 끼쳐 죄송합니다만….

I'm sorry to trouble you, but ….

I'm sorry to bother you, but ….

I'm sorry to disturb you, but ….

» 다른 사람에게 부탁하기 전에 말을 꺼낼 때

끼어들어 죄송합니다.

I'm sorry to interrupt you.

I'm sorry to break into your conversation.

기다리시게 해서 죄송합니다.

I'm sorry to have kept you waiting.

» keep ~ waiting은 늦게 도착해서 '~를 기다리게 하다'라는 뜻이다.

약속을 못 지켜서 죄송합니다.

I'm sorry for not keeping my promise.

» keep one's promise[appointment]는 '약속을 지키다'라는 뜻이다. '내가 한 약속은 지킨다.'는 I keep all my promises.

카펫을 더럽혀서 정말 죄송합니다.

I'm very sorry for staining the carpet.

한국에 더 체재할 수 없다니 섭섭합니다.

I'm sorry you can't stay longer in Korea.

» I'm sorry ….는 '섭섭한' 마음을 나타낼 때에도 쓴다.

미안하지만 저 여자는 약혼했습니다.

I'm sorry she is engaged.

제 잘못입니다.

That's my fault.

It was my fault.

It was wrong of me.

» I'm sorry.와 함께 쓸 수 있는 대표적인 관용 표현이다. '미안합니다. 제 잘못이에요.'라고 진지하게 사과할 때 사용한다.

발을 밟아서 죄송합니다. 제 잘못입니다. 아프지 않아요?

Sorry, I stepped on your toe. It was my fault. Did I hurt you?

죄송합니다. 부주의했습니다.

I'm sorry. It was very careless of me.

그럴 생각은 아니었습니다.

I didn't mean it.

I didn't mean to hurt you.

» 잘못한 것은 인정하지만 절대로 고의로 그런 것은 아니라는 뜻이다. 특히 책임 소재를 가려야 할 필요가 있는 일이라면 이 표현은 무척 중요하다.

정말 죄송합니다. 그럴 생각은 전혀 아니었습니다.

I'm terribly sorry. I didn't mean it at all.

폐를 끼칠 생각은 아니었는데 그랬다면 정말 죄송합니다.

I didn't want to cause you any trouble. If I did, I'm terribly sorry.

정말 죄송합니다. 깜빡했습니다.

I'm very sorry. I wasn't thinking about what I was doing.

어쩔 수 없었습니다.

It couldn't be helped.

I couldn't help it.

I had no other choice.

» 책임 소재를 가려야 할 중요한 잘못에 대해서 자기변호를 하는 표현으로 I didn't mean it.(그럴 생각은 아니었어요) 만큼이나 중요한 표현이다. 어쩔 수 없었다는 말을 몰라서 I'm sorry.만 연발하다가는 책임을 몽땅 다 뒤집어쓸 수도 있기 때문이다. It couldn't be helped.(어쩔 수 없었어요) / I had no other choice.(다른 선택의 여지가 없었어요) 정도는 꼭 외워두자.

다음부터는 잘하겠습니다.

Next time I'll get it right.

Next time I'll know better.

» 한 번 실수는 병가지상사란 말도 있다. 다음부터는 잘하겠다고 공손하게 자기의 실수를 사과하면 누구라도 흔쾌히 용서할 것이다.

죄송합니다.

Pardon me, please.

I beg your pardon(↘).

» I beg your pardon(↗).이라고 하면 다시 말해 달라는 표현이 되므로 주의하자.

용서해 주시겠습니까?

Won't you please forgive me?

제가 한 일을 용서해 주십시오.

Please forgive me for what I have done.

제 멍청함을 용서해 주세요. 눈치 없이!

Please forgive me for my stupidity. How clumsy of me!

기분이 상했다면 사과드립니다.

I apologize if I hurt your feelings.

전화 드리지 못한 걸 사과합니다.

I must apologize to you for not calling.

도가 지나쳤다면 사과합니다.

If I went overboard, I apologize.

뭐라고 사과를 드려야 할지 모르겠습니다.

I can't apologize enough.

I have no words to apologize to you.

How can I apologize for that?

» 앞에서 배운 '뭐라고 감사를 드려야 할지 모르겠습니다.'라는 표현과 비교해 보자.
I can't thank you enough. / I have no words to thank you. / I don't know how to thank you.

용서해 주시겠습니까?

Will you accept my apology?

» '제 사과를 받아주시겠어요?'라는 뜻이다.

이런 실수로 폐를 끼쳐 드려 정말 사과드립니다.

We sincerely apologize for my inconvenience caused by this error.

정말로 사과드립니다. 모든 잘못은 저희에게 있습니다.

Please accept our sincere apology. That's entirely our fault.

» 이런 종류의 사과는 대체로 직원이 고객의 불만에 대해서 정중하게 사과할 때 사용하는 진지한 표현이다.

폐가 안 되었으면 좋겠군요.

I hope I'm not disturbing you.

» 같은 표현이라도 I hope ~ / I'm afraid ~를 쓰면 훨씬 부드러운 느낌이 든다.

무례하다고 생각지 않길 바랍니다.

I hope you don't think me rude.

폐가 되지 않으면 좋겠어요.

I hope you don't mind.

시간을 너무 많이 뺏은 건 아닌지 모르겠습니다.

I'm afraid I've taken up too much of your time.

» 생각보다 얘기가 길어졌거나 예정했던 것보다 시간을 끌게 된 경우에 사과하는 표현이다.

Unit 06 감사와 사과에 답할 때

감사와 사과의 표현은 기본 중의 기본이다. 인사 표현처럼 상황에 따라 적절하게 표현할 수 있어야 하고 그에 대한 대답도 제대로 할 수 있어야 한다. 영어권 사람들은 툭하면 Thanks. / Excuse me.라고 말한다. 감정 표현에 서툰 우리 입장에서는 정말 매번 대답하기도 당황스러울 지경이다. 하지만 꼬박꼬박 대답해야 한다. 감사 인사에 대해서는 Not at all. / Dont mention it.(천만에요), 사과 표현에 대해서는 Thats all right. / Don't worry.(괜찮아요) 등 다양한 대답을 알아두자.

Responses to Thanks and Apologies

천만에요.

Not at all.
Don't mention it.
You are welcome.
You are quite welcome.
That's OK.

» Thank you.에 대한 가장 일반적인 대답이다. 하루에도 수십 번씩 대답을 해야 할 수도 있는데 매번 똑같은 대답만 하면 듣는 사람은 고사하고 자기 자신이 너무 식상하고 지루하다. 자주 쓰는 만큼 입에도 쉬 붙는 법, 다양한 표현을 익혀두고 골라쓰는 즐거움을 누려보자.

그런 말씀 마세요. 별 것 아니에요.

Please don't mention it. It's nothing.

천만에요. 도울 수 있어서 기뻤어요.

Not at all. I'm very glad I was able to help you.

전혀 수고스러운 일이 아니었어요. 감사하지 않아도 됩니다.

No trouble at all. Please don't thank me.

천만에요. 언제라도 기꺼이 도와드릴게요.

Don't mention it. I'll be pleased to help you any time.

천만에요. 도움이 필요하면 언제라도 말씀해주세요.

You're quite welcome. Feel free to ask me whenever you need help.

» 감사 인사보다 더 따뜻한 대답도 참 많다.

A Thanks a lot for an excellent tea. I enjoyed it.
맛있는 차 감사합니다. 맛있었어요.

B You're welcome. It was good to have a chat with you.
천만에요. 얘기 즐거웠어요.

A I really enjoyed myself last weekend. Thank you very much.
지난 주말은 매우 즐거웠습니다. 대단히 감사합니다.

B You're quite welcome. I also had a very nice time showing you around.
천만에요. 여기저기 안내해 드릴 수 있어서 저도 즐거웠습니다.

A Thank you very much. 대단히 감사합니다.

B No, thank you. 오히려 제가 감사합니다.

» 상대의 Thank you.에 '오히려 제가 감사합니다.'라고 말할 때는 Thank you.라고 you를 강하게 발음해서 대답한다.

오히려 제가 기쁩니다.

The pleasure is mine.

It was a pleasure for me.

It's my pleasure.

A Thank you so much for a lovely meal.
맛있는 식사 감사했습니다.

B Oh, the pleasure is ours. We enjoyed having you.
저희가 오히려 감사합니다. 대접할 수 있어서 즐거웠습니다.

That's all right.

괜찮아요.

That's all right.

Don't mention it.

» I'm sorry.에 대한 가장 일반적인 대답이다. No problem. / It's the least I can do. / Forget it. 등도 모두 '천만에요, 괜찮아요.'라는 표현으로 쓸 수 있다.

별 일 아니에요.

It's nothing.

It doesn't matter.

That doesn't matter at all.

A Watch out! Now you've spilled your coffee.
조심해요! 커피를 엎질렀어요.

B I'm sorry. It was very careless of me.
미안해요. 주의하지 않았어요.

A That's all right. It is nothing.
괜찮아요. 별 일 아니에요.

A Sorry to trouble you.
폐를 끼쳐서 죄송합니다.

B That's quite all right. No trouble at all.
괜찮아요. 아무 것도 아닌 걸요.

A I'm very sorry to have kept you waiting.
기다리시게 해서 정말 죄송합니다.

B Oh, it doesn't matter.
괜찮아요.

걱정 말아요.

Don't worry about it.
Never mind.
Forget it.
Don't feel bad, please.

» Never mind, Forget it.은 '신경쓰지 마. / 잊어버려.'라는 의미로 친구들처럼 편안한 사이에서 쓸 수 있는 격의 없는 표현이다.

괜찮아요. 신경 쓰지 마세요.

That's all right. Don't let it bother you.

A   Excuse me.
     실례했습니다.

B   No, excuse me.
     아니에요. 제가 오히려.

» Excuse me.에 대해 '제가 오히려 실례했습니다.'는 Excuse me.의 me를 강하게 발음한다. I'm sorry.에 대해서는 I를 강하게 발음하면 된다.

제 잘못이에요.

It's my fault.

» my를 강하게 발음한다. fault, mistake, error는 우리말로는 모두 '실수, 잘못'으로 해석되지만 뉘앙스는 조금씩 다르다. fault는 뭔가 잘못 저지른 일, mistake는 앗! 하는 순간의 실수, Error는 돌이킬 수 없는 잘못 같은 느낌이다. 예문으로 뉘앙스를 찬찬히 비교해 보자. Whose fault was it?(누구 잘못이야?) / It was a mistake. (그건 실수였어요) / It was a typing error.(타이핑 실수였어요)

전부 제 잘못이었습니다.

It was entirely my fault.

» entirely(전적으로, 온전히)라는 단어를 추가하는 것만으로 모든 잘못이 나에게 있으며 모든 책임을 지겠다는 강력한 사과 표현이 된다.

A   **It's my fault. I'm so sorry.**
제 잘못입니다. 정말 죄송합니다.

B   **Oh, no, my fault entirely.**
아니에요. 전부 제 잘못입니다.

» my를 강하게 발음해서 '오히려 제가'라는 뜻을 나타낸다.

걱정 마세요. 누구나 실수는 하니까요.

Please don't worry about it. Anyone can make mistakes.

» 실수에 대해 사과하는 사람에게 별일 아니라고, 걱정하지 말라고 오히려 위로해 주는 따뜻한 표현이다. 실수한 사람 입장에서는 그냥 '괜찮아요. / 됐어요.'라고 하는 것보다 얼마나 고마울까!

괜찮아요. 어쩔 수 없었어요.

Oh, that's quite all right. It can't be helped.

» 그런 상황이었다면 누구라도 그럴 수밖에 없었을 실수가 벌어졌을 때 쓸 수 있는 표현이다. 살다보면 정말 피할 수 없는 일들도 일어나기 마련이니 다른 사람의 실수에 대해 화내기 전에 입장을 바꿔놓고 생각해보는 여유가 필요하다.

축하할 때

축하하면 딱 떠오르는 단어는 단연 Congratulations!(축하합니다!) 무엇에 대해 축하한다고 말할 때에는 Congratulations on ~을 쓴다. Congratulations on your new job.(새로운 직업을 갖게 된 것을 축하해) / Congratulations on your admission. (입학을 축하해) 등 노력해서 이루어냈거나 경쟁에서 승리한 것을 축하한다는 뉘앙스가 강하기 때문에, 결혼식 등에서도 쓸 수는 있지만 신랑, 신부에게는 You look so beautiful!(정말 아름다워요!)이라고 축하하는 게 더 어울린다.

Congratulatory Expressions

축하할 때
Congratulations!

축하합니다!

Congratulations!

» I offer you my Congratulations.를 줄인 말이다. 동사 congratulate(축하하다)의 명사형은 congratulation(축하, 축하인사)이다. 그런데 이 단어 하나로 '축하합니다!'라는 문장을 말할 때에는 반드시 단어 뒤에 -s를 붙여야 한다. 우리나라 사람들이 의외로 많이 틀리는 부분이니 쉽다고 우습게 생각하지 말고 앞으로 미국 드라마나 영화를 볼 때 유심히 한 번 들어보자. '스' 발음이 분명하게 들릴 것이다. 다시 한 번 강조! 어미의 -s를 절대로 잊지 말자.

졸업 축하합니다!

Congratulations on your graduation!

» Congratulations on your win.(승리를 축하합니다) / Congratulations on your winning the contest.(그 대회에서 우승한 것을 축하합니다) / It's a little bit early but, Congratulations!(좀 이르긴 하지만 축하해요) / Congratulations on your recovery from illness.(건강회복을 축하합니다) 등으로 응용할 수 있다. Many happy returns of the day!(만수무강하세요)는 직역하면 '이날의 행복을 오래도록 되돌려 받으세요'로 웃어른께 장수하시라는 축하 인사이다.

승진 축하합니다!

Congratulations on your promotion!

합격 축하합니다!

Congratulations on passing the test!
I congratulate you on your success.

아들 출산을 진심으로 축하합니다.

I heartily congratulate you on the birth of your son.

결혼 축하합니다.

Please accept my sincere congratulations on your marriage.

A **My wife had a baby last week.**
지난주에 아내가 아이를 낳았어요.

B **Congratulations! That's wonderful. Is it a boy or a girl?**
축하합니다! 정말 멋져요. 아들이에요, 딸이에요?

A **You've had a baby!**
아이를 낳았군요!

B **Yes, I had a boy.**
네, 아들을 낳았습니다.

A **Congratulations! How much did he weigh?**
축하해요! 체중이 얼마예요?

B **Seven pounds.**
7파운드요.

A **Oh, that's a big baby.**
애기가 크군요.

A **Congratulations! Here's a little present for you.**
축하해요! 이거 작은 선물이에요.

B **Oh, thank you very much. Can I open it?**
아, 고마워요. 열어봐도 될까요?

A **Yes, of course. I hope you like it.**
물론이죠. 마음에 들면 좋겠어요.

A **My sister is going to marry Harry next month.**
다음 달에 여동생이 해리와 결혼합니다.

B **Oh, is she? That's wonderful. I hope she'll be very happy.**
그렇습니까? 잘 됐군요. 행복하길 바라요.

행복하길 빌어요.

I hope you'll be happy.
I wish you happiness.
The best of luck!

» 결혼하는 사람에게 '행복을 기원합니다.'라고 축하할 때 주로 쓰는 표현이다.

건배할 때
Cheers!

건배!

Cheers!
Bottoms up!

» 모두 함께 술잔을 높이 들고 서로 잔을 부딪치며 외치는 기본적인 표현이다.

당신을 위하여!

Here's to you!
To your future!

» 모임이나 파티에서 그 날의 주인공을 축하하는 표현이다. Here's to you.에는 건강을 기원하는 의미가 있고, To your future!에는 학교를 졸업하거나 입학한 사람, 새로운 일을 시작한 사람 등에게 앞날을 기원하는 의미가 있다.

새해를 축하합니다!

Happy New Year!
A very happy new year!

» 경축일, 행사, 축제일 등을 축하(celebrate)할 때에는 Congratulations!를 사용하지 않는다. 새해 인사 표현은 I wish your happy New Year.(행복한 새해를 빌어요) / I hope that watch year finds happier than the one before.(해마다 더욱 행복해지시기 바랍니다) / I want good luck to you in New Year.(새해에는 행운이 오기를 바랍니다) / Warm Wishes!(따뜻함이 함께 하기를!) / Joy, Love & Laughter!(기쁨, 사랑, 웃음이 함께 하기를!) / With all the best wishes!(최고의 소망을 담아서) 등이 있다.

메리 크리스마스!

Merry Christmas!
Happy Christmas!

» 역시 Congratulations!를 사용하지 않는다.

생일 축하합니다!

Happy birthday (to you)!
Many happy returns.

» Many happy returns.는 생일 축하 표현 가운데 하나이다.

감사합니다. 당신도요!

Thank you, the same to you!
Thanks a lot. And you, too!
Thank you. You, too!

» Merry Christmas! / Happy new year!처럼 경축일, 행사, 축제일 등을 축하하는 인사 또는 행운을 빌어주는 축복에 대한 응답 표현이다. '당신도요'라는 표현을 알아두면 다양한 상황에서 아주 편리하게 쓸 수 있다. 상대가 무슨 말을 하건 긴 말 필요없이 그냥 '당신도요'라고 외치면 되니 이런 표현은 무조건 외워두자.

대화 표현

Expressions of Communication

Unit 01 부를 때

우리는 상대방을 부를 때 사장님, 부장님, 선생님, 여사님 등 호칭을 부르지만 영어권, 특히 미국에서는 나이와 직위에 상관없이 이름을 부르는 것이 일반화되어 있다. 따라서 일상적인 상황에서는 이름을 불러주는 것이 좋다. 하지만 영어에도 당연히 높임말이 있다. 단지 우리처럼 존칭이 세밀하지 않아서, 남자를 높여 부를 때는 Sir라고 하고, 여자를 높여 부를 때는 Madam이라고 하면 된다. 다른 사람에게 말을 걸 때는 Excuse me, but ~.(실례합니다만 ~)이라고 먼저 운을 뗀다.

모르는 사람을 부를 때

Excuse me, but ….

실례지만 ….

Excuse me, but ….

Pardon me, but ….

» 모르는 사람에게 말을 걸 때 사용하는 가장 일반적인 말은 Excuse me.이다.

실례지만, 힐튼호텔에 어떻게 가는지 가르쳐 주십시오.

Excuse me, but can you tell me how to get to the Hilton Hotel?

실례합니다만, 이것이 수원행 버스입니까?

Pardon me, but is this the right bus to Suwon?

실례지만 잠깐 얘기할 수 있습니까?

Excuse me, but could I have a word with you?

Pardon me, but can I speak to you?

실례지만, 여기에서는 금연해 주십시오.

Excuse me, but please don't smoke here.

여보세요.

Hello.

Hi.

Say. / I say.

저. / 잠깐만요.

Listen.

Look.

Look here.

이봐요.

Hey.

» 속어적인 표현이다.

저.

Tell me, ⋯.

See, ⋯.

» 상대방의 주의를 끌기 위해 쓰는 말이다.

저, 선생님 ⋯.

Mister

Miss

Madam

Ms.[miz]

» 이름을 모를 경우에는 Mister(남성), Miss(미혼 여성), Madam / Mrs.(기혼 여
성), Ms.(여성)라고 부를 수 있다.

웨이터. / 웨이트리스.

Waiter.

Waitress.

» 직업명으로 부를 수도 있다. 물론 이름을 알고 있다면 이름으로 부른다.

포터. / 차장.

Porter.

Conductor.

경비. / 경관.

Guard.

Officer.

(의사) 선생님. / 교수님.

Doctor.

Professor.

» '선생님!'은 Teacher!라고 하지 않고 Miss Green. 등 이름으로 부른다.

아가씨, 손수건을 떨어뜨렸어요.

You dropped your handkerchief, young lady!

미안하지만 자리를 좀 좁혀 주시겠습니까?

Excuse me, sir, would you move a little over?

여러분, 여기는 금연구역입니다.

Ladies and gentlemen, this is a nonsmoking area.

의장님 그리고 만장하신 여러분.

Mr. Chairman, Ladies and Gentlemen.

» 남성에게는 sir, gentleman, 여성에게는 madam, ma'am, lady를 쓴다.

아는 사람을 부를 때
Excuse me, Mr. Johnson.

실례합니다, 존슨 씨.

Excuse me, Mr. Johnson.

» 상대방의 이름을 알고 있으면 그 사람의 이름을 부르는 것이 예의이다.

A Excuse me, Mr. Lee.
실례합니다, 미스터 리.

B Yes, Mrs. Green. What's the matter?
네, 그린 부인. 무슨 일이죠?

» 이름을 알고 있는 사람이 불렀을 때는 반드시 이름을 불러준다.

낸시라고 불러주세요.

Please call me Nancy.

» 친해지면, family name(성)이 아닌 first name(이름)으로 부른다.

안녕, 잭.

Hello, Jack.

안녕하세요, 프레드.

Good morning, Fred.

잘 있어요, 헬렌.

Good-bye, Helen.

감사합니다, …

Thank you, Mr. Adams.

Thank you, Mrs. Adams.

Thank you, Miss Adams.

Thank you, Ms.[miz] Adams.

» 그다지 친하지 않은 경우에는 Mr.(남성), Mrs.(기혼 여성), Ms.(여성), Miss(미혼 여성)와 family name(성)이 이용된다.

안녕하세요, …

Good morning, Mr. Long.

Good morning, Doctor Brown.

Good morning, Professor White.

Good morning, Father Monroe.

» Mr.(선생), Doctor(의사 / 박사), Professor(교수), Father(목사 / 신부) 등의 직업명을 부르는 말로 사용한다. 목사는 Rev.(= Reverend)라고도 한다. 영어에서는 이것들을 하나하나 구분해서 쓴다.

안녕하세요, …

Good morning, Colonel Jackson.
Good morning, Captain Wilson.
Good morning, General Ford.

» Colonel([육군] 대령), Captain([해군] 대령), General(장군)

안녕하세요, …

Good evening, Mayor Hoover.
Good evening, Governor Kennedy.
Good evening, Dean Tyler.

» Mayor(시장), Governor(지사), Dean(학장)

안녕히 가세요, …

Good-bye, Baron Jenkins.
Good-bye, Lord John (Russell).
Good-bye, Sir Lawrence (olivier).
Good-bye, President Bush.

» baron(남작), lord(경), sir(경), president(대통령)

안녕하세요, …

Good morning, Mr. President.
Good morning, Mr. Ambassador.
Good morning, Your Excellency.
Good morning, Your Highness.

Good morning, Your Majesty.

» Mr. President(대통령 각하), Mr. Ambassador(대사님), Your Excellency(각하), Your Highness(전하), Your Majesty(폐하)

여러분, 안녕히 계세요.

Good-bye, everybody!
Good-bye, everyone!
Good-bye, all!
Good-bye to you all!
Good-bye, gentlemen!
Good-bye, boys!

» 상대방이 한 사람이 아니라 여럿일 때 사용한다.

잘 가게.

Good-bye, old man!
Good-bye, old fellow!
Good-bye, old chap!

» 매우 친한 사이에서 사용한다. old ~는 노인을 가리키는 것이 아니라 오랜 친구, 절친한 동료라는 친근한 정감을 담은 표현이다.

말을 걸 때

살다 보면 내 쪽에서 먼저 말을 걸어야 할 때가 아주 많다. 자연스럽게 말을 걸 수 있는 상황이라면 문제될 건 아무 것도 없다. 하지만 굳이 불러내서 얘기 좀 하자고 해야 한다든가, 대화중인 사람들 사이에 끼어들어야 한다든가, 문을 두드리고 얘기 좀 나눌 수 있겠느냐고 물어봐야 할 때라면 어떤 식으로 말을 꺼내야 할지 약간 고민이 된다. 다른 사람에게 말을 걸 때 쓸 수 있는 다양한 표현을 배워보자. Can we talk?(얘기 좀 할까요?) / Can I see you now, please?(지금 잠깐 볼까요?)

Opening Gambits

아는 사람에게 말을 걸 때
Excuse me, Mr. Brown.

실례합니다, 브라운 씨.

Excuse me, Mr. Brown.

Excuse me, but ····.

Pardon me, but ····.

I'm sorry, but ····.

Sorry to bother you, but ····.

» '실례지만 ····'. 아는 사람이든 모르는 사람이든 상관없다. 말을 걸 때는 Excuse me, but ····이 가장 일반적이다.

죄송하지만, 교수님. 질문해도 될까요?

Excuse me, Professor. May I ask you some questions?

말씀 중에 죄송하지만 ····.

I'm sorry to interrupt you, but ····.

Excuse me for interrupting you, but ····.

I hate to interrupt, but ····.

Pardon the interruption, but ····.

If I may interrupt, ····.

» 다른 사람들이 대화하고 있는 도중에 끼어들 때는 반드시 이렇게 사과 표현을 먼저 해야 한다. interrupt는 '(대화 등을) 중단시키다'

말씀 중에 죄송하지만 잠깐 할 말이 있어요.

Excuse me for interrupting you, but I'd like to have a word with you.

대화중에 미안한데 이제 수업에 들어가는 게 좋겠어.

I hate to interrupt, but we'd better get to class now.

지금 바쁘세요?

Do you have some time?

Are you busy right now?

Are you in the middle of something?

Am I interrupting you?

» 마지막 문장은 '방해가 되는 건 아닌지요?'라는 느낌이 있다.

잠깐 얘기할 수 있어요?

May I speak to you for a couple of minutes?

Could I have a word with you for a few minutes?

Do you mind if I talk with you for a moment?

Would it be possible to discuss something right now?

» '잠깐 동안'은 for a couple of minutes / for a few minutes / for a moment / for a little while / for a short time / for an instant 등이 있다.

잠깐 시간을 내주겠어요?

Can you spare me a couple of minutes?

Could you possibly spare me a moment?

Do you have a few minutes to spare?

Could I have a minute of your time?

» spare는 '(시간을) 할애하다, 내주다'라는 의미이다.

상의할 게 있습니다.

I'd like to have a word with you.

I'd like to talk over a few problems with you.

I've got something to talk over with you.

There's something I've got to talk over with you.

» 뭔가 의논할 게 있을 경우에 쓸 수 있는 표현이다.

잠깐 묻고 싶은 게 있어요.

There's something I want to ask you.

오래 걸리진 않습니다.

I won't keep you long.

A Hello, Mr. White. Are you busy at the moment?
안녕하세요, 화이트 씨. 지금 바쁘세요?

B Not really. 그렇지 않아요.

A Do you have a few minutes to spare?
잠깐 시간을 내주겠습니까?

B Yes, of course. How can I help you?
네, 물론이에요. 어떻게 도와드릴까요?

A Excuse me, Ms. Brown. Could you possibly spare few minutes? It won't keep you long.
실례지만 브라운 씨. 잠깐 시간을 내주시겠어요? 오래 걸리진 않을 거예요.

B All right. What seems to be the problem?
좋아요. 무슨 문제가 있나요?

모르는 사람에게 말을 걸 때
Nice day, isn't it?

날씨 좋지요?

Nice day, isn't it?
What a beautiful day!

» 날씨가 아주 화창한 날에는 이런 식으로 낯선 사람에게 말을 걸어보자.

정말 시원하지요?

It's nice and cool, isn't it?

지독한 날씨죠?

Nasty weather, isn't it?
This is terrible weather, isn't it?

» 모르는 사람에게 말을 걸 때 날씨 얘기만큼 좋은 것도 드물다. 공통의 화제로 상대방의 주의를 끌면서 자연스럽게 대화를 이어갈 수 있다.

이 자리 비었습니까?

Is this seat taken?
Are you expecting someone?
Is anyone sitting here?

» 대합실이나 사람들로 북적거리는 식당 같은 데서 앉아도 되는지 물어볼 때 쓸 수 있는 표현이다.

멀리 가십니까?

Are you going far?

» 장거리 버스나 기차 안에서 옆에 앉은 사람에게 말 걸기 좋은 표현이다.

신문 보시겠어요?

Would you like to see the paper?

경치 좋지요?

What a nice view, isn't it?
What a splendid scene, isn't it?

잠깐 실례합니다, 곧 돌아올게요.

Will you excuse me? I'll be back in a minute.

영어를 하십니까?

Do you speak English?

» 외국인이라고 모두 영어를 하는 것은 아니다. Can you …? 보다는 Do you …?로 묻는 것이 자연스럽다.

한국어는 하십니까?

How about Korean?
Do you speak Korean?

A   Are you new here? 이곳은 처음입니까?

B   Yes, it's my first visit. 네, 첫 방문입니다.

상황별 말 거는 법

Can I help you?

도와 드릴까요?

Can I help you?
Can I help you in any way?
Can I do anything for you?
Excuse me, but may I help you?
Need any help?
Excuse me. Do you need any help?

» 도움이 필요해 보이는 사람에게는 이렇게 말을 건다. No, thank you. I'm all right.(감사합니다만 괜찮습니다)이라는 대답을 들을 수도 있지만.

A   You look lost. Can I help you?
길을 잃은 것 같은데, 도와 드릴까요?

B   Oh, yes, please. Do you know where the subway station is?
네, 부탁합니다. 지하철역이 어디 있는지 아세요?

A   Yes, of course. I'll take you there if you like.
네, 물론이지요. 괜찮다면 데려다 드릴게요.

» 굳이 목적지까지 데려다주었다는 여행담을 많이 듣게 되는 걸 보면 세상에는 친절한 사람들이 참 많지 싶다. 감사 인사를 잊지 말자.

90 ● Part 02. 대화 표현

A   Excuse me, but isn't the paper bag on the rack yours?

실례지만 선반 위에 있는 게 당신 가방이 아닌가요?

B   Oh, yes! Thank you very much. I completely forgot I had put it up there.

아, 그래요. 감사합니다. 거기에 올려놓은 것을 깜빡했어요.

» 기차나 버스에서 옆자리에 앉아 있던 사람이 가방이나 물건을 놓고 내리는 것을 보았을 때 쓸 수 있는 표현이다.

A   Excuse me, but you look a little pale. If you don't feel well, shall I call for an ambulance or a doctor?

실례지만 안색이 좋지 않군요. 몸이 좋지 않으면 앰뷸런스나 의사를 부를까요?

B   No, thank you. I think I'll be all right if I rest here for a while.

아뇨, 됐습니다. 여기서 잠깐 쉬면 괜찮아질 것 같네요.

» 길을 가다가 무척 아파보이는 사람을 만나면 어떻게 해야 할까? 적절한 표현을 알지 못하면 도와주고 싶어도 말을 걸기 어려울 것이다. 응급상황을 대비해서 좀 길지만 이런 표현이 있다는 것 정도는 알아두자.

A   Excuse me, but haven't we met before?

실례지만 우리 전에 만나지 않았나요?

B   Yes. ⋯ yes, of course we have. You're Ms. Jones, aren't you?

아, 네 물론 만났어요. 존스 양이죠?

» 잘 기억은 나지 않는데 낯이 익은 사람을 만났을 때 그냥 지나치지 말고 먼저 이렇게 말을 걸어보자.

실례지만, 우리 전에 어디에서 만난 적 있지요?

Excuse me, but we've met somewhere before, haven't we?

혹시 잭 아니에요? 저는 동식이에요. 뉴욕에서 만났었죠.

Excuse me, but aren't you Jack? I'm Dong-sik, who you met at New York.

실례지만, 만난 적이 없는 것 같군요. 제 이름은 제인 아담스입니다.

Excuse me. I don't think we've met. My name's Jane Adams.

롱 박사님에 대해 말씀하셨는데 전 박사님을 잘 압니다.

Excuse me, but I've just heard you mention Dr. Long. I know him very well.

A Excuse me, but where are you from?
   실례지만 어디서 오셨어요?

B I'm from the United States.
   미국입니다.

A Have you been in Korea for a long time?
   한국에는 오래 계셨습니까?

B No, just a few weeks. I'm here on vacation.
   아뇨, 2 3주 됐습니다. 휴가차 왔습니다.

Unit 03 긍정 · 동의할 때

현대에는 자신의 의견을 분명하게 표현하는 것이 중요하고 또 반드시 필요하다. 특히 서구인들은 자신의 의견이나 주장을 애매하게 얼버무리는 법이 절대 없다. 동의, 찬성할 때 쓰는 기본적인 표현은 I agree with you.(동의합니다) / I think so.(그렇게 생각합니다) 등이다. 부분적으로는 동의하지만 다른 의견이 있다고 말할 때는 I couldn't agree more, but ~.(전적으로 찬성하지만, ~), I see your point, but ~.(요점은 알겠습니다만, ~) 등의 표현을 쓸 수 있다.

*Positive
Responses*

네, 그렇군요
Yes, it is, isn't it?

A **It's a lovely day!** 좋은 날씨군요!

B **Yes, it is, isn't it(↘)?** 네, 그렇군요.

» … isn't it(↘)?에 감정을 넣으면 '정말 그렇다'는 기분을 나타낼 수 있다.

A **This is beautiful!** 아름답군요.

B **Yes, isn't it?** 네, 그렇지요?

A **We did it fairly well, didn't we?** 우리 정말 잘했죠?

B **Yes, indeed(↘)! / Sure we did.** 네, 그래요.

A **Nice day, isn't it?** 날씨 좋죠?

B **Yes, it certainly is.** 정말 그렇군요.

» certainly에 감정을 넣도록 한다.

A **The meal was great, wasn't it?** 식사 맛있었죠?

B **Yes, it certainly was.** 네, 정말 맛있었어요.

A **I hear he's a famous pianist.**
그는 유명한 피아니스트라고 하더군요.

B **So he is. / Yes, he is.**
네, 그렇습니다.

» '그래요, 확실히 그렇습니다.'라는 맞장구는 <So+S V>형을 사용할 수 있다. 단, <So+V S>와의 어순에 주의해야 한다.

A It's past midnight. 자정이 지났어요.

B Oh, so it is! Wow! 아, 그래요?

» Wow!는 '아, 그래요?'라는 놀람을 나타내는 표현이다.

A Say, your package is getting undone.
이봐요, 포장 끈이 풀리고 있어요.

B It is? Thank you. 그래요? 고마워요.

A Oh, look! There's a big steamer! 봐요! 큰 증기선이에요!

B Oh, so there is! 정말 그렇군요!

A We'll have to hurry, or we'll be late. 서둘러야겠어요, 늦겠어요.

B Oh, yes, we will! 아, 그래요. 서두릅시다!

» 이 경우에도 상대방이 말하는 주어와 동사에 주의해야 한다.

맞아요!
That's right!

맞아요.

That's right.

Right.

You're right.

That's true.

그렇습니다[맞습니다].

Certainly.

Surely.

Right.

True.

Exactly.

Absolutely.

» 이외에 Precisely. / Definitely. / Quite so. / Just so. / Indeed. 등도 쓸 수 있다.

물론입니다.

Of course.

Yes, of course.

Naturally.

Oh, naturally.

Sure.

Sure enough.

Why not?

A   **Do you really mean it?** 진정입니까?

B   **Yes, of course.** 네, 물론이죠.

맞아요.

That's it.

You've got it.

A   **Just turn it on, please.** 그걸 좀 켜주세요.

B   **Do you mean this one?** 이것 말입니까?

A   **That's it. Thank you.** 맞아요. 고마워요.

네, 저도 그렇게 생각합니다
Yes, I think so, too.

A   I think coffee is better than tea.   홍차보다 커피가 좋을 것 같군요.

B   Yes, I think so, too. / I do, too.   네, 저도 그렇게 생각합니다.

동감입니다.

I agree.

I quite agree with you.

» '찬성합니다'. agree로 찬성의 의미를 확실히 나타낸다.

제안에 찬성합니다.

I agree to your proposal.

» agree는 기본적으로 '~에 동의하다'라는 뜻이지만 전치사에 따라 의미가 조금씩 달라진다. agree with ~(~에 동의하다) / agree on ~(~에 대해 합의하다 / 동의하다) / agree to~(~하기로 동의하다 / ~에 찬성하다)

그 점에 관해서는 동감입니다.

I quite agree with you there.

I agree with you on that point.

I agree with you about it.

당신 의견에 찬성합니다.

I'm for your opinion.

I'm with you.

» 전치사 for는 '~에 찬성하여'의 뜻. '~에 반대하여'는 against를 써서 I'm against your opinion. / I'm against the plan.이라고 한다.

당신 계획에 대찬성입니다.

I'm all for your plan.

내 말이 바로 그 말이에요.

That's exactly what I mean.
That's just my point.

» 비슷한 표현으로 That's the one! / You bet I do! / You're telling me. / You've got that right. / No doubt about it. / That's for sure. / I'll say. 등이 있다.

바로 그런 생각이었어요.

I've been thinking of that myself, too.
That's just what I was thinking about.
That's just what I've been thinking.

A   Would you care for a cup of coffee?
    커피 한 잔 하시겠어요?

B   I was thinking that. Yes, I would.
    그 생각을 하고 있었는데. 네, 그러지요.

바로 그 말을 하려고 했어요.

That's just what I was going to say.
That's just what I wanted to say.

» You took the word right out of my mouth! / That's just what I was gonna say! 도 같은 뜻이다.

Unit 04 부정·반대할 때

다른 사람의 의견, 주장에 반대하는 것은 쉽지 않다. 그렇다고 상대방의 입장이나 체면을 생각해서 아닌데도 그렇다고 말할 수는 없고 또 그래서도 안 된다. 중요한 일일수록 머리는 차갑게! 반대의 기본 표현에는 I'm against.(반대합니다) / I don't think so.(그렇게 생각하지 않아요) 등이 있다. 상대방의 의견에 대해 정확하게 판단이 서지 않거나 대충 넘어갈 때는 That maybe right.(그럴지도 모르겠네요) / It depends.(경우에 따라서요) / Probably.(아마도요) 등으로 표현할 수 있다.

Negative Responses

아닙니다.

Oh, no!
Never!

» No는 강한 부정을 나타내고 Never는 더욱 강한 부정을 나타낸다.

정말 아닙니다.

Certainly not.
Definitely not.
Absolutely not.
Of course not.

» Definitely(확실히), Absolutely(절대로) 등의 부사를 쓰면 강한 부정이 된다.

아닐 거예요.

Perhaps not.
Probably not.

» 확신이 서지 않을 때 애매하게 부정하는 표현이다.

아니에요.

Not at all.
Far from it.
Oh, no. I'm sure not.

A **Am I interrupting?**
제가 방해하는 겁니까?

B **No, of course not. Sit down, won't you?**
아니에요, 천만에요. 앉으시겠어요?

설마!

Impossible!
Incredible!

» 믿을 수 없는 얘기를 들었을 때, impossible(있을 수 없는), incredible(믿을 수 없는) 등의 형용사가 자주 쓰인다.

그럴 리가 있겠어요.

It can't be.
It can't be possible.
It can't be true.
I can't believe it.
You don't say!

» 그런 일은 절대로 '있을 수 없다, 불가능하다, 사실일 수가 없다, 믿을 수가 없다, 말도 안 된다'라는 식의 불신 가득한 반응을 나타낸다.

A   Can you believe it? She's still in her teens.
믿을 수 있어? 저 여자는 아직 10대야.

B   Really? You're not serious.
설마, 농담이지.

» 엄청 성숙해 보이거나 노안인 사람을 보고 흔히 이렇게들 쑥덕거린다.

바보 같은 소리, 농담이지요.

That's stupid. You must be joking.
Don't be silly. You must be crazy.

바보 같이, 그래선 안 돼.

That's silly. You shouldn't do that.

» 친구 사이에서나 쓸 수 있는 격의 없는 표현이다.

그렇게 생각하지 않아요
No, I don't think so.

A Most Korean college students work very hard, don't you think?
한국의 대학생들은 열심히 공부하지요. 그렇게 생각하지 않습니까?

B No, I don't think so.
네, 그렇게 생각하지 않습니다.

정말 그렇게 생각하지 않습니다.

No, I really don't think so.

안 그러길 바라요.

I hope not.

안 그랬으면 해요.

I'm afraid not.

» 반대할 때 위의 두 가지 예처럼 부드럽게 부정의 의견을 나타낼 수도 있다.

아뇨, 동의하지 않습니다.

No, I don't agree with you.
No, I don't agree to your idea.

» '당신의 의견에는 동의할 수 없다.'라고 명확히 반대하는 표현이다.

미안하지만, 동의할 수 없습니다.

I'm afraid I don't agree with you.
I'm sorry, but I can't agree with you.
I'm not sure I can agree with you.

» I'm afraid … 또는 I'm sorry … 등을 쓰면 표현이 부드러워진다.

당신 잘못인 것 같아요.

I'm afraid you're wrong.

I'm sorry, but I think you're mistaken.

I may be wrong, but I think you're mistaken.

Thank you for the suggestion, but I can't believe you're right.

» 상대방이 잘못 판단하고 있는 것이라고 꼭 집어 반대하면서도 I'm afraid ~ / I'm sorry, but ~ / Thank you for ~ 등을 붙여서 상대방이 기분 상하지 않도록 배려하는 표현이다.

그 점에는 동의할 수 없는데요.

I'm afraid I can't agree on that point.

Sorry, but I can't agree with you there.

저, 동의할 수 없는데요.

Well, I'm afraid I can't agree.

안 되겠는데요.

I'm afraid it won't work.

제 생각은 전혀 다릅니다.

That's not quite what I had in mind.

좋은 생각 같지 않습니다.

It seems to me that it's not a good idea.

That's not a good idea, if I may say so.

I'm sorry, but I don't really think that's a terribly good idea.

Frankly, that's not a good idea.

» Frankly는 '솔직히 말해서'

A I'm going to go on a diet.
다이어트 시작하려고요.

B What for? You shouldn't do that.
왜요? 그래선 안 돼요.

아직 아닙니다
Not yet.

A Let's go for a walk. 산책하러 갑시다.
B Not yet. I've got to get ready. 아직이요. 준비해야 해요.

꼭 그런 건 아니에요.

Not exactly.
Not quite.

» 부분부정의 일종. '전부 …는 아니다, 항상 …이지 않다'는 의미로 not …
altogether / not … entirely / not … always / not … necessarily를 쓸 수 있다.

A Are you too busy?
많이 바쁘세요?

B Not particularly, but I have something to do.
별로 그렇지는 않지만 할 일이 있어요.

A Are you enjoying your present job? 지금 직장에 만족하세요?
B Yes, but I'm not always happy. 네, 그런데 항상 좋지는 않아요.

전혀 (…아닙니다).

Not at all.

A Are you interested in golf? 골프에 관심 있어요?
B Not in the least. 조금도 관심 없습니다.

A Do you understand? 알겠습니까?
B No, I don't have the slightest idea what he's talking about.
아뇨, 무슨 말을 하는지 전혀 모르겠어요.

누가 알겠어요?

Who knows?

» No one knows.라고 하는 대신에 '누가 알겠어? → 아무도 모른다'.

누가 상관하겠어요?

Who cares?
I don't care.

그에게 물어본다고 무슨 소용 있겠어요?

What's the use of asking him?
What's the point of asking him?

» It's no use asking him.과 같다.

누가 그걸 믿겠어요?

Who will believe that?

이상하지 않아요?

Isn't it funny?
Isn't it rather strange?

어떻게 그럴 수 있어요?

How can I do that?

Unit 05 모른다고 할 때

모르는 건 부끄러운 일이 아니다. 괜히 아는 척하다 실수하지 말고 모를 땐 모른다고 당당하게 말하자. 기본적인 표현은 I don't know. / I have no idea. 등이다. I have no clue.(전혀 모르겠어요) / I am in the dark.(까맣게 모르는데요)처럼 재미있는 표현도 있다. 확실히 모를 때는 I'm not sure about it.(잘 모르겠습니다)이라고 한다. 적극적으로 어필하는 표현도 재미있다. Teach me, please!(가르쳐주세요) / Enlighten me.(날 계몽시켜요) / Educate me.(날 교육시켜줘요)

Expressing
Ignorance

모르겠습니다
I don't know.

모르겠습니다.

I don't know.

I'm sorry, but I don't know.

I'm afraid I don't know.

I have no idea.

» I'm sorry ~나 I'm afraid ~를 이용해서 표현을 부드럽게 한다.

죄송하지만 정말 모르겠습니다.

Sorry, but I really don't know.

Sorry, but I really don't have any idea.

전혀 모르겠습니다.

I haven't the slightest idea.

I don't know anything about it.

» I'll try to find out if you like it.(괜찮다면 알아봐 드리지요)를 덧붙여도 좋다.

저도 모르겠습니다.

I don't know, either.

I don't know any more than you do.

조사해 봐야 알 수 있겠어요.

Sorry, but I can't tell until I check on it.

금시초문입니다.

I've never heard of it.

I've heard nothing about it.

I haven't heard anything about it.

A	Have you heard about Nancy divorcing Tom?
	낸시와 톰이 이혼한다는 소식 들었어요?
B	No, I haven't heard about it.
	아뇨, 금시초문이에요.

» 처음 듣는 얘기나 소문에 대해서 이렇게 대답하면 그 말을 듣고 깜짝 놀랐다는 느낌이 함께 표현된다.

잘 모르겠습니다.

I'm not sure about it.
I'm not quite sure about it.
I'm not absolutely certain about it.
I'm not too clear about that point.

» 어느 정도는 알고 있지만 확실히 단정지어서 말할 수는 없는 애매한 경우에 쓰는 표현이다.

A	Do you know where he is?
	그가 어디에 있는지 알아요?
B	Well, I have a vague idea, though I know he lives in Seoul.
	글쎄, 잘은 모릅니다만 서울에 살고 있다는 것은 알아요.

네, 조금은 할 줄 압니다
Yes, but just a little.

A	Do you speak English?
	영어 할 줄 압니까?
B	Yes, but just a little.
	네, 아주 조금 합니다.

영어를 잘하진 못해요.

I can't speak English very well.

I don't think my English is very good.

I don't know very much English.

I know a little English, but not much.

» 겸손해서 나쁠 거야 없겠지만 굳이 잘 하면서 못한다고는 하지 말자.

아직 초보 수준입니다.

My English isn't so good.

I'm afraid my English is still basic.

» 어떤 상황에서든 I'm afraid를 붙여주면 완곡한 표현이 된다.

영어회화는 잘 못합니다.

I'm not so good at spoken English.

I'm not used to spoken English.

» spoken English는 '구어체 영어, 영어회화'

간신히 상대와 통하는 정도입니다.

I can just about make myself understood.

회화할 기회가 거의 없습니다.

I don't have much opportunity to speak English.

I seldom have any chance to speak to native speakers.

I rarely have any opportunity to speak to American [English] people.

» foreigners라는 말은 불쾌감을 주므로 피한다. American people, English people, native speakers 등을 쓰는 것이 좋다. 종교색이 강하거나 인종차별적인 표현들도 피해야 한다.

독해는 잘 합니다만 회화는 잘 못합니다.

I can read it all right, but I don't get to speak it much.

I can read fairly well, but I don't get enough practice in actual speaking.

영어로 표현을 잘 못할 때도 있어요.

Sometimes I can't express myself in English very well.

I often find it hard to think of the right word at the right time.

많이 배워야 합니다.

I have a lot more studying to do.

I still have a long way to go.

» I still have a long way to go.(갈 길이 아직 멀어요.) 식의 은유적 표현들은 따로 메모를 하든지 리스트를 만들든지 해서 가능하면 외워두는 게 좋다. 다양한 상황에 대입할 수 있고 듣는 사람에게 재치있다는 인상을 주는 표현이다.

확답을 피할 때

확실한 판단이 서지 않는 경우나 좀 더 신중히 검토해봐야 할 경우에는 I'm not sure.(잘 모르겠어요) / That's a hard one.(어렵네요) / Let me think.(생각할 시간을 주세요) / I haven't made up my mind.(결심이 안 되네요) 식으로 결정을 미룰 필요가 있다. 확신의 정도는 Probably, Perhaps, Maybe, Likely. → Possibly, That's quite possible.(아마 그럴 거예요) → Apparently, ~.(분명히 그럴 거예요) → Certainly, ~.(틀림없이 그럴 거예요) 순이다.

no
yes
maybe

Avoiding Definite Answers

아마 그럴 거예요
Probably.

A **Do you think it'll be fine tomorrow?**
내일은 날씨가 좋을 것 같습니까?

B **Probably.** 아마 그럴 겁니다.

아마도 (…이겠지요).

Probably.

Perhaps.

Maybe.

Likely.

» Yes라고는 할 수 없지만 Yes에 가까운 긍정적인 대답이다.

아마 그럴 거예요.

Possibly.

It's possible.

That's quite possible.

분명히 그럴 것 같아요.

Apparently.

틀림없을 겁니다.

Certainly.

A **Do you think Helen will pass the test?**
헬렌이 시험에 합격할 것 같아요?

B **She may.**
그럴지도 모르죠.

A Do you think the Twins will win the game?
트윈스가 이길 것 같습니까?

B Probably not.
안 그럴 것 같아요.

A Perhaps he won't do it again. 다신 그런 일을 하지 않을 거예요.

B No, maybe not. 그래요, 안 그럴 겁니다.

아마 아닐 거예요.

Perhaps not.

That's not possible.

That's impossible.

» 거의 가능성이 없다는 비관적인 대답이다.

그럴 것 같아요

I think so.

그럴 것 같습니다.

I think so.

I should think so.

» I should think so.는 '그렇게 생각됩니다.'라는 소극적인 말이다.

그럴 거예요.

I believe so.

그럴 것 같습니다.

I suppose so.

I guess so.

I expect so.

» think 뿐만 아니라 believe, suppose, guess, expect, presume, imagine 등의 동사를 적절히 사용하면 멋진 표현을 할 수 있다.

A **Don't you think it's too expensive?** 너무 비싼 것 같지 않아요?

B **I think so.** 그런 것 같군요.

A **Do you think you'll finish writing tonight?**
오늘밤 논문을 다 쓸 것 같아요?

B **I expect so.**
그럴 것 같아요.

그러길 바라요.

I hope so.

그럴 것 같은데요.

I'm afraid so.

» hope는 기대하는 느낌, be afraid는 걱정하는 느낌이므로 좋은 일에는 hope, 그다지 환영하지 못할 일에는 be afraid를 쓴다.

안 그러길 바라요.

I hope not.

안 그럴 것 같은데요.

I'm afraid not.

» 부정의 내용이 되면 so 대신에 not을 쓴다.

A **Do you have to leave so early?** 이렇게 일찍 떠나야 합니까?

B **I'm afraid so.** 그래야 할 것 같은데요.

A **Are we allowed to smoke in this compartment?**
이 (차량의) 칸에서는 흡연이 허용되어 있습니까?

B **No, I guess not. This is a non-smoking compartment.**
아뇨, 안 될 것 같아요. 금연칸이에요.

A **Nancy won't fail the test, will she?**
낸시가 시험에 떨어지지 않겠지요?

B **No, I hope not.** 네, 안 떨어지길 바라요.

A **I don't think it will rain this afternoon.**
오후에는 비가 안 올 것 같아요.

B **I hope not.** 안 오길 바라요.

A **Are you all right now?** 이제 괜찮습니까?

B **No, I'm afraid not.** 아뇨, 아직 아닌데요.

A **Can you tell me the way?**
길을 가르쳐 주시겠어요?

B **I'm afraid not. I'm a stranger myself around here.**
안 되겠는데요. 저도 이곳은 초행입니다.

…인 것 같습니다

I think ….

…인 것 같습니다.

I think …. / I suppose ….

» 확실히 단정하고 싶지 않을 때 말의 처음(또는 말 끝)에 첨가한다.

A Are we going to take that bus? 저 버스를 탈겁니까?

B Yes, that'll be our bus, I guess. 네, 우리가 탈 버스 같은데요.

···인 것 같습니다.

It seems to me ···.

It's likely ···.

Perhaps ···.

» '아마 ···인 것 같은데요.'라는 식으로 모두 직접적인 단정을 피하는 말이다.

저는 ···인 것 같습니다.

My guess is ···.

I would guess that ···.

I would estimate that ···.

My estimate would be ···.

비행이 즐거우셨길 바랍니다.

I hope you enjoyed your flight.

그렇게 좋은 사람은 아닌 것 같아요.

I'm afraid he's not a very nice person.

» I hope ···는 좋은 일에 대한 추측, I'm afraid ···는 나쁜 일에 대한 추측에 이용한다. 이렇게 해서 부드럽게 표현할 수 있다.

A Will the weather clear up this afternoon?
오후에 날이 갤까요?

B Yes, I hope it will. 네, 개면 좋겠어요.

No, I'm afraid it won't. 아뇨, 개지 않을 것 같은데요.

» 여기에서도 I hope so. 또는 I sure hope so.라고 대답할 수도 있다.

글쎄요, 잘 모르겠는데요
Well, I'm not sure about it.

그렇게 생각하세요? 저는 잘 모르겠습니다.

Do you think so? I'm not sure about that.

» 잘 알지 못하는 일이나 확신이 서지 않는 일에 대해서 잘 모르겠다고 할 때 쓸 수 있는 표현이다.

글쎄요, 아닐 것 같아요.

Well, I doubt it.

모르겠어요.

I can't say.
I won't say.

A I think Korean food is the best in the world. Don't you?
한국요리가 제일 맛있는 것 같아요. 그렇지 않아요?

B Well, I'm not sure about that.
글쎄요, 잘 모르겠어요.

A Are you satisfied? 만족합니까?

B Well, yes and no.
글쎄요, 그렇다고도 할 수도 있고 아니라고도 할 수 있어요.

» Yes나 No로 대답하기 어려울 때, Well, probably yes, but I'm not completely satisfied.처럼 임기응변으로 대답하는 요령도 알아두자.

A How often do you have a date? 자주 데이트를 합니까?

B That depends. / It depends. 경우에 따라서요.

어느 쪽이라고 말하기 곤란하군요. 장단점이 있으니까.

It's difficult to say which, because both have advantages and disadvantages.

글쎄요, 사실 그럴지도 몰라요.

Well, as a matter of fact it may be so.

Well, maybe.

» as a matter of fact는 보통 무슨 말을 한 뒤에 '사실은' 하면서 상대방이 흥미로워할 것 같은 말을 덧붙일 때 쓰는 반전의 표현이다. 그러므로 이 표현이 나오면 정말로 중요한 얘기라고 기대해도 좋다.

네, 그런데 아닌 것 같습니다.

Yes, but I doubt that.

상관없습니다.

I don't mind.

I don't care.

Unit 07 다시 물을 때

외국어로 대화를 나누는 것은 영어를 제법 잘 하는 사람에게도 절대 쉬운 일이 아니다. 우리끼리 얘기할 때도 말이 빨라서, 발음이 안 좋아서, 사투리나 은어가 섞여서 못 알아듣는 경우가 얼마나 많은가! 그러니 상대의 말이 너무 빠르거나 알아들을 수 없는 말이 나오면 미안해도 그냥 대충 넘어가지 말고 되묻는 습관을 들이자. 제대로 알아들어야 의사소통에 문제가 없다. 기본적인 표현은 Beg your pardon?(다시 말씀해주실래요?)이다. 줄여서 간단하게 Pardon?이라고도 한다.

Asking for Repetition

다시 한 번 말해 달라고 할 때
Pardon?

다시 말씀해 주시겠어요?

Pardon(↗)?

Beg your pardon(↗)?

Sorry(↗)?

» 말끝을 올린다. 일상회화에서는 Pardon(↗)? / Sorry(↗)?가 좋다. I beg your pardon(↗)?은 격식을 차린 말이다.

이해가 안 됩니다.

Sorry. I don't quite get you.

I can't follow you.

I'm afraid I don't understand you.

» Sorry ~나 I'm afraid ~를 이용해서 표현을 부드럽게 한다.

그걸 이해하지 못하겠어요.

Sorry. I couldn't make that out.

I'm sorry, but I couldn't quite catch that.

I'm afraid I couldn't catch what you said.

다시 한 번 말씀해 주시겠어요?

Sorry. Could you say that again?

Would you please say that again?

Would you mind saying that again?

I beg your pardon, but would you repeat that?

» 다짜고짜 Say it again, Once again.이라고 하는 것은 정중하지 못하다.

잘 알아들을 수 없을 때

Would you speak a little louder?

» 목소리가 잘 들리지 않을 때 사용하는 표현이다.

못 들었는데요. 다시 말씀해 주시겠어요?

I'm sorry, but I can't follow you. Would you mind saying that again?

Sorry, but I missed that. Could you repeat that, please?

I'm sorry, but you've lost me. Could you say that again?

말이 너무 빨라서요. 좀 천천히 말씀해 주시겠어요?

You're speaking a little too quickly for me. Could you possibly slow down a bit?

I'm sorry, I can't follow you. Would you speak a little more slowly?

» slow down a bit '속도를 조금 늦추다'

잘 못 들었어요. 좀 더 분명히 말씀해 주시겠어요?

I didn't quite hear you. Could you speak more clearly?

» 상대방이 입속으로 우물거리거나 발음이 분명치 않을 때 사용하는 표현이다.

잘 안 들리는데요. 좀 크게 말씀해 주시겠어요?

Sorry, but I can't hear you. Would you speak a little louder?

» 상대방이 작은 목소리로 말해서 들리지 않을 때 사용하는 표현이다.

He majored in what?

마지막 말이 뭐였어요?

What was the last word?

두 번째 말을 못 들었어요.

I didn't hear the second word.

마지막 문장의 의미를 모르겠어요.

I don't understand the meaning of the last sentence.

A   My name is Helen Brown.   제 이름은 헬렌 브라운이에요.

B   Helen what?   헬렌 뭐라고요?

A   Helen Brown.   헬렌 브라운이요.

    » 이와 같이 말의 일부를 알아듣지 못한 경우 그 부분에 what을 넣어서 되묻는 요령을 알아두자.

A   My brother majored in psychology.
      제 동생은 심리학을 전공했어요.

B   Pardon? He majored in what?
      다시 한 번 말씀해 주세요. 뭐를 전공했다고요?

A   He majored in psychology.   심리학을 전공했어요.

    » psychology(심리학)를 알아듣지 못했을 때

무슨 뜻입니까?

What does that mean?

What's the meaning of ~?

Could you explain the word ~ to me?

Could you explain what ~ means?

» ~부분에는 camellia(동맥), sophisticated(세련된, 정교한) 등의 어려운 말, 모르는 말, 처음 듣는 단어를 넣는다.

지금 phonograph라고 했는데 그게 무슨 뜻입니까?

You said 'phonograph' just now, didn't you? What does it mean?

» phonograph는 '축음기, 레코드 플레이어'

coed가 무슨 뜻입니까?

What do you mean by 'coed'?

» coed(여대생)라는 말을 모를 때

철자가 어떻게 됩니까?

How do you spell that?
How is it spelt?
How's this word spelt?

이름의 철자가 어떻게 됩니까?

How do you spell your name?
I'm sorry I couldn't catch your name. How do you spell it?
Could you spell out your name, please?

Unit 08 설명을 부탁할 때

낯선 환경과 문화 속에서는 처음 보는 것, 생소한 단어, 이해하기 힘든 상황에 수시로 부딪치게 된다. 모르는 것 투성이니 궁금증은 쌓여 폭발할 지경이고, 그럴 때마다 누군가 옆에서 자세히 설명해 주면 오죽 좋을까! 하지만 감 떨어질 때를 바랄 수는 없는 일! 옆에 있는 사람에게 설명해 달라고 용감하게 부탁해 보자. Could you explain ~? / Would you mind explaining ~? / I wonder if you could explain ~. 성공한 사람들의 가장 큰 동력은 왕성한 호기심이라는 것을 기억하자.

Asking
for Explanation

질문해도 됩니까?

May I ask some questions?

May I trouble you with some questions?

Could I bother you with some questions?

쉽게 설명해 주실래요?

Could you explain that, please?

Would you mind explaining that in simple language?

» '쉬운 말로'는 in plain words 또는 in simple language라고 한다.

다른 말로 설명해 주실 수 있어요?

I wonder if you could explain this another way.

이 점을 명확히 설명해 주실 수 있어요?

I wonder if you could clarify this point.

아마추어도 이해할 수 있는 말로 설명해 주시겠습니까?

Could you put that in language that the layman could understand?

이 구는 정확히 무슨 뜻이죠?

What exactly does this phrase mean?

영어로는 뭐라고 하죠?

What do you say in English?

What do you call it in English?

How do you say that in English?

바른 영어입니까?

Is it good English?
Is it good grammar?

자주 사용하는 어법입니까?

Is this a common phrase?
Do you use it very often?

A Would you mind explaining it to me?
   설명해 주시겠어요?

B Well, it's not very easy to explain, but I'll try.
   저, 좀 설명하기 어렵지만 해보죠.

A What's the meaning of 'Jangma'?
   장마가 무슨 뜻입니까?

B It's Korean for the rainy season which starts in the middle of June.
   6월 중순에 시작되는 우기를 가리키는 한국말입니다.

   » 외국인이 한국말에 관한 설명을 요구할 때 대답하는 예이다.

이해했는지 확인할 때
Do you understand?

이해했어요?

Do you understand?
Can you follow me?
Can't you understand me?

» 상대가 말을 알아들었는지 확인할 필요가 있을 때 쓰는 표현이다.

더 크게 말할까요?

Shall I speak louder?

Shall I speak a little more loudly?

» 귀가 안 좋은 사람과 얘기할 때, 시끄러운 곳에서 말할 때, 멀리 떨어져 있는 사람에게 말할 때 유용한 표현이다.

제 말 이해하겠어요?

Can you make out what I'm saying?

Can't you get what I'm saying?

Isn't my meaning clear?

Have I made myself clear?

You know what I mean(／)?

듣고 있습니까?

Can you hear me?

Can you hear what I say?

Didn't you catch what I said?

» 전화 등에서 상대가 듣고 있는지를 확인할 때는 이렇게 말한다.

말이 너무 빠릅니까?

Am I speaking too fast?

Do I speak too quickly for you?

» 상대를 위해서 말하는 속도를 조절할 필요가 있을 때도 있다.

이제 알겠습니까?

Are you sure you understand?

Can you understand me now?

I hope that's clear now.

I see.

알겠습니다.

I see.

» 상대에게 알겠다고 대답할 때 가장 많이 쓰는 말은 I see. / I know. / I find out.이다. 부분적으로 이해하거나 납득했다는 표현으로는 It does make sense.(일리가 있네요, 말이 되네요) / He has a point.(일리가 있네요) / It stands to reason.(일리가 있네요, 당연한 이치네요) / That explains it.(그럴 만하네요, 설명이 되네요) 등이 있다.

이제 이해했습니다.

Oh, I see! Thanks. I understand now.
Yes, I understand you perfectly, thanks.
That's quite clear now, thank you.
I quite understand now. Thank you.
Thank you. I've got that perfectly.

» 알아 들었다고 말하는 순간에도 thanks / thank you라고 인사하는 것을 잊지 말자. 우리말에서는 '이해했다'라는 과거시제이지만 영어는 understood가 아니라 I see, I understand.라고 현재형을 쓴다는 점에 주의!

Unit 09 말을 이어갈 때

영어를 원어민처럼 자연스럽게 하려면 많이 듣고 많이 말하는 수밖에 없다. 많이 듣다 보면 인토네이션과 의미는 없지만 유용하게 사용되는 연결어, 발음 법칙을 자연스럽게 터득하게 된다. 연결 표현은 회화에서 가장 기본적인 기술의 하나다. Well은 Wait a minute.(잠깐만요)에 해당하는 연결 표현이다. 그 밖에도 you know.(있잖아요, 알죠?) / okay, so.(좋아요 그래서) / and then(그 다음에) 등을 알아두자. 주제를 바꾸고 싶을 때는 Alright. / right.(좋아)이라고 경쾌하게 말한다.

Well, ….

저 ….

Well, ….

Let me see.

Let's see.

Let me think about it.

Well, now, let me see(↘).

Well, let me see, now(↘).

» 대화할 때 말이 뚝 끊어져서 어색한 침묵에 빠지는 것을 피하기 위해 쓰는 연결 표현들이다. 바로 말이 떠오르지 않을 때에도 '저, 잠깐만 기다려 주세요.'에 해당 하는 연결 문구로 시간을 벌면서 자연스럽게 다음 말을 이어가도록 한다.

잠깐만요.

Wait a minute, ….

Just a second, ….

» 이것도 말을 이어가기 위한 연결어로서 사용할 수 있다.

A When did the accident happen?
   사고가 언제 일어났습니까?

B Well, let me see, now … About a week ago, if I
   remember correctly. Yes, last Wednesday.
   저, 그러니까 … 제 기억이 맞다면 1주일쯤 전인데, 그래요, 지난 수요일이었어요.

A When was the last time you saw a movie?
   마지막으로 영화를 본 것은 언제였습니까?

B Well, let me see. A couple of months ago, I suppose.
   저, 글쎄요. 2~3개월 전이었던 것 같군요.

A　Well, I must be going now. When shall I come and see you next time?
그럼, 이제 가봐야겠습니다. 다음에는 언제 와야 하죠?

B　Well, let me see, any time except Monday afternoon.
자, 어디 봅시다, 월요일 오후가 아니라면 언제라도 좋아요.

» 요컨대, well은 망설임이나 의심을 나타내는 말로 별다른 의미가 없다. let me see는 '저, 말이죠, 어디 보자.'라는 느낌이다.

어디 보자, 사전을 어디에 두었더라?

Let's see, where did I leave the dictionary?

A　How soon will it be ready?
언제 되겠어요?

B　Let's see … in another couple of days.
어디 봅시다, 2~3일 뒤에요.

말하는 중에 생각할 때

~ say, ...

돈을 좀 빌려줘요. 그러니까 만 원 정도, 되겠어요?

Please lend me some money, say, ten thousand won, could you?

» 이 … say …는 '그러니까, 예를 들면, 말하자면, 대략'이라는 느낌으로 문장 속에 삽입해서 문장과 문장을 자연스럽게 연결하는 표현이다.

저, 생각해 보지 않았는데 … 잠깐 생각해 보고요.

Well, I hadn't thought about it … let me think about it.

» 뜻밖의 질문을 받거나 중요한 결정을 해야 할 상황에서 생각이 나지 않거나 판단이 서지 않아서 바로 대답할 수 없는 경우의 연결 표현이다.

저, 글쎄요, 일정을 봐야겠어요.

Well, let me see, I'll have to check my calendar.

좋아요! 그런데 일정을 보고요.

Oh, great! But let me check my schedule.

A How many students are there at this university?
　　이 대학은 학생이 몇 명입니까?

B Well, let me see now. I'm a freshman, you know, so I
　　don't know exactly, but I suppose ··· there are about
　　2,500 students.
　　글쎄요. 전 1학년이어서 잘은 모릅니다만 대략 2천 5백 명 정도 같아요.

　　» 질문에 모두 바로 대답할 필요는 없지만 내 말이 아직 끝나지 않았다는 것
　　을 상대방에게 알려주기 위해서는 대화 연결 표현을 익혀두어야 한다.

정확히는 모르지만 ···일 것 같아요.

I don't know exactly, but I suppose ····.
I'm not sure about this, but maybe ····.
I'm not sure, but I guess ····.

» '잘 모릅니다만 아마 ····.' 다음은 모두 대답하기 전의 소위 '보충어'이다.

A How many people are working for your company?
　　당신 회사의 직원은 몇 명입니까?

B I don't know exactly, but probably two thousand or so.
　　정확히는 모르지만 대략 2천 명 정도요.

내 기억이 맞다면 ····.

If I remember correctly, ····.

A   When was it (that) we saw her?

그녀를 만난 게 언제였어요?

B   Well, I don't remember exactly, but it was ··· on Friday last week, if I remember correctly.

정확히 기억나지는 않지만 기억이 맞다면 ··· 지난 주 금요일이었어요.

A   How long are you going to stay in the United States?

미국에는 얼마나 머무를 겁니까?

B   I'm not sure, but I know it won't be longer than forty days.

확실하지는 않지만 40일은 넘지 않을 겁니다.

A   What's your favorite kind of food?

좋아하는 음식은 뭡니까?

B   Well, it's very difficult to say because I'm not at all fussy. If I really had to give an answer, I suppose I would have to say Chinese food.

저, 아무거나 잘 먹는 편이라서 말하기가 어렵군요. 굳이 말한다면 중국요리라고나 할까요.

» chinese food라고 대답하기까지 '이어가는' 요령을 알아두자.

적당한 표현이 생각나지 않을 때

What was I going to say?

어젯밤 ··· 이름이 뭐더라 ··· 그 사람을 만났어요.

I met Mr ··· what's his name ··· last night.

뭘 말하려고 했더라? 아, 그래요 ···.

What was I going to say? Ah, yes ···.

할 말이 있는데, 잠깐만요. 무슨 말을 하려고 했더라?

I have something to tell you, but just a moment, please. What was I going to say?

» 사람을 불러놓고 막상 무슨 말을 하려고 했는지 생각이 나지 않을 때는 이렇게 주
섬주섬 말하면서 시간을 벌 수 있다.

저, 제가 어디까지 말했죠?

Let me see, where was I?

» 말이 중단되고 나서 어디까지 말했는지 모를 때

적당한 말은 모르겠지만 ….

I can't think of the right word, but ….

I can't hit on the exact word, but ….

영어로 뭐라고 하는지 모르지만 ….

I don't know what you call it in English, but ….

» 우리말을 영어로 옮기기 어려운 경우가 꽤 많다.

뭐라고 하면 좋을까?

What's the word I want?

한국말로는 ~라고 하는데 ….

… as we say in Korean.

그럼, 이렇게 말해 볼게요.

Well, let me put it this way.

맞는 말인가요?

Is that the right word?

말하자면 …라고 할까요.

I might say ….

아시다시피, 이런 거예요.

It's like this, you see(↗)?
It's like this, you know(↗)?
Well, you see, it's like this.

» 손짓 몸짓으로 설명할 때의 you see / you know는 '아시겠어요? / 아시다시피'라
  는 느낌을 나타낸다.

···와 같은 것이에요.

··· or something
··· or something like that
··· and something or other

» 딱 알맞은 어구가 떠오르지 않을 때에 편리하게 사용할 수 있는 표현이다.

괜찮다면 콜라 같은 걸 좀 주시겠어요?

Could I have a coke or something, if you don't
mind?

칼 같은 걸 좀 사용해 보는 게 어때요?

Why don't you use a knife or something?

그는 또 지각했어요. 차가 고장났다나 뭐라나.

He came late again-his car broken down or
something.

정확한 숫자는 잊었지만 한 4천 5백쯤일 걸요.

I've forgotten the exact number, but it must be something like 4,500.

실내게임의 일종인데 아시겠어요?

A sort of indoor game, you know(↗)?

적절한 말이 떠오르지 않지만 무슨 뜻인지 아시겠죠. 그런 거예요.

I can't think of the right word, but you know what I mean. It's something like that.

무슨 말인지 아시겠죠?

You know what I mean(↗)?

I think you understand what I mean(↗)?

제 말은 ….

…, I mean, ….

I mean to say ….

What I mean is ….

My point is ….

제가 말하고자 했던 것은 ….

What I meant to say was ….

요컨대 당신 말은 …인가요?

To sum up your point, ….

So what you're saying is ….

If I understand you correctly, ….

Your point is … am I right?

» 상대방의 말의 의미를 확인하는 표현이다. Am I right?은 '제 말이 맞아요?'

Unit 10 화제를 이어갈 때

상대방이 재미도 없고 관심도 없는 일에 대해 지루하게 계속 말할 때는 화제를 바꿀 줄도 알아야 한다. 자연스럽게 다른 얘기로 넘어갈 수 있는 능력이 된다면 좋겠지만 직접적으로 Let's change the subject.(화제를 바꿉시다) / Let's talk about something else.(다른 이야기를 합시다)라고 한다. 하지만 반대로 내가 아주 중요한 이야기를 하고 있는데 상대방이 화제를 바꾸려고 할 때는 어떻게 해야 할까? 단호하게 Don't change the subject.(화제를 바꾸지 마세요)라고 말하자.

Common Connective Phrases

화제를 이어갈 때
By the way, ….

그런데 ….

Now, ….

By the way, ….

Incidentally, ….

Well, ….

» '그런데, 따라서, 그래서, 그건 그렇고'라고 화제를 바꿀 때에 사용하는 말이다.

A This tastes very good, by the way, who cooked it?
정말 맛있군요. 그런데, 누가 요리했어요?

B I don't know. I ordered it by telephone.
몰라요. 전화 주문한 거예요.

그건 그렇고, 커피 한 잔 드시겠어요?

By the way, would you care for a cup of coffee?

» 화제를 바꾸거나 분위기를 전환할 필요가 있을 때도 유용한 표현이다.

그럼, 본론으로 들어갑시다.

Well, let's get down to business.

자, 그러면 다음 문제를 토의합시다.

Well then, let's discuss the next problem.

이제, 잠깐 쉴까요?

Now, shall we have a short break?

그건 그렇고, 지난 화요일에 잭을 만났어요.

Incidentally, I saw Jack last Tuesday.

A Incidentally, there's no lecture in the fourth period.
그런데, 넷째 시간은 휴강이에요.

B Really? Why's that?
정말요? 왜죠?

A Mr. Brown is at some conference. He put a notice up cancelling the class.
브라운 선생님이 회의에 참석하신다고 강의 취소 공고를 내셨어요.

» incidentally는 '부수적으로'가 원래의 의미이지만 회화에서는 '그런데, 그건 그렇고'라는 의미로 사용된다.

화제를 바꿀 때
To change the subject, ….

화제를 바꾸어서 ….

To change the subject, ….
To change the topic, ….

» 다른 얘기를 하자는 직접적인 표현이다.

화제를 바꾸고 싶지 않지만 ….

Not to change the subject, but ….
Not to change the conversation, but ….

» 상대방이 기분 상하지 않도록 조심스럽게 다른 얘기를 꺼낼 때 유용하다.

화제에서 조금 벗어나지만 ….

To digress a little from the subject, ….

본론으로 돌아가서 ….

To get back to the original point, ….
To return to the subject, ….

» 샛길로 빠져버린 얘기를 원래의 화제로 되돌리는 표현이다.

방안이 너무 답답하지 않아요? 화제를 바꾸고 싶지는 않지만 맥주나 좀 마시러 가는 게 어때요?

Don't you think this room is very stuffy? Not to change the subject, but would you like to go for a few beers?

화제를 바꾸어서, 애완동물을 기르고 있습니까?

To change the topic, do you have any pets?

화제에서 좀 벗어나지만, 한국은 가장 영향력 있는 경제대국이 되었어요.

To digress a little from the subject, Korea has become one of the most powerful economic forces.

그래서 생각났는데요 ….

Come to think of it, ….

Now that you mention it, ….

Now that you bring it up, ….

» 화제를 바꾸는 표현은 when it comes to ~(~에 대해서라면) / incidentally(그런데, 그건 그렇고) / on the other hand(반면에, 한편) / by the same token(마찬가지로) / let alone ~(~는 말할 것도 없고) / besides(게다가) / in any case(어차피, 사정이 어떻든 간에) 등 어마어마하게 많지만 대표적인 표현들 몇 가지만 알아도 충분히 활용할 수 있다. 상대방의 말에 강한 이의를 제기할 때는 with (all due) respect(대단히 죄송하지만, 다 이해합니다만)라는 표현을 쓴다.

A   James is going to spend the vacation in Hawaii. He says he has saved quite a lot.
제임스는 하와이에서 휴가를 보낼 거예요. 돈을 아주 많이 저축했다고 하더군요.

B   I see. Speaking of traveling, I'm thinking of buying a Land Rover.
그렇군요. 그런데 여행에 대해 말하자면 저는 랜드로버를 사려고 해요.

» Land Rover는 지프차의 일종이다.

식사에 대해 말하자면 한국 음식을 먹어본 적이 있습니까?

Talking of meals, have you ever eaten Korean food?

» 비슷한 표현으로는 Saying that ~(~에 대해 말하자면) / When it comes to ~(~에 대해 말하자면) / if we are to speak(말하자면) / so to speak[say](이를테면) / as it were(이를테면) / in a word(한마디로) / ~ in other words(다시 말하면) / that is (to say)(다시 말하면) / to put it (in) another way(다시 말하면) / generally speaking(일반적으로 말하면) / roughly speaking(대충 말하면) / strictly speaking(엄밀히 말하면) 등이 있다.

영화에 대해 말하자면 꽤 많은 미국 영화들이 참 괜찮다고 생각하지 않습니까?

Speaking of movies, quite a few American movies are very good. Don't you think so?

화제가 떠올랐을 때
Oh, that reminds me.

A Have you heard that Mr. White is getting divorced?
화이트 씨가 이혼한다는 소식 들었어?

B No, I haven't. What a pity. Oh, that reminds me. I haven't bought any presents for my wife. Today is her birthday.
아니, 못 들었어. 안됐군. 아, 그래서 생각났는데. 아내에게 줄 선물을 아직 사지 않았어. 오늘이 아내 생일이거든.

그래서 생각났는데, 벌써 해리슨 씨를 만났습니까?

That reminds me, have you met Mr. Harrison yet?

» 무슨 일을 계기로 번쩍 다른 생각이 났을 때 쓰는 표현이다.

그래서 생각났는데, 근처에 그것을 파는 가게는 없나요?

That reminds me, could you suggest a shop nearby, where I could buy it?

잊기 전에 물어두는 건데, 오늘 오후에 어디 갈 겁니까?

Oh, before I forget, where are you going to visit this afternoon?

» 이야기를 나누다 보면 정작 하려고 했던 중요한 말을 잊어버리는 경우가 많다. 우선 용건부터 말해두고 싶을 때 유용하게 쓸 수 있는 표현들이다.

잊기 전에 (말해 두면) ….

Before I forget, ….

While I remember, ….

While I'm thinking of it, ….

화제가 바뀌기 전에 (말해 두면) ….

Before we change the subject, ….

Before we go on to something else, ….

While we are on the subject, ….

그것은 그렇다 치고 …
Apart from that, ….

그것은 그렇다 치고 ….

Apart from that, ….

» '그건 그렇다 치고, 여하간, 어쨌든'이라는 의미로 쓸 수 있는 연결 표현은 be that as it may / anyway / anyhow / at any rate / in any case / at all events 등이 대표적이다.

농담은 그만하고 ….

Joking aside, ….

To be serious, ….

농담은 그만하고, 일은 어떻게 되어가고 있어?

Joking aside, how are the things going on?

우선 ….

First of all, ….

Above all, ….

우선, 이 일을 끝내 주세요.

I'd like you to finish this work before everything else.

첫째로 … 둘째로 ….

Firstly … secondly ….

사실은 …, 솔직히 말하면 ….

In fact, …

In truth, ….

As a matter of fact, ….

To tell the truth, ….

To be frank (with you), ….

To be honest, ….

A What's the matter?
무슨 일이죠?

B In fact, I don't know how to use the word processor.
사실, 저는 워드프로세서를 쓸 줄 모릅니다.

A I'm sorry I'm late. Have you been waiting long?
늦어서 미안합니다. 오래 기다리셨어요?

B No, as a matter of fact, I was stuck and I've only just arrived myself.
아니에요. 사실은 차가 막혀서 지금 막 도착했어요.

A To tell the truth, I want to quit the present company.
사실은 회사를 그만두고 싶어요.

B Really? Do you have any complaint?
정말이에요? 무슨 불만이라도 있어요?

A What do you think of this schedule?
이 스케줄 어때?

B Well, to be frank, I don't like it at all. We won't be able to find any free time.
저, 솔직히 말해서 난 전혀 마음에 들지 않아. 우리는 한가한 시간을 전혀 가질 수 없을 거야.

A If I were you, I'd get a new one.
나라면 새걸 사겠어.

B Yes, to be honest, I was thinking the same thing.
그래, 솔직히, 나도 그렇게 생각했어.

어쨌든 …

Anyway, ….

어쨌든 …, 아무튼

Anyway, ….
Anyhow, ….
In any case ….
At any rate ….

» at all events(어쨌든) / either off or on (어떻든, 아무튼, 하여간) / for anything I know(잘은 모르지만, 아무튼) / whether or no(어떻게 됐든, 아무튼) / for one reason or another(어찌 되었든) / in either case(어느 경우에나, 하여간에) 등의 표현도 참고로 알아두자.

A John's been kicked out of the swimming club.
존이 수영 클럽에서 쫓겨났어요.

B Yes, I know. He told me. Anyway, he's much more interested in rugby, so he doesn't care.
네, 알아요. 그에게 들었어요. 어쨌든, 그는 럭비를 훨씬 재미있어 하니까 신경 쓰지 않아요.

어쨌든 성가시죠?

In any case it is troublesome, isn't it?

어쨌든 가봅시다.

Let's go and see, anyhow.

아무튼 식사는 해야지요?

At any rate, we need to take a meal, needn't we?

예를 들면 ….

For instance, ….

For example, ….

Taking an example, ….

» 어떤 설명에 대한 예를 들어달라고 할 때는 주로 such as를 쓴다.

건강에 좋지 않은 것은 끊으세요. 예를 들면 음주나 흡연 등은 끊어야 해요.

Stop doing what's not good for your health. For instance, you have to quit drinking and smoking.

바꾸어 말하면 ….

In other words ….

That's to say ….

To put it another way, ….

결국은 ….

After all ….

In conclusion….

Lastly ….

» '결론을 말하자면 ….'

요약하면 ….

In short ….

Briefly ….

말하자면 ….

so to speak ….

as it were ….

» '소위'

A This one seems much better, doesn't it?
이것이 더 좋아 보이죠?

B Yes, I think so, too. It's more powerful and what's
more, the price is reasonable.
네, 저도 그렇게 생각해요. 강력하고 게다가 가격도 싸요.

금상첨화로 ….

What's better, ….

설상가상으로 ….

What's worse, ….

» 나쁜 일에 한 술 더 뜬다는 느낌의 표현이다.

맞장구칠 때

맞장구를 잘 치는 친구가 있으면 말이 술술 나오고 기분이 좋아진다. 상대의 말을 잘 듣는 것도 중요하지만 상대의 말에 호흡을 맞추면서 적절하게 맞장구를 치는 것도 무척 중요하다. 그렇다고 That's right.(맞아) / Sure.(물론) 등 긍정적인 말만 맞장구는 아니다. 아니라 생각될 때는 I don't think so.(그렇지 않아) / It's not true.(그건 사실이 아니야) / Nonsense!(말도 안 돼!) 등으로 표현해야 한다. 건성으로 맞장구를 치는 게 아니어야 진짜 생동감 있는 대화가 되는 거니까.

긍정도 부정도 아닌 맞장구
Really?

A **I went to Disneyland last week.**
지난주에 디즈니랜드에 갔다 왔어요.

B **Did you(↘)? What was it like?**
그래요? 어땠어요?

그렇습니까? / 그렇군요.

Really(↘)! / Is that so(↘)?
Is that right(↘)? / Indeed(↘)!

» 말끝을 올리면 '정말?' '그래요?'라는 의문을 나타내는 맞장구가 된다.

A **We're flying over the National Park.**
지금 국립공원 위를 날고 있습니다.

B **Oh, are we? I'd love to visit it.**
그래요? 가보고 싶군요.

A **I'm going to visit my parents in England this summer.**
올 여름에 영국에 계신 부모님을 뵈러 갈 겁니다.

B **Are you? I'll bet they are looking forward to seeing you.**
그래요? 틀림없이 기다리고 계실 겁니다.

» You are? / That's great!도 자연스럽다. Are you? / You are? 식으로 상대 방이 사용한 동사(조동사)를 반복 사용하는 것에 주의!

A **I remember seeing her somewhere.**
저 여자 전에 어디선가 만났었어.

B **Do you? / You do?** 그래?

A I've been to New York. 뉴욕에 가본 적 있어요.
B Have you? / You have? 그래요?

A The department head gave us a lot of work.
   부장님이 일을 많이 주셨어요.
B Oh, did he? / Oh, he did? 아, 그랬어요?

A There's someone calling you. 부르는 사람이 있어요.
B Oh, is there? Thanks. 그렇습니까? 감사합니다.

A I didn't have time for lunch yesterday.
   어제는 점심 먹을 시간도 없었어요.
B Didn't you? / You didn't? 그랬습니까?
   » 상대방의 말이 부정이면 맞장구도 부정으로 한다.

A I can't go there this afternoon. 오늘 오후에 거기 못 가요.
B Can't you? / You can't? 못 간다고요?

A There is no one calling you. 부르는 사람은 없어요.
B Oh, isn't there? / There isn't? 그렇습니까?

A We haven't had any fine weather for about a month.
   한 달 동안이나 날씨가 좋지 않아요.
B Oh, haven't you? [You haven't?] That's too bad.
   그랬습니까, 안됐군요.

정말입니까?

Really(↗)?
Is that so(↗)?
Is that right(↗)?
Indeed(↗)?

» 의문을 나타내는 '그렇습니까?, 정말입니까?'는 말끝을 올린다(↗).

A **My back's aching.**

등이 쑤셔요.

B **Is it(↗)? Why don't you take a short rest?**

그래요? 좀 쉬지 그래요?

» It is? Take it easy.라고 해도 좋다.

A **I've caught a terrible cold.** 심한 감기에 걸렸어요.

B **Have you? That's too bad.** 그래요? 안됐군요.

» Yes. 또는 Huh-hu, Mm-hm, Ah-huh로 대답하는 것은 좋지 않다. That's too bad.나 Oh, really(↗)? I'm sorry to hear that. / You have? That's tough luck. 등으로 대답하는 것이 좋다.

A **Oh, my head hurts.**

아, 머리가 아픕니다.

B **Really? Would you like to sit down for a while?**

그래요? 잠깐 앉으시겠어요?

» Is that right? Do you want some aspirin?도 자연스러운 대답

A **We belonged to an amateur drama club.**
   우린 아마추어 연극 클럽 회원이었어요.

B **Oh, did you? Do you still act?**
   그랬어요? 지금도 활동하고 있어요?

A **Jack and Nancy are going to get married next month.**
   잭과 낸시가 다음 달에 결혼합니다.

B **Are they, really?**
   그들이요, 정말입니까?

A **You can have a copy at the office.**
   사무실에 가면 한 부 받을 수 있어요.

B **Can I? I didn't know that.** 그래요? 그건 몰랐어요.

A **Come to think of it, I've never met Helen's husband.**
   생각해 보니까 헬렌 남편은 만난 적이 없습니다.

B **Haven't you, really(↗)?**
   그러세요, 정말이세요?

A **You should certainly go there.** 꼭 가야 해요.

B **Oh, should I?** 가야 한다고요?

그렇군요

I see.

그렇군요.

I see.

I see what you mean.

» I know.와 I see.는 같은 뜻이지만 쓰임새는 조금 다르다. 이미 알고 있는 경우에
는 I know. 상대방의 말을 듣고 이해한 경우에는 I see이다.

맞아요.

That's right. / Right.
That's true.
You said it.

그렇게 생각해요?

Do you think so?

나도 그렇게 생각해요.

I think so, too.

그럴 수도 있겠군요.

That's one way of putting it.
I guess you could put it that way.

A Jane's going out with Tom tonight.
제인이 톰과 오늘 밤 데이트하러 나간대요.

B So what? / What of it?
그래서요?

» So what? / What of it?은 '그래서 그게 어쨌는데?'라는 뜻

알고 있어요.

I knew it.

누가 신경 쓴데?

I don't care.
Who cares?

So do I / Nor do I

So was I.

A **I was in the library yesterday.** 어제 도서관에 있었어요.

B **Oh, were you? So was I.** 그래요? 저도 거기 있었는데요.

» So was I. 대신에 Me too.라고 가볍게 대답할 수도 있다.

A **I don't care for alcoholic drinks.**
알코올 음료는 좋아하지 않아요.

B **Don't you? Neither do I.**
그래요? 저도 좋아하지 않아요.

» Me neither.라고 해도 좋다. '그렇습니까? 저도요.'는 상대방의 말이 긍정
이면 <So+V S>, 부정이면 <Nor+V S>나 <Neither+V S>형을 쓴다. So
was I.(= I was, too), Neither do I.(= I don't either)는 '저도요.'라는 맞장
구이다. 이때도 상대방이 이용한 동사(조동사)에 주의해야 한다.

A **If I drink coffee when I'm hungry, it upsets me.**
속이 비었을 때 커피를 마시면 속이 울렁거려요.

B **And me, too.** 저도 그래요.

A **My sister is going to Seoul tomorrow.**
여동생이 내일 서울에 갑니다.

B **So am I.** 저도요.

» So am I. = I'm going, too.

A **I ought to know a lot more about Korea.**
한국에 대해 많은 것을 알아야겠어요.

B **So should I. / Me, too.** 저도요.

» So should I.= I ought to, too.

A **I can't do such a thing.** 그런 일은 할 수 없어요.

B **Nor can I. / Me, neither.** 저도요.

» I can't, either.라고 해도 좋다. 부정일 때는 too가 아니라 either이다.

A **I'm not interested in golf at all.**
골프에는 전혀 관심이 없습니다.

B **Aren't you? Neither am I.**
관심이 없다고요? 저도 관심 없어요.

» Neither am I. = I'm not, either.

A **As a matter of fact, I don't know how to do it.**
사실 어떻게 하는지 몰라요.

B **Nor do I. / Me, neither.**
저도 몰라요.

» Nor do I. = I don't know, either.

A **I don't smoke. Do you?**
저는 담배를 피우지 않습니다. 당신은 피우세요?

B **No, I don't, either.**
저도 피우지 않습니다.

» '나도'에 해당하는 too(긍정일 때)와 either(부정일 때)를 혼동하지 말 것.
무심코 too라고 말해 버릴 수도 있으므로 not …, either라는 형으로 자주
연습해 둘 필요가 있다.

의견 표현

Expressions of opinion

Unit 01 의견을 말할 때

상대의 의견을 묻는 가장 기본적인 표현은 What do you think of ~?(~에 대해서 어떻게 생각하세요?) 패턴이다. What's your opinion?(당신 의견은 뭐예요?) 식으로 간단하게 물어볼 수도 있지만 이런 식의 직접적인 질문에서는 긴박감이 느껴진다. 자신의 의견이나 견해를 말할 때는 In my opinion, ~.(내 생각에는 ~) 등의 연결 표현으로 먼저 상대방의 관심을 끈 다음에 하고 싶은 말을 연결하면 된다. That's it!(바로 그겁니다!)이라고 상대방을 적극적으로 격려해주는 것도 좋다.

Expressing
One's Opinion

As for me, ···.

A **What a wonderful movie, don't you think?**
정말 멋진 영화였어, 안 그래?

B **Well, personally I didn't really care for it.**
저, 개인적으로 난 정말 영화가 마음에 들지 않았어.

» personally는 '나로서는, 개인적으로는'이라는 의미이다.

제 생각은 ···.

As for me, ···.
As for myself, ···.
For my own part, ···.
Speaking for myself, ···.
I for one, ···.

» '나로서는 ···, 내 입장에서 말하자면 ···'이라는 의미로, 다소 격식을 차린 말투이고, '다른 사람의 생각은 어떻든 나로서는 ~.'이라는 느낌이 있다.

내 의견은 ···.

As far as I'm concerned, ···.
So far as I'm concerned, ···.

» '내 생각에는 ···, 지금까지 지켜본 바로는 ···'이라는 뜻이다. in my book(내 의견[판단]으로는) / the way I see it(내가 보기에는)도 의견을 말할 때 쓸 수 있는 쉽고 간결한 표현이다.

제 의견으로는 그건 미친 생각이에요.

As far as I'm concerned, the whole idea is crazy.

» in my opinion과 거의 같은 의미로 사용한다.

내 생각에는 ….

In my opinion, ….
My opinion is that ….
My idea is that ….

» '내 의견을 말하자면 …. / 내 의견은 ….'이라고, 찬성이든 반대든 자신의 생각을
명확하게 나타내야 한다.

…라고 생각합니다.

I think ….

(확실히) …라고 생각합니다.

I believe ….
I'm sure ….
I'll bet ….

» What do you think of it?(어떻게 생각하세요?) 또는 What's your opinion?(당
신 의견은 뭐예요?)이라는 질문을 받았을 때, 자신이 없으면 I'm not sure. 또는
Well I don't think about that.(음, 저는 잘 모르겠습니다)이라고 한다.

내 생각을 말하겠습니다.

Let me say what I think.
I have an idea.
Excuse me, but I have something to say.
I would like to have a word.

Would you let me say something?

» '한 마디 하겠습니다, 한 마디 하고 싶습니다.'라는 적극적인 태도이다. 회의 등에
　서 의견을 말하고 싶을 때에는 손을 들고 이렇게 말한다.

의견을 말씀드리겠습니다.

I'd like to express my opinion.

I'd just like to say ….

I just want to say ….

의견을 좀 말하고 싶습니다.

I'd like to express some opinions.

그 문제에 관해 제 생각을 말하고 싶습니다.

I'd like to give some thoughts on the subject.

» 회의 등에서 격식을 차려서 의견을 말할 때의 표현이다.

요점은 ….

My point is that ….

What it comes down to is ….

» '요약하면 …, 결국은 …'이라고 의견을 종합할 때 사용한다.

당신이 맞는 것 같습니다.

I think you're quite right.

모두 그렇다고 하지만 저는 다른 생각입니다.

Everyone says so, but I think otherwise.

그 제안에 강력히 반대합니다.

I am strongly opposed to the proposition.

첫 번째 반대 이유는 …입니다.

My first objection is that ….

이것에 관해 의견이 있습니까?

Do you have anything to say about this?
Do you have any opinions about it?

» 회의를 할 때 많이 들을 수 있는 표현이다. 이의 없으니 다음 주제로 넘어가자고
할 때는 I can't argue with that. / I have no objection.라고 말한다.

당신 의견을 듣고 싶습니다.

I'd like to have your comment on it.

» opinion은 개인이나 집단, 전문가의 견해, 의견을 의미하고, comment 역시 의견
을 뜻하는 말이지만 논평하거나 지적, 비판한다는 뉘앙스가 강하다.

솔직한 의견을 말씀해 주시겠어요?

Will you please tell me your frank opinion?

솔직하게 당신의 의견은 뭡니까?

Frankly, what's your opinion?

아무 의견 없습니다.

I really don't have any opinion about it.

그것에 큰 관심이 없습니다.

I'm not very interested in the subject.

이 점에 관해서 확실한 의견이 없습니다.

I have no definite opinion on this point.

그것에 관해서 말할 입장이 아닙니다.

I am not in a position to say anything about that.

» I am not in a position.은 '~할 입장이 아니다, ~할 처지가 못된다' 그러니까 내
입장을 좀 이해해 달라고 부탁하는 뉘앙스의 완곡한 거절 표현이다.

···인 것 같은데요.

I'm afraid ···.

실례지만 ···.

I'm sorry, but ···.

» 상대방과 다른 의견을 말할 때에는 실례가 되지 않도록 배려할 필요가 있다.

···인 것 같습니다.

It seems to me that ···.

틀릴지도 모르지만 ···같습니다.

I may be wrong, but I think ···.

» 이상과 같은 말들을 이용해서 의견을 공손하게 말할 수 있다.

당신이 옳을지도 모르지만 제 생각에는 당신이 틀린 것 같아요.

You may be right, but I think you're mistaken.

당신 의견은 존중합니다만 저는 달리 생각합니다.

I respect your opinion, but I think otherwise.

당신 말이 사실일지도 모르지만 ···.

You may be right, but ···.

What you are saying may be true, but ···.

당신의 말은 이해하지만 ···.

I understand what you're saying, but ···.

Your point is well taken, but ···.

그것은 모두 괜찮지만 ….

It's all very well, but ….

이해는 하지만 …

I realize …, but ….

인정은 하지만 ….

I admit that, but ….

동의는 하지만, 그것에 대한 문제는 ….

Yes, I agree, but ….

Yes, but the problem with that is ….

오해하지 않기를 바랍니다만 ….

I hope you won't misunderstand, but ….

마음을 상하게 하고 싶지는 않지만 ….

I hope you won't take it personally, but ….

Please don't be offended, but ….

I hope I won't offend you, but ….

못 믿으시겠지만 ….

You'll never believe it, but ….

Believe it or not, ….

It's hard to imagine, but ….

이상하게 들릴지 모르지만 ….

It may sound strange, but ….

» Strange as it may sound ~. / It's strange to say, but ~. 등도 같은 표현이다.

I'm interested in ….

…에 흥미가 있습니다.

I'm interested in ….

I have an interest in ….

What I'm interested in is ….

What I like doing is ….

My hobby is …. / My hobbies are ….

이 잡지를 빌려가도 될까요? 자동차 구조에 흥미가 있어서요.

Can I borrow the magazine? I'm very interested in auto mechanics.

어릴 때부터 화석 수집에 흥미가 있어요.

I've been interested in collecting fossils since I was a child.

등산에 흥미가 있어요.

I've always been interested in mountain climbing.

우스운 얘기에 관심이 있어서 사람을 웃기는 것을 좋아합니다.

I'm very interested in comic storytelling, and I like making people laugh.

뭐에 관심이 있어요?

What are you interested in?

What do you like doing?

What do you do for fun?

What's your hobby? / What are your hobbies?

A   What are you most interested in?
    가장 흥미 있는 일이 뭐예요?

B   I'm interested in badminton and painting.
    배드민턴과 그림에 흥미가 있어요.

A   What do you do for fun?
    취미로 뭘 하세요?

B   Oh, I like lots of things. I play tennis. I listen to popular music. In winter I go skating or skiing.
    많아요. 테니스를 하고 팝 뮤직도 듣습니다. 겨울에는 스케이트나 스키를 탑니다.

만화 보는 것을 좋아합니다.

I like reading comic strips.

이런 재즈 음악을 매우 좋아해요.

I love this kind of jazz music.

···에 미쳐 있습니다.

I'm crazy about ····.

I'm mad about ····.

I'm keen on ····.

I have a passion for ····.

» I'm very interested in ····.의 의미를 강조한 말이라 할 수 있다.

낚시에 미쳐 있습니다.

I'm crazy about angling.

I'm mad about fishing.

스피드광이라는 말을 듣습니다.

People often say I'm a speed maniac.

한가한 시간을 대부분 추리소설을 읽고 테니스를 치면서 보냅니다.

I spend most of my free time reading detective stories and playing tennis.

A Who's your favorite movie star? 좋아하는 영화배우는 누굽니까?
B Harrison Ford. 해리슨 포드예요.

A What's your favorite sport? 어떤 스포츠를 좋아합니까?
B Basketball and swimming. 농구와 수영입니다.

개나 고양이는 그다지 좋아하지 않습니다.

I don't really like cats or dogs.
I don't like cats or dogs very much.

» I don't really like ….는 I don't like … very much.(그다지 좋아하지는 않는다) 라는 의미이다. I really don't like ….는 '정말 좋아하지 않는다, 싫다'가 된다.

수영을 잘합니다.

I'm good at swimming.

» '…를 잘한다, …에 정통하다'는 be good at …, be a good hand at …이고, 그 반대 인 '…를 못한다, …에 서툴다, …에 약하다'는 be poor at …, be a poor hand at … 을 이용한다.

컴퓨터나 워드프로세서는 잘 못합니다.

I'm a poor hand at computers or word processors.

미안하지만 그것에 흥미가 별로 없습니다.

Sorry, but I'm not very interested in it.

Unit 02 예정과 의지를 말할 때

상대방의 스케줄이나 계획을 알아야 한다면 What are you doing ~?(~을 할 겁니까?) / Do you have any plans ~?(~ 계획이 있으세요?) / Are you going to ~?(~할 예정이세요?) 패턴을 사용하여 물어본다. 반대로 그런 질문을 받았을 때에는 I'm going to ~.(~할 예정이에요) / I'm scheduled to ~.(~할 계획이에요) 등의 패턴으로 대답한다. 내가 뭘 하겠다고 말할 때는 I'll ~.(~할게요)을 사용한다. will이 의지를 나타내는 표현으로 쓰일 때는 '~을 하려는 의지가 있다'는 강한 뉘앙스를 갖는다.

Schedules
and Intention

When are you leaving?

이번 주말에 뭐할 겁니까?

What are you doing this weekend?

What are you going to do this weekend?

What are you planning to do this weekend?

What are your plans for this weekend?

What do you intend to do this weekend?

What are you supposed to do this weekend?

» 각각 뉘앙스에 약간씩 차이가 있다. be going to ~는 '~할 것이다, ~하게 될 것이다', plans for ~는 '~을 위한 계획을 세우다', intend to ~는 '~할 작정이다', be supposed to do ~는 '~하기로 되어 있다; ~할 의무가 있다'는 의미이다. 미세한 뉘앙스의 차이를 알아야 상황에 따라 골라 쓸 수 있고, 다른 사람이 어떤 의미로 말하는지 그 뉘앙스도 알아들을 수 있게 된다.

언제 떠납니까?

When are you leaving?

» When are you going to leave?라고 할 필요는 없다. 가까운 미래의 예정 또는 계획을 말할 때에는 진행형이 쓰인다.

내일 뵈러 오겠습니다.

I'm coming to see you tomorrow.

다음 주 서울행 비행기로 떠나요.

I'm taking off for Seoul next week.

A What are you doing next Sunday?
일요일에는 뭐 할 겁니까?

B I'll work hard.
열심히 공부할 겁니다.

오늘부터 1주일 뒤에 비행기를 탈 예정입니다.

I'm going to take a plane a week from today.

이틀 동안 싱가포르를 관광할 겁니다.

I'm going to see the sights of Singapore in two days.

공항으로 마중 나올 겁니까?

Are you going to meet me at the airport?

be thinking of -ing

I'm planning to invite my friends on my birthday.

생일에 친구들을 초대할 계획입니다.

I'm planning to invite my friends on my birthday.

» be planning to …는 '…할 계획, …할 예정'의 의미로 사용된다.

올 휴가에는 하와이에 갈 계획입니다.

I'm planning to go to Hawaii this coming vacation.

이게 모두 끝나면 뭐 할 계획입니까?

What are you planning to do when all this is over?

5월 24일 토요일에 회의를 열 계획입니다.

We're planning to hold a meeting on Saturday, May 24th.

A Are you going to ask anyone else?

다른 사람에게 부탁할 겁니까?

B Well, I wasn't planning to, but I suppose we could ask Jack, couldn't we?

글쎄요, 그럴 계획은 아니었는데 잭에게 부탁할 수도 있겠지요?

일요일에 해변에 가려고 하는데 가지 않겠습니까?

I'm thinking of going to the beach on Sunday. Would you like to come?

» be thinking of -ing는 '~하려고 한다'라고 현재의 계획을 말하는 것이지만 확실한 계획이나 예정이 확정되어 있지 않은 경우에 쓴다.

언제 롱 씨를 당신에게 소개해 드리려고 합니다.

I'm thinking of bringing Mr. Long to see you.

낭비한 시간을 보충할 생각입니다.

I'm thinking of making up for all the time I've wasted.

지금 직장을 그만 두고 다른 일을 구하려고 합니다.

I'm thinking of quitting my present job and finding another.

intend to …

I intend to finish this work by tomorrow.

그 일을 내일까지 끝낼 생각이에요.

I intend to finish this work by tomorrow.

» intend to ~, mean to ~, plan to ~는 모두 '~을 할 작정이다'의 뜻이지만 그 가운데에서도 intend to ~는 하려는 의지와 결의를 가장 강하게 나타내는 표현이다.

뉴욕에는 얼마나 체재할 작정입니까?

How long do you intend to stay in New York?

언제 이집트에 가볼 작정입니다.

I mean to visit Egypt sometime.

정말 그곳에 가려고 했는데 못 갔어요.

I really meant to go there, but I wasn't able to.

정말 미안해요. 놀라게 할 생각은 아니었어요.

I'm terribly sorry. I didn't mean to frighten you.

무례하게 굴 생각은 없습니다만, 절대로 찬성할 수 없습니다.

I don't mean to be rude, but I don't agree with you at all.

이 달 말까지는 끝낼 계획입니다.

I expect to get it finished by the end of this month.

» expect는 보통 '기대하다, 예측하다'로 해석되는데, hope처럼 막연하게 어떤 일이 일어나기를 감정적으로 바라는 것이 아니라 어느 정도 논리적인 근거를 갖고 기대하는 것이다.

I think I will …

I think I'll tell him.

그에게 말해 주려고 합니다.

I think I'll tell him.

» I think I'll …도 예정을 말하는데 자주 사용된다.

외출하기 전에 샤워를 할 생각이에요.

I think I'll take a shower before we go out.

한 이틀 더 체재할 생각입니다.

I rather think I'll stay for another couple of days.

역까지 당신과 함께 갈까 생각합니다.

I think I might come with you as far as the station.

be supposed to …
He's expected (to be) back around three.

그는 3시쯤 돌아올 것 같습니다.

He's expected (to be) back around three.
He's supposed to be back around three.

» be supposed to …는 '…하기로 되어 있다, …할 의무가 있다'라는 뉘앙스로 자주 사용된다.

3시에 화학 실험 수업에 들어가야 합니다.

I'm supposed to be in the chemistry lab at three.

» You're supposed to …는 '…하기로 되어 있다'라는 원래의 의미에서 가벼운 명령을 나타내기도 한다.

4시까지 정문 앞에서 모이기로 되어 있습니다.

We're supposed to gather at the front gate by four o'clock.

그 파티에는 무얼 입고 가야 되나요?

What are we supposed to wear to the party?

좌측통행을 해야 합니다.

You're supposed to keep to the left.

A   What date's the next concert?
다음 콘서트는 며칠입니까?

B   Scheduled for the fourth and fifth of October.
10월 4일과 5일에 계획되어 있습니다.

이 비행기는 런던에 몇 시에 도착하기로 되어 있습니까?

What time is this plane due at London?

» be due (to ~)로 표현되는 예정에는 지켜야 할 의무라는 뉘앙스가 포함된다.

내 남자친구의 문제는 10시까지는 집에 들어가야 한다는 것이다.

The problem with my boyfriend is that he's due home by 10 o'clock in the evening.

» be due home은 be due to be home의 to be가 생략된 것이다.

이 보고서는 내일 아침 회사에 제출하기로 되어 있습니다.

This report is due to go to the office tomorrow morning.

Unit 03 희망과 소원을 말할 때

Every cloud has a silver lining.(어떤 구름도 은빛 테두리가 있다)은 아무리 시커먼 먹구름도 그 테두리는 하얗기 마련이니 지금, 어떤 고난에 처해 있더라도 희망을 잃지 말라는 뜻이다. 상대방에게 어떻게 해주길 바라는지 물을 때는 Do you want to ~?(~하고 싶습니까?) / Do you want me to ~?(제가 ~해 주길 원하나요?)라고 묻는다. 상대에게 내가 뭘 원하는지 알려주고 싶다면 I'd like to ~.(~하고 싶습니다) / I want to ~.(~하고 싶습니다) 등의 패턴을 사용하면 아주 쉽다.

Hopes and Wishes

I'd like to improve my English.

왜 포기하려고요?

Why do you want to give it up?

» '…하고 싶다'라는 직접적인 바람은 I want to … 또는 I'd like to … 등으로 표현하는데 I want to …보다 I'd like to …가 겸손하고 정중한 느낌을 준다.

그런 일은 하기 싫어요.

I don't like to do that.

돈을 모아서 하와이 여행을 하고 싶습니다.

I'd like to save enough money to go to Hawaii.

A **Where would you like to go?**
   어디에 가고 싶어요?

B **I'd like to go to London or Paris.**
   런던이나 파리에 가고 싶어요.

  » I should like to … / I would like to …는 단축해서 I'd like to …로 쓴다.

영어를 잘하고 싶습니다.

I'd like to improve my English.

당신 부인을 만나고 싶습니다.

I'd like to meet your wife.

특히 헐리웃에 가보고 싶습니다.

I'd particularly like to visit Hollywood.

커피 한 잔 더 주세요.

I'd like (to have) another cup of coffee.

설탕 1파운드 주세요.

I'd like a pound of sugar, please.

아침식사로 토스트와 커피, 스크램블드 에그를 주세요.

I'd like toast, coffee and scrambled eggs for breakfast.

제 아내를 소개하고 싶습니다.

I'd like you to meet my wife.

» I'd like ~ to …형은 아주 다양하게 자주 쓰이는 표현이므로 잘 알아두자.

그녀가 1시에서 2시 사이에 전화를 해주었으면 합니다.

I'd like her to call me between one and two.

그곳에 꼭 한 번 가보고 싶습니다.

I feel like going there just once.

I feel inclined to go there just once.

I have half a mind to go there just once.

다시 만나길 기대하겠습니다.

I'm looking forward to seeing you again.

» looking forward to 다음에는 명사와 동명사(-ing)만 올 수 있다.

스위스에 가고 싶어 죽겠어.

I'm dying to go to Switzerland.

내 차를 갖고 싶어 죽겠다.

I'm dying to have a car of my own.

매리와 드라이브하고 싶어 죽겠어.

I'm dying to ask Mary out for a drive.

담배 한 대 피우고 싶어 죽겠어.

I'm dying for a smoke.

I hope you'll find this useful.

이걸 받아주세요. 마음에 드시면 좋겠어요.

Would you accept this? I hope you'll like it.

» hope는 그냥 이랬으면 좋겠다는 감정적인 바람, 희망을 나타낸다.

도움이 되면 좋겠습니다.

I hope you'll find this useful.

작은 감사의 표시입니다만 사용해 주셨으면 합니다.

This is a small token of my gratitude. I hope you will be able to use it.

빨리 감기가 낫기를 바랍니다.

I hope you'll get over your cold soon.

빨리 좋아지길 바랍니다.

I hope you'll be better soon.

내일 비가 안 오면 좋겠어요.

I hope it won't rain tomorrow.

A   Will it snow tonight? 밤에 눈이 올까요?

B   I hope not. 안 오면 좋겠어요.

» I hope so.(그러길 바랍니다) 또는 I hope not.(그렇지 않길 바랍니다)이
라는 짧은 형이 회화에서는 자주 쓰인다.

바쁘시겠지만 시간을 내어 오셔서 대화할 수 있으면 좋겠습니다.

I know how busy you are, but I do hope you'll be able to find time to come and talk to me.

» 편지 등에서 쓰는 장중한 어법이다. I do hope.에서 do는 강조 조동사이다.

I wish …
(I wish you) Good luck!

행운을 빕니다.

(I wish you) Good luck!

크리스마스 즐겁게 지내길 바랍니다.

(I wish your) Merry Christmas.

» Good luck! / Merry Christmas.처럼 I wish you는 대부분 생략한다. I hope …가 실현 가능성이 있는 것을 바라는데 반해서 I wish …는 실현 불가능한 바람이나 가능성에는 관계없는 강한 바람을 나타낸다.

술을 끊어야 하는데.

I wish you'd stop drinking.

» I wish …(가정법 과거)는 현재 할 수 없는 것을 '할 수 있다면' 하는 것으로 I'm sorry I can't.(할 수 없어서 유감이야)라는 의미가 포함되어 있다.

비가 빨리 그치면 좋겠는데.

I wish it would stop raining soon.

그럴 수 있다면 좋겠다.

I wish I could.

내가 알면 좋을텐데.

I wish I knew.

» I'm sorry I don't know.(몰라서 미안하다)라는 뉘앙스의 표현으로, knew는 과거형이지만 '현재 사실의 반대'인 일을 나타내는 '가정법 과거'이다.

A　Would you like to join me for dinner?
저녁식사 함께 하지 않겠습니까?

B　I wish I could, but I have an appointment this evening.
그러고 싶은데 오늘 저녁에는 약속이 있어요.

　　» I wish I could.가 I'm sorry I can't (join you).라는 것을 알 수 있다.

도울 수 있으면 좋겠는데.

I wish I could help you.

» '미안하지만 도울 수 없다.'(Sorry I can't help you)라는 것과 같다.

너만큼 영어를 잘 했으면!

I wish I could speak English like you!

좀 더 키가 컸으면 좋을 텐데.

I wish I were[was] taller.

» 구어에서는 was가 자주 사용된다.

좀 더 젊었으면!

How I wish I were[was] younger!

A　How nice it would be if you could go with us!
네가 우리와 함께 갈 수 있으면 얼마나 좋을까!

B　Yes, but I'm sorry I can't.
그래, 같이 못 가서 미안해.

A　If only I could be through with it today!
오늘 중으로 마칠 수만 있다면!

B　It's impossible, I suppose. 불가능할 것 같아.

　　» If only …도 희망을 나타내는 표현이다.

강연자가 좀 더 큰 소리로 말해 주면 좋겠는데. 말하는 게 한 마디도 들리지 않아.

**If only the lecturer would speak a little louder.
I can't hear a word he says.**

친절하게 대해 주었어야 했어.

I wish I'd been nice to her.

카메라를 가지고 왔어야 했는데.

I wish I'd brought my camera with me.

» I wish … had p.p.(가정법 과거완료)는 '…했어야 했는데'라는 과거의 일에 대한 후회를 나타낸다.

A　Why didn't you wake me up at six?
　　왜 6시에 깨우지 않았어?

B　I wish I had.
　　깨웠어야 했는데.

A　Why didn't you come this morning?
　　오늘 아침에 왜 오지 않았어?

B　I wish I had. I set my alarm clock for six, but it didn't go off.
　　갔어야 했는데. 자명종 시계를 6시에 맞춰 놓았는데 울리지 않았어.

허락을 요청할 때

뭘 해도 되는지 누군가에게 허락을 구해야 하는 상황에서는 어떤 표현을 써야 할까? 기본 문형은 Can I ~? / May I ~?(~해도 돼요?)이고 Could I ~?는 정중한 표현이다. Shall I ~?는 내가 아니라 상대를 위한 질문이다. Shall I close the door?(문 닫을까요?)는 상대방이 추워 보여서 물어보는 것이다. Would you mind ~?(~해도 되겠습니까?)는 아주 공손한 표현인데 mind에 '꺼리다, 싫어하다'라는 부정적인 의미가 있기 때문에 긍정은 부정으로 부정은 긍정으로 대답해야 한다.

Asking
for Permissions

May I come in?

A May I come in? 들어가도 됩니까?

B Yes, of course. 네, 물론이에요.

» 허락을 구하는 전형적인 형식이다.

당신 컴퓨터를 써도 됩니까?

Can I use your computer?

May I use your computer?

Could I use your computer?

Might I use your computer?

Is it all right for me to use your computer?

I wonder if I can use your computer.

Do you mind if I use your computer?

Would you mind if I used your computer?

I wonder if I might use your computer.

Would it be possible for me to use your computer?

» Can I ~?라는 가장 캐주얼하고 격의 없는 표현에서부터 아래로 내려갈수록 점점 공손함이 더해져서 마지막 표현은 장중하기까지 하다.

A Do you mind if I smoke? 담배를 피워도 괜찮습니까?

B No, of course not. 네, 그러세요.

컴퓨터를 사용해도 됩니까?

Let me use your computer.

I'll use your computer if you don't mind(↗).

May I ···? / Can I ···?
May I use your phone?

질문을 해도 됩니까?

May I ask you a question?

» 부탁을 하거나 허락을 구할 때 가장 쉬운 기본 표현은 May I ~? / Can I ~?이다.

화장실을 써도 됩니까?

May I use the bathroom, please?

잠깐 실례해도 됩니까?

May I be excused from the table?

콜라 한 잔 마셔도 됩니까?

May I have a coke, please?

실례지만 합석해도 될까요?

Excuse me. May I join you?

잠깐 봐도 될까요? 책 제목이 재미있을 것 같네요.

May I take a look? The book title sounds interesting.

영어 어법에 관해 질문해도 될까요?

May I ask you some questions about English usage?

부탁 하나 해도 될까요?

Can I ask you a favor?

잠깐 폐를 끼쳐도 될까요?

Can I bother you for a moment?

서재에 있는 책을 빌려도 됩니까?

Can I borrow some books from your library?

당신 우산을 빌려도 될까요?

Could I possibly borrow your umbrella?

» 회화에서는 May I …? 보다 Can I …?를 많이 쓰는데 Could I ~?도 많이 쓴다.

제안을 해도 될까요?

Could I suggest my idea?

Let me …
Let me do that, please.

제가 그것을 해도 될까요?

Let me do that, please.

» <Let me+동사원형>은 허락을 구하거나 의뢰를 할 때 쓴다. please나 if you don't mind(괜찮으시다면)를 넣으면 더 부드럽고 정중한 표현이 된다.

제가 공항으로 전송 가도 될까요?

Let me see you off at the airport.

괜찮다면 좀 봐도 될까요?

Let me have a look at it, if you don't mind.

좀 더 자주 소식을 알려 주세요.

Please let me hear from you more often.

내일 하루 쉬어도 될까요?

Will you please let me have a day off tomorrow?

허락을 구하는 다양한 표현
Do you mind if I smoke?

이 방에서 담배를 피워도 되나요?

Are we allowed to smoke in this room?

매리와 영화 보러 가도 괜찮습니까?

Is it all right if I go to the movies with Mary?

열쇠를 제가 맡아도 될까요?

Do you have any objection if I keep the key?

괜찮다면 이 책을 빌리고 싶습니다

I'd like to borrow this book, if I may.

가능하다면 수요일 수업에 빠지고 싶습니다.

I'd like to be excused from your class on Wednesday, if possible.

한 잔 더 마셔도 될까요?

I wonder if I could have another drink.

» wonder if ~는 직접 물어보지 못하고 '~할 수 있는지 궁금하다'고 에둘러 물어보
거나 확실하지 않은 일을 떠보기 위해 말을 던져보는 표현이다.

오늘 조퇴해도 될까요?

I wonder if you'd allow me to leave early today.

다음 주 월요일까지 연기해도 될까요?

Would it be possible (for me) to put it off until next Monday?

담배를 피워도 됩니까?

Do you mind if I smoke?

You don't mind me smoking, do you?

Would you mind if I smoked?

Unit 05 승낙 또는 거절할 때

부탁이나 허락을 요청받았을 때 의사표현을 정확하게 하는 것이 중요하다. 승낙할 때는 Sure.(물론이죠) / No problem. (그럼요) / All right.(좋아요), 결정을 보류할 때는 I'll give it some thought.(생각해 볼게요) / I will if I can.(할 수 있다면 할게요), 거절할 때는 No, you mustn't.(안 돼요). / I'm sorry ~.(미안하지만 ~) / I guess not ~.(안 될 것 같아요) / I'd rather not.(그만 두는 게 좋을 것 같아요) / I'd rather you didn't.(부탁 받지 않은 걸로 할게요) 등으로 표현한다.

Giving or Not Giving Permissions

승낙할 때 ①
Sure.

그러세요.

Sure.

Oh, sure.

Certainly.

Why not?

All right.

Yes, of course.

No problem.

O.K.

» '물론이에요, 좋아요'라고 가볍게 승낙하는 것이다.

A **May I use your phone?** 전화를 써도 됩니까?

B **Sure. / Why not?** 그러세요.

A **May I have your name?** 성함을 말씀해 주시겠습니까?

B **Certainly.** 네.

A **Can I take this?** 이걸 가져도 됩니까?

B **Yes, of course.** 네. 물론입니다.

A **May I ask some questions about your family?**
   가족에 관해 질문해도 됩니까?

B **Oh, yes. Please go ahead.**
   아, 네. 하세요.

그러세요. 괜찮아요.

Please do, by all means!

Oh, yes, that's quite all right.

A   Can I take this paper? 신문을 가져가도 됩니까?

B   You can take it if you like. 필요하시면 가져가세요.

승낙할 때 ②

No, not at all.

A   Do you mind if I smoke? 담배를 피워도 괜찮아요?

B   No, not at all. Go ahead. 네, 그러세요. 피우세요.

» Do you mind if …?(…해도 괜찮겠습니까?)에 대해 '괜찮습니다, 좋아요' 는 부정으로 대답한다는 것에 주의해야 한다.

물론이에요.

Certainly not!

Not in the least!

Not a bit!

No, of course not.

No, that's all right.

» 모두 I don't mind at all.(전혀 상관없어요)이라는 의미이다. 반대로 Yes, I do. / Yes, I do mind.라고 대답하면 '안돼요.'라고 거절하는 게 된다.

A   Would you mind if I corrected your mistakes?
    당신의 실수를 바로잡아도 괜찮습니까?

B   No, not in the least. I shall be very pleased.
    네, 전혀 상관없어요. 그래주세요.

   » Yes, I would.라고 하면 '(안되니까) 그러지 마세요.'라는 의미가 된다.

허락을 해줄 입장은 아닙니다만 괜찮을 것 같아요.

I'm not in a position to give permission, but I think it's all right.

» can't give you permission officially, but …,이라고 해도 같다. 정식으로 허락을 요구받은 경우의 약간 격식을 갖춘 응답이다.

거절할 때

No, you may not.

A **May I eat this cake, Mommy?** 엄마, 이 케이크 먹어도 돼요?

B **No, you may not.** 안 돼.

» May I …?에 대해 No, you may not.은 손윗사람이 손아랫사람에게 말하는 느낌이 있다.

안됩니다.

No, you mustn't.

» mustn't(must not)는 may not보다 강한 '금지'를 나타낸다.

A **May I have this photo?** 이 사진 가져도 됩니까?

B **I'm sorry, but you can't.** 미안하지만 안 됩니다.

A **Can I park my car here?** 여기에 주차해도 됩니까?

B **Oh, I'm afraid you can't.** 아, 안 되는데요.

A **May I speak to you a little more quickly?**
좀 더 빨리 말해도 됩니까?

B **No, please don't.** 아뇨, 그러지 말아 주세요.

A **Are we allowed to smoke in this room?**
이 방에서 담배를 피워도 되나요?

B **No, I guess not. This is a non-smoking room.**
아뇨, 안 될 것 같아요. 금연실입니다.

A **May I copy from these papers?**
이 서류를 복사해도 됩니까?

B **Well, I'd rather you didn't, if you don't mind.**
저, 괜찮으시다면 하지 않는 게 좋겠어요.

» I'd rather you didn't.(하지 말아 주셨으면 합니다, 하지 말아 주십시오)
라는 표현도 알아두자.

A **Would you mind if I borrowed your car this weekend?**
이번 주말에 당신 차를 빌려도 괜찮습니까?

B **I would rather you didn't, if you don't mind, because I
promised my son I'd let him use it this weekend.**
괜찮으시다면 그러지 말아 주세요. 이번 주말에 차를 사용해도 좋다고 제 아들에게
약속을 했거든요.

» Do you mind …?에 대해서 Yes, I do mind.라고 대답하거나 Would you
mind …?에 대해서 Yes, I would. '안됩니다, 하지 말아 주십시오.'는 매우
직접적인 거절이 되므로 위의 요령으로 표현을 부드럽게 하면 좋다.

부탁할 때

혼자서 모든 일을 다 처리할 수 있다면 정말 좋겠지만 세상은 서로 돕고 살아야 돌아가게 되어 있다. 누군가에게 크고 작은 부탁을 해야 하는 경우 어떤 표현을 쓰면 좋을까? 의사표현이 분명한 서구인들은 부탁을 하거나 도움을 청할 때도 분명하게 한다. 부탁할 때는 <Please+명령문>을 사용하여 말하면 간단하면서도 정중한 부탁의 표현이 된다. Could you ~? / Would you ~? 패턴을 사용하면 더욱 정중한 표현이 되지만, 친구 사이라면 가볍게 Will you ~?라고 하면 된다.

Asking

Favors

부탁할 때

Can I ask you a favor?

부탁 하나 해도 될까요?

Can I ask you a favor?
May I ask you a favor of you?
Will you do me a favor?
Will you do something for me?
I have a favor to ask you.
I want to ask you a favor.
I wonder if you would do me a favor.

» 무슨 일을 부탁할 때 먼저 운을 떼는 말이다. favor는 '친절한 행위, (상대의 호의를 바라는) 부탁'을 의미한다. Do me a favor.(부탁 하나 들어줘) / Will you do me a favor?(부탁 하나 들어주실래요?) / Would you do me a favor?(부탁 하나 들어주시겠어요?) 등으로 상대방에 따라 표현을 골라 써야 한다. I wonder if you would ….는 매우 정중한 말이다. 부탁을 할 때는 최대한 부드러운 말과 공손한 태도를 취할 필요가 있다.

A **May I bother you for a moment?**
잠깐 부탁해도 됩니까?

B **Sure. What do you need?**
그러세요. 뭐가 필요하신데요?

» bother(= trouble)를 쓰면 '성가시겠지만'이라는 느낌을 전할 수 있다.

A **Can you help me with this, please?**
이걸 좀 도와주시겠어요?

B **Yes, if I can. What is it?**
네, 할 수 있는 거면요. 뭐지요?

A Would you do me a favor, please?
부탁 하나 들어 주시겠어요?

B Well, that depends on what it is.
글쎄요. 뭐냐에 따라서요.

정중함의 정도

Close the window, please.

이쪽으로 오세요.[와 주시겠습니까?]

Come over here.

Come over here, please(↘).

Come over here, please(↗).

Come over here, will you(↗).

Could you come over here, please?

Will you come over here, please?

Would you come over here, please?

Do you mind coming over here?

Would you mind coming over here?

» 위에서부터 아래로 명령에서 점점 부탁으로 공손함이 더해지는 표현이 된다.

창을 닫아 주세요.[주시겠습니까?]

Close the window, please(↗).

Won't you close the window?

Excuse me, but could you please close the window?

Would you like to close the window for me, please?

» 앞의 2가지 표현은 친근한 사이에 쓰는 말이고 뒤의 2가지는 정중한 말이다.

Shut the door, please.

문을 닫아주세요.

Shut the door, please(↗).

» please를 넣지 않으면 강한 명령문이 되므로 손윗사람에게는 사용하지 않는 것이 좋다. 친구나 동료 사이라도 말의 처음이나 끝에 please를 넣는 것이 좋다.

스위치를 켜주세요.

Just turn it on, please(↗).

케이시, 심부름 좀 해주겠니?

Please go on an errand for me, Cathy(↗).

A Write me sometimes, please.
   가끔 편지하세요.

B Of course I will.
   그럴게요.

잔돈 갖고 오는 것을 잊었어요. 돈을 좀 빌려주지 않을래요?

I forgot to bring any small change. Please lend me some money, could you?

잠깐만 기다려주세요.

Just a moment, please.

» Wait just a moment, please.의 wait이 생략된 형이다.

프런트를 부탁합니다.

Front desk, please.

커피 두 잔 (부탁합니다).

Two coffees, please.

나도 같은 것을 부탁합니다.

The same for me, please.

같은 걸로 두 개 부탁합니다.

Two of the same, please.

» 호텔, 레스토랑, 커피숍 등에서는 <명사+please> 표현을 많이 쓴다.

Can you ~? / May I ~?
Can you make room for me?

역 앞에서 내려 주실래요?

Can you drop me in front of the station?

» Can you …?는 비교적 가벼운 부탁에 사용한다.

실례지만, 우체국을 찾고 있는데 가르쳐 주실래요?

Excuse me. Can you help me? I'm trying to find the post office.

이 서류 타이핑을 도와줄래요?

Can you help me type these papers?

자리 좀 좁혀 주실래요?

Can you make room for me?

이 자리를 맡아 주실래요?

Can you save this seat for me?

성함을 말씀해 주실래요?

May I ask your name?

May I have your name, please?

» What's your name?은 퉁명스럽고 Your name, please.는 사무적으로 들린다.

불을 켜주실래요?

May I have the lights on, please?

May we have the lights on, please?

» Will you put the light on, please?라고 직접적으로 말해도 좋다.

지나가게 해주실래요?

May I get through, please?

우유를 더 주실래요?

Can I have some more milk?

» Can I …?는 May I …?와 거의 같은 의미로 회화에서 자주 쓰이는 표현이다.

여기에서 환전해도 될까요?

Can I change money here?

친구를 호출해 주실래요?

Can I have a friend paged, please?

Will you (please) ~?
Will you please pass me the salt?

이름의 철자를 말씀해 주실래요?

Will you spell out your name for me?

이 열쇠를 찾으러 올 때까지 보관해 주실래요?

Will you keep this key until I come for it?

그 재떨이를 집어 주실래요?

Will you pass me the ashtray?

(식탁) 그 소금을 집어 주실래요?

Will you please pass me the salt?

서류를 검토해 주실래요?

Will you go over my papers, please?

A   John, will you go to the supermarket and buy some milk for me?
존, 슈퍼에 가서 우유를 사다 주겠니?

B   **Oh, sure.** 네, 그러지요.

방이 덥지 않아요? 누가 창문 좀 열어 줄래요?

This room is very stuffy, isn't it? Will someone open the windows, please?

이 짐 좀 도와주실래요?

Will you kindly lend me a hand with these parcels?

» please 대신 kindly를 덧붙여서 정중함을 나타낼 수 있다.

Could you ~? / Would you ~?

Could you give me a hand?

좀 도와주실래요?

Could you give me a hand?

» Could you …?는 Can you …?보다 정중하게 부탁하는 말이다.

우체국이 어디에 있는지 가르쳐 주실래요?

Could you tell me where the Post Office is?

잠깐 시간을 내주실래요?

Could you spare me a few minutes?

역까지 태워 주실래요?

Could you give me a ride to the station, please?

이 컴퓨터의 사용법을 가르쳐 주실래요?

Could you show me how to use this computer?

그와 둘이서만 이야기할 수 있도록 해주실래요?

Could you possibly let me have a few words alone with him?

이것을 타이핑해 주실래요?

Would you kindly type this for me?

안내해 주실래요?

Would you please show me around?

» Would you …?는 Will you …?보다 정중한 말이다. kindly나 please를 덧붙이면 더욱 정중하고 공손한 표현이 된다.

웨이터, 이 분을 화장실로 안내해 주실래요?

Waiter, would you show this gentlemen where the rest room is?

교수님, 그 구절을 천천히 다시 읽어 주시겠습니까?

Would you read the passage again more slowly, Professor?

이것을 (친절하게) 설명해 주시겠습니까?

Would you be kind enough to explain this?
Would you be so good as to explain this?

정중하게 부탁하는 표현
I wonder if you could check these papers.

이 서류를 검토해 주실 수 있으신지요?

Would you mind checking these papers?

I wonder if you could check these papers.

» Would you mind -ing?와 I wonder if you could ….는 매우 정중한 표현이다.

이 캐비닛 옮기는 것을 도와주시겠습니까?

Would you mind helping me move this cabinet?
I wonder if you could help me move this cabinet.

재떨이를 집어 줄래요?

Would you mind passing me the ashtray?

리포트 타이핑을 도와줄래요?

I wonder if you could help me type my report.

여동생을 제게 소개해 주시겠습니까?

I wonder if you'd mind introducing me to your sister.

이 기사를 영역해 줄 사람을 찾고 있습니다만, 해주시겠습니까?

I'm looking for somebody who will translate this article into English. I wonder if you would do it for me.

스테레오의 볼륨을 줄여 주시면 고맙겠습니다.

I'd appreciate it if you would turn down your stereo.

이것에 관해 의견을 말해 주십시오.[주시겠습니까?]

I want you to comment on that.
I would like you to comment on that.
I wonder if you would care to comment on that.

Unit 07 부탁을 들어줄 때와 거절할 때

상대방의 부탁을 들어주거나 거절하는 방식은 앞에서 배운 Unit 05에서 배운 요령과 같다. 나중에 일이 틀어졌을 때 상대방의 입장을 생각해서 차마 거절하지 못했다는 따위의 변명은 절대로 통하지 않으니 정확하게 의사표현을 하자. 흔쾌히 들어줄 때는 Certainly!(그럼요) / No problem.(문제없어요) / Sure.(물론이죠)라고 시원하게 말하고, 거절할 때는 I'm sorry but ~. / I'm afraid but ~. 등을 이용하여 상대방이 기분 상하지 않도록 살살 부드럽게 말하자.

Accepting
or Refusing Favors

흔쾌히 들어줄 때
All right.

좋아요.

Sure. / Surely. / Oh, sure.

Certainly. / Oh, certainly.

Yes, certainly.

All right.

No problem.

O.K.

» 흔쾌히 승낙할 때 쓸 수 있는 시원시원한 표현들이다.

기꺼이 해드리죠.

With pleasure.

Yes, with pleasure.

My pleasure.

I'd be glad to.

I'd love to.

최선을 다해 보겠습니다.

I'll do the best I can.

I'll try my best.

물론입니다.

Yes, of course.

Why, of course.

Why not?

Oh, yes, by all means.

A **Will you lend me a hand?** 도와주겠어요?

B **Oh, sure.** 아, 그러지요.

A **May I have a look at it?** 잠깐 봐도 됩니까?

B **Yes, certainly. Here you are.** 네, 그러세요. 여기 있어요.

A **Can you help me?** 도와줄래요?

B **With pleasure.** 기꺼이요.

A **Could you give me a ride, please(↗)?** 태워 주시겠어요?

B **All right. It's no trouble for me.** 좋아요. 괜찮아요.

A **Can I have a cigarette?** 담배 한 개비 빌릴 수 있어요?

B **Why, of course. Please help yourself.**
물론이에요. 마음대로 가지세요.

조건을 붙여 들어줄 때

Sure if I can.

A **Will you do me a favor?** 부탁 하나 들어 주시겠어요?

B **Sure if I can. What is it?** 제가 할 수 있는 것이면 그러죠. 뭔데요?

  » 무턱대고 OK했다가는 곤란한 상황에 처할 수도 있다. '가능한 것이라면 /
  내가 할 수 있는 것이라면'이라고 조건을 붙이는 것이 안전하다.

네, 무얼 도와 드릴까요?

Yes, sir. What can I do for you?

네, 할 수 있는 것이면 뭐든지요.

Yes, of course, anything I can do.

» '할 수 있는 것이라면'이라고 단서를 다는 표현도 다양하게 알아두자. 군이 거절의 표현을 쓰지 않으면서도 어려운 일을 억지로 떠맡지 않으려면 꼭 필요하다.

제가 할 수 있는 일이면 해드리죠. 원하는 걸 말씀해 주십시오.

Yes, if it's anything I can do. Please tell me what you want.

무엇입니까? 제가 할 수 있는 일이라면 뭐든지 하겠습니다.

What is it? I'll do anything for you, if I can.

A Will you do something for me?
   부탁을 해도 될까요?

B Certainly, but I hope it's not urgent.
   그러세요, 급한 것이 아니라면 좋겠습니다.

   » be urgent는 '촌각을 다투다'라는 뜻으로 아주 급박한 상황을 의미한다.

A Would you mind lending your camera for a while?
   당신 카메라를 잠깐 빌려도 괜찮습니까?

B No, I don't mind at all, if it's not for too long.
   네, 오래 쓰는 것만 아니라면 괜찮아요.

부탁을 거절할 때
I'm afraid I can't.

안되겠는데요.

I'm afraid I can't (do that).

I'm sorry, but I can't (help you).

» 상대의 기분을 배려하는 부드러운 거절 표현이다.

미안하지만, 지금은 바쁜데요.

I'm sorry, but I'm busy right now.
I'm sorry, but I don't have time to help you.
I've got something important to do.

들어 드리고 싶습니다만 이번에는 안 되겠어요.

I'd like to say 'yes', but I can't this time.

도와 드리곤 싶지만 주말에 출장을 가기 때문에 시간이 없을 것 같아요.

I'd like to help, but I'll be out of town this weekend,
so I'm afraid I won't have time.

미안하지만 그럴 기분이 아닙니다.

I'm sorry, but I'm not in the mood.

사실, 그러고 싶지 않습니다.

Actually, I don't really want to.

다음에 해드릴게요.

Well, let's make it some other time.
Maybe some other time.
Can I take a rain check?

아뇨, 안되겠습니다.

No, I can't do it.

안됩니다. 무리한 요구입니다.

No, I can't. You're asking too much.

Unit 08 제안이나 권유할 때

우리의 하루는 수많은 권유와 제안으로 채워져 있다. 하다못해 밥 먹는 것조차 동의를 구해야 하니까. <Let's+동사원형 ~.>(~합시다) / Why don't you ~?(~하시죠?) / How about ~?(~하는 게 어때요?) / Would you like to ~?(~하시겠어요?) / Shell we ~?(~할까요?) 등 다양한 표현 가운데 입에 잘 붙는 걸로 골라 쓰면 된다. 권유를 받은 상황이라면 Yes, I'd love to.(좋아요)라고 대답하거나, 거절할 경우라도 Thank you for asking me.(권유해 줘서 고마워요)라고 감사의 뜻을 전하자.

Making Suggestions

What shall I do for you?

나중에 다시 전화할까요?

Shall I call you again later?

» Shall I ···?는 상대방의 입장을 생각해서 묻는 것이다. 그래서 이 표현 속에는 '지금 전화 받기 불편하시면'이라는 뉘앙스가 들어 있다. 예를 들어 '창을 열어도 좋습니까?'라는 표현을 비교하면 May I open the window?는 내가 덥거나 답답하니까 창문을 열어도 괜찮겠냐고 묻는 것이고 Shall I open the window?는 당신이 덥거나 답답할 것 같으니까 당신을 위해서 창문을 열어드릴까 묻는 것이다.

마실 걸 가져올까요?

Shall I bring something to drink?

제가 안내해 드릴까요, 아니면 약도를 그려 드릴까요?

Shall I show you the way or draw a map for you?

제가 길을 막고 있습니까? 비켜 드릴까요?

Am I in your way? Shall I move?

무얼 도와드릴까요?

What shall I do for you?

다음에 뭘 할까요?

What shall I do next?

Would you like to go to a movie?

수원으로 드라이브 가지 않을래요?

Won't you drive to Suwon?

» Won't you ···?는 '···하지 않겠습니까?'라는 가벼운 권유 표현이다.

오늘 밤 카드할 건데 함께 하지 않을래요?

We're going to play cards tonight. Won't you join us?

영화 보러 가시겠습니까?

Would you like to go to a movie?

» would you like는 '~하시겠어요?'라고 권유할 때 가장 많이 사용하는 표현이다. Would you like coffee?(커피 한 잔 하시겠어요?)처럼 명사와 함께 쓰기도 하지만 대개는 뒤에 to 부정사와 함께 쓰여 would like to do의 형태가 된다.

언제 우리 집에 저녁식사 하러 오시지요?

How would you like to come to my house for dinner some time?

그것을 보내 드릴까요?

Would you like me to send it to you?

» Shall I send it to you?라고 해도 좋다.

아이스크림 드시겠어요?

Would you like some ice cream?

담배 피우시겠어요?

Would you care for a cigarette?

» would you care for ~는 '~하시겠어요? ~해 주세요.'하고 아주 정중하게 질문하거나 부탁할 때 쓰는 표현이다.

A Would you care for another cup? 한 잔 더 하시겠습니까?

B Yes, thank you. 네, 고맙습니다.

Let's take a break.

산책하러 가지 않겠어요?

Won't you go for a walk?
Would you like to go for a walk?
Shall we go for a walk?
Let's go for a walk.
Let's go for a walk, shall we?

» Shall we …? / Let's …, (shall we)?도 권유, 제안할 때에 자주 사용된다.

나가서 커피 한 잔 할까요?

Shall we go and have a cup of coffee?

» shall에는 '~할까?'라는 뜻이 있는데 주어가 I와 we일 때만 쓰인다.

오늘 밤 한 잔 하러 갈까요?

Shall we go for a drink tonight?

잠깐 쉽시다.

Let's take a break.

여기서 끝냅시다.

Let's leave it at that.

적어도 1년에 한 번은 모입시다.

Let's get together at least once a year.

본론으로 들어갑시다.

Let's stop wasting time.

» '시간 낭비 그만하고 일이나 계속 합시다.'는 Let's stop wasting time and get on with this.라고 할 수 있다.

차라도 마시면서 그 일을 얘기해 봅시다.

Let's talk about the matter over a cup of tea.

이제 맥주 마시러 나갈까요?

Let's go for a few beers for a change, shall we?

» Let's …, shall we?라는 부가의문 형식도 잘 알아두자. shall을 let's와 함께 쓰면
좀 더 공손한 뉘앙스가 된다. Let's go.(가자)에 shall을 붙여서 Let's go. Shall we?
라고 하면 '갈까?'라는 느낌의 부드러운 표현이 되는 것이다.

A   Let's eat out tonight, shall we?   오늘밤 외식하러 갈까요?

B   Oh, yes, that would be fine.   아, 네, 그게 좋겠어요.

그럼, 늘 가는 곳으로 갈까요?

Well, let's go to the usual place, shall we?

시끄럽군요. 밖으로 나갈까요?

It's noisy here. Let's go out of the room, shall we?

How about …? / What about …?

How about a ball-point pen?

A   Don't you have anything to write with?
쓸 거 없어요?

B   How about a ball-point pen? Will this do?
볼펜은 어때요? 이거면 되요?

» How about …? 격의 없는 자리에서 자주 사용된다.

A   Do you have anybody in mind?   누구 적당한 사람 없어요?

B   How about Nancy?   낸시 어때요?

잭, 한 잔 어때?

How about a drink, Jack?

» How about는 아주 간단하고 쉬우면서도 평소에 쓰임이 아주 많은 표현이다. '~하는 건 어때요?'라는 의미로 부드럽게 권유할 때 쓴다.

내가 살게. 콜라 어때?

How about a coke on me?

음악 어때요? CD플레이어를 샀는데.

How about some music? I've just bought a compact disk player.

A	What shall we do this evening?
	오늘 저녁에는 무얼 할까요?
B	How about having dinner with Jim?
	짐과 저녁 먹는 게 어때?

커피 한 잔 어때?

What about a cup of coffee?

» What about …?도 How about …?과 같이 가볍게 제안하는 표현으로, 둘 다 '~어때? ~하는 게 어때?'라는 의미지만 약간의 뉘앙스 차이가 있다. I like apples. What about you?은 '난 사과를 좋아해. 너는 뭐 좋아해?'라는 뜻이고 I like apples. How about you?는 '난 사과를 좋아해. 너도 그래?'라는 뜻이다. 그래서 대답할 때도 What about …?에 대해서는 Well, I like oranges.(글쎄, 난 오렌지를 좋아해) / How about …?에 대해서는 Me too. I like apples!(나도 사과 좋아해!) 식으로 다르게 대답해야 한다.

올나이트 파티는 어때요?

What about an all-night party?

제가 한국어를 가르치고 당신이 영어를 가르쳐 주는 것은 어떻습니까?

What would you say to my teaching you Korean while you teach me English?

어디 피서지에라도 가서 며칠 지내는 것은 어떻습니까?

Wouldn't it be a good idea to spend a few days in some summer resort?

Suppose ··· / Why don't you ···?
Suppose I telephone you.

제가 당신에게 전화하는 것으로 해요.

Suppose I telephone you(↗).

» '···하면 어때?'라고 제안하는 표현으로 suppose를 이용한다.

네가 내게 전화하는 것으로 하자.

Suppose you call me.

» suppose의 기본 뜻은 이미 알고 있는 지식에 기초하여 '추정하다(guess), 추측하다(assume), 가정하다, ~라고 생각하다'이다.

메리가 올 때까지 기다리자.

Suppose we wait till Mary comes.

A It seems the line is busy.
   통화중인 것 같은데.

B Why don't you call again in five minutes?
   5분 뒤에 다시 걸어보지 그래요?

   » Why don't you ···?는 '···하면 어때요?, ···하지 그러세요?'

금요일 밤에 오는 게 어때요?

Why don't you come over Friday night?

» Why don't you ~는 '~하지 않을래요? / ~하는 게 어때요?'라는 의미로 권유하거나 제안하는 표현이다. How about ~? / What about ~? 못지않게 자주 쓰이는 표현이므로 예문을 보면서 쓰임새를 잘 살펴둘 필요가 있다. 글자 그대로 '왜 ~하지 않아요?'라고 해석하지 않도록 주의하자.

어떻게 되는지 해보지 그러세요?

Why don't you try it and see what happens?

전화로 뭘 좀 주문하는 건 어때요?

Why don't you order something by phone?

톰에게 전화해서 알려주지 그래요?

Why not call up Tom and let him know?

» Why not …?은 Why don't …?가 단축된 형이다.

그녀에게 직접 말하는 게 어때요?

Why not talk to her directly?

함께 점심식사 어때요?

Why don't we have lunch together?

A Where shall we go for the vacation? Do you have any good place in your mind?
   휴가에 우리 어디 갈까? 어디 좋은 데 없어?

B Why don't we go to a hot spring at Onyang?
   온양온천에 가면 어때요?

   » Why don't we …?도 Let's ….나 How about …? 대신에 자주 사용된다.

제안을 수락할 때와 거절할 때

제안을 수락하거나 거절하는 요령은 앞에서 배운 Unit 05,
Unit 07의 요령과 같다. 요점은 의사표현이 분명해야 한다는
것과 절대로 상대방의 입장을 생각해서 마지못해 억지로 수
락하거나 떠맡지 말라는 것이다. 정확하게 의사표현을 하는
것이 처음에는 어색하겠지만 계속 훈련하면 곧 익숙해질 것
이다. 특히 중요한 제안에 대해서는 신중하게 Let me think.
(생각할 시간을 주세요) / I'll have to think about it.(생각해
볼게요) 식으로 즉답을 피하는 것도 좋겠다.

Responses to Suggestions

네, 고맙습니다.

Yes, thank you.

Yes, I would, thank you.

» '아뇨, 괜찮습니다.'는 No, thank you.이다.

네, 그게 좋겠어요.

Yes, that'll be very nice.

A   Would you like some more tea?   홍차 더 드시겠어요?

B   Yes, please.   네, 먹겠습니다.

A   Let's take a short rest.   잠깐 쉽시다.

B   Yes, let's.   네, 그럽시다.

    » '그만 둡시다.'는 No, let's not.이라고 한다.

A   Let's go to the restaurant.   식당에 갑시다.

B   That's a good idea. I'm starved.   좋아요. 배고파요.

    » 간단히 Good idea, Good thinking.이라고 할 수도 있다.

A   Let's meet at three tomorrow. Will that be all right with you?

내일 3시에 만나자. 괜찮겠어?

B   Oh, yes. That'll be fine.

그래. 그게 좋겠어.

재미있겠군요.

That sounds like fun.
That sounds interesting.

멋지겠군요.

That's great.

A   We'll go to a movie on Friday. 금요일에 영화 보러 갈 거예요.

B   Marvelous! 아, 기뻐요!

» '정말 믿기 어려울 정도로 멋지고 좋다'라는 느낌의 대답이다.

좋아요!

Good. / Great.
Nice. / Fine.
Wonderful.
Marvelous.
Terrific.
How exciting!
How wonderful!

» 이외에도 lovely, superb, excellent 등 여러 가지가 있다.

생각해 볼게요.

I'll think about it.

» 확신이 안 설 때 '생각해 보겠다'라고 잠깐 보류하는 표현이다.

A   How about going for a swim?
수영하러 가는 게 어때요?

B   Yes, I'd love to. But where are we going?
네, 좋아요. 그런데 어디로 가죠?

제안을 거절할 때

No, thank you.

A **Would you like some more tea?**
홍차 좀 더 드시겠어요?

B **No, thank you. I've had enough.**
아뇨, 됐습니다. 많이 먹었습니다.

» 상대방의 호의를 거절할 때는 No, thank you.가 기본이다.

A **Shall I call a taxi and take you to the doctor?**
택시를 불러서 의사에게 데려다 드릴까요?

B **No, thank you. Please don't bother. I think I'll be able to manage.**
아뇨, 괜찮습니다. 신경 쓰지 마세요. 제가 할 수 있을 것 같아요.

A **Why don't we play cards, Chul-su?**
철수 씨, 카드하지 않을래요?

B **Sorry, I'm not in the mood.**
미안하지만 그럴 기분이 아니에요.

» Sorry ~. 또는 I'm afraid ~.를 이용해서 표현을 부드럽게 한다.

지금은 그럴 기분이 아니에요.

No, I don't feel like it now.

» '내키지 않아, 하고 싶지 않아, 별로야' 등의 의미로 단호하게 거절하는 표현이다.
I don't feel up to it now. 도 같은 표현이다.

글쎄요, 다음 기회에 하지요.

Well, maybe some other time.

A Let's drop in here for a cup of coffee.
잠깐 여기 들어가서 커피 한 잔 합시다.

B Well, I'm afraid I haven't got time now.
글쎄요, 지금은 시간이 없는데요.

안 될 것 같아요. 내일까지 마쳐야 할 일이 있어요.

I'm afraid I can't. I have something to finish by tomorrow.

A Would you like to come with us and have fun?
와서 놀지 않을래요?

B Well, I'd love to, but I have to stay until somebody comes back.
저, 가고는 싶은데, 누가 돌아올 때까지 있어야 해요.

좋은 것 같은데 바빠서요. 다음에 하죠.

Sounds great, but I'm afraid I'm busy. Maybe another time.

재미있을 것 같군요. 그런데 지금 시간이 없어요.

That sounds fun, but I'm afraid I haven't got time now.

그러고 싶지만 지금은 피곤해요. 나중에 하죠.

I'd like to, but I'm very tired right now. Maybe later.

그러곤 싶습니다만 못 할 것 같아요. 치과의사와 약속이 있어서요.

I'd really like to, but I just can't. I have an appointment with my dentist this afternoon.

충고할 때

조언이나 충고할 때 주로 쓰이는 had better는 명령이나 강요에 가까운 느낌을 주기 때문에 친구처럼 허물없는 사이에서 사용하는 캐주얼한 표현이고 손윗사람에게는 쓰지 않는다. 충고할 때 상대를 가리지 않고 두루 무난하게 쓸 수 있는 표현은 should나 ought to를 사용한 패턴이다. 그보다 더 완곡하고 공손하게 표현하고 싶다면 You might as well ~.(~하는 것이 좋지 않을까요?) / I don't think you ought to ~.(~하지 않는 게 좋겠어요) 등의 격식을 갖춘 표현을 쓸 수 있다.

Giving Advice

You'd better …

Why don't you stay in bed?

A I don't feel at all well. 몸이 아주 좋지 않아요.

B Why don't you stay in bed? 눕지 그러세요?

» 비교적 친근한 사이에서는 Why don't you ~?가 사용된다.

A I wish I could speak English better!
영어를 잘 했으면 좋겠어!

B Why don't you take private oral English lessons?
영어회화 개인지도를 받아보지 그래?

의사에게 진찰받는 게 좋아요.

You'd better go and see a doctor.

» had better는 '…하세요'라는 명령, 강요에 가까운 말이므로 손윗사람에게는 사용
하지 않는 게 좋다.

규칙적으로 식사하는 게 좋아요.

You'd better eat regularly.

수업을 자주 빼먹지 않는 게 좋아요.

You'd better stop cutting your class so often.

이제 가보는 것이 좋지 않겠어요?

Hadn't you better be going?

지금 가는 게 좋겠어요.

You'd better go now.

밤늦게까지 자지 않는 건 좋지 않아요.

You'd better not stay up late at night.

포기하지 맙시다.

We'd better not give it up.

» not의 위치에 주의하자.

종합검진을 받는 것이 좋겠어요.

I think you should go and have a checkup.
I think you ought to go and have a checkup.

» should나 ought to를 쓰면 '···하는 것이 좋아요'라는 부드러운 충고가 된다.

A I've got a headache this morning.
오늘 아침에는 머리가 아파요.

B You should take a day off from work.
직장을 하루 쉬는 게 좋겠어요.

A I think you should take an umbrella with you.
The weather forecast says it'll shower in the evening.
우산을 가지고 가는 것이 좋겠어요. 일기예보에서 저녁에 소나기가 온다고 했어요.

B Oh, thank you. I will. 아, 고마워요. 그럴게요.

A You ought to think twice before you try it.
잘 생각하고 나서 해보는 게 좋겠어요.

B Yes, I think so.
네, 그래야 할 것 같군요.

좀 더 여기에 있어도 좋지 않을까요?

You might as well stay here a bit longer.

» You might as well ···은 '···하는 것도 좋지 않을까요?'라는 완곡한 어법이다.

혼자 해보는 것이 좋겠어요.

You'll do well to try it by yourself.

자주 술을 마시지 않는 것이 좋겠어요.

I don't think you ought to drink too often.

» '···하지 않는 것이 좋다'의 가장 자연스러운 어법이다.

모든 일을 그렇게 심각하게 생각하지 않는 것이 좋아요.

I don't think you should take everything so seriously.

A	I'm going to try hang-gliding. 행글라이더를 타보려고 하는데요.
B	Oh, I don't think you ought to. 그만 두는 게 좋을 것 같아요.
A	Why not? 왜요?
B	You know it's dangerous. 위험하잖아요.

I suggest ···
I suggest Mr. Adams as a chairman.

아담스 씨를 의장에 추천합니다.

I suggest Mr. Adams as a chairman.

» '권하다, 제안하다'라는 의미로 가장 많이 쓰이는 단어는 suggest, recommend이다. suggest는 무언가를 '제안하다, 권하다'라는 뜻이고 recommend는 '추천하다, 권하다'라는 뜻인데 추천의 의미가 더 강력하다.

화이트 부인을 비서에 추천합니다.

I recommend Mrs. White as a secretary.

열차로 가는 게 좋겠어요. 쾌적하고 재미있거든요.

I suggest you (should) take the train, because it's comfortable and fun.

회사에 전화해서 물어보는 게 좋겠어요.

I suggest you call the office and ask about it.

현 직장에 좀 더 있는 게 좋겠어요. 다른 직장을 구하기가 쉽지 않아요.

I suggest you stick to your job a little longer. It's not easy to find another.

» advise, recommend, suggest 뒤에 that절이 오면 that절의 동사는 원형이 된다.

마감 전에 제출하는 게 좋겠어요.

I recommend you (should) hand it in before the deadline.

담배를 많이 피우는군요. 빨리 담배를 끊으세요.

You smoke too much. I advise you to stop smoking immediately.

조금만 더 자기주장을 억제하는 게 좋겠어요.

I would advise you to try to be a little less self-assertive.

» advise(충고하다, 조언하다)와 recommend(추천하다, 제안하다)는 용법이 똑같다. suggest(제안하다)는 '동사+동명사'로는 쓸 수 있는데, '동사+목적어+부정사' 구문으로는 쓰지 않는다는 점에서 advise, recommend와 조금 다르다.

그 문제는 좀 더 깊이 생각해 보는 것이 좋을 것 같습니다.

I think it might be better to study this matter more carefully.

어떻게 되는지 해보는 게 좋을 것 같습니다.

I think it would be a good idea to try it and see what happens.

가능하면 자주 영어를 해보는 게 좋겠어요.

It would be better to try to use English as often as you can.

저라면 쉽게 생각하겠어요.

If I were you, I'd take it easy.

If I were you, I wouldn't take it so seriously.

» 가정법 과거는 현재 사실의 반대를 나타낸다. 직설법 현재 I am not a bird, so I can not fly to you.(나는 새가 아니라서, 당신에게 날아갈 수 없다)를 가정법 과거 로 바꾸면 If I were a bird, I could fly to you.(내가 새라면 당신에게 날아갈 텐데) 가 되는 것이다.

저라면 좀 더 시간을 갖고 설득해 보겠어요.

If I were you, I would spend some time in persuading them.

» '나라면 …하겠어요'라고 간접적으로 조언하는 우회적인 표현이다.

쉽게 생각하면 모두 잘 될 거예요.

Take it easy, and everything will come all right.

서두르지 않으면 열차를 못 탈 거예요.

Hurry up, or you'll miss the train.

» <명령문+and / or …>도 회화에서 자주 이용된다. and는 '(…하세요) 그러면', or 는 '…그렇지 않으면 …'의 의미를 나타낸다.

서두르면 시간에 맞출 수 있어요.

Hurry up, and you'll make it in time.

더 열심히 공부하세요. 안 그러면 또 떨어져요.

Why don't you study harder? Or you'll fail again.

Unit 11 칭찬과 감탄

조그만 일에도 감탄하고 칭찬하는 사람을 보면 기분이 좋아진다. 칭찬은 고래도 춤추게 한다니 대인관계를 풍성하게 하는 데 이보다 더 좋은 무기(?)는 없을 듯! 단, 칭찬이 지나쳐서 아부가 되지 않도록 조심하자! 칭찬할 때는 Good for you!(잘 됐군요!) / Wonderful!(훌륭해요!) 등 좀 과장한다는 느낌으로 풍부하게 하는 것이 좋다. 살면서 리액션이 얼마나 중요한지 가끔씩 절감하게 될 것이다. 칭찬을 받았다면 Thank you! / Oh, you flatter me.(오, 과찬이세요)라면서 활짝 웃어주자.

Complimentary
Exclamations

칭찬할 때

It suits you very well.

그 드레스 아주 멋지군요. 마음에 들어요.

What a lovely dress! It's very nice. I really like it.

A You look very nice in that bathing suit, Nancy.
수영복이 멋지군요, 낸시.

B Really? I'm very happy to hear you say so.
그래요? 그렇게 말씀해 주시니 기쁘네요.

A That's wonderful watch you're wearing.
멋진 시계를 차고 있군요.

B Thank you. I bought it here in Korea.
감사합니다. 여기 한국에서 샀습니다.

고마워요. 저도 마음에 들어요.

Thank you. I like it, too.

Thank you. I'm very fond of it myself.

» 소지품에 대해 칭찬을 받았을 때의 대답

A How splendid! This is just what I wanted.
멋져요. 제가 원하던 거예요.

B Oh, I'm so glad you like it. 아, 마음에 들어 하시니 기쁩니다.

A I hear you're an excellent skier.
스키를 잘 타신다더군요.

B Well, I don't know about that. You ski much better.
글쎄요, 잘 모르겠어요. 당신이 더 잘 탈겁니다.

잘 했어요.

You have done well.

You did a good job.

You did it!

» 상대가 한 일에 감탄하는 말. You did it!은 '했군요, 해냈군요.'라는 느낌

A You've done a good job.
훌륭합니다.

B You're pulling my leg, aren't you? It's nothing to be specially proud of.
놀리는 거지요? 특별히 자랑할 것도 아닌데요.

» You're pulling my leg, aren't you?는 '놀리는 거지요?'

그에게 박수를 보냅시다.

Let's give him a big hand.

당신의 업적에 경의를 표합니다.

I admire your achievement.

이런 귀중한 연구를 하신 스미스 박사님께 찬사를 드리고 싶습니다.

I would like to compliment Dr. Smith on this valuable study.

» admire(감탄하다), compliment(경의를 표하다, 칭찬하다)라는 동사를 이용한 표현. 모임 등에서의 인사처럼 상당히 격식을 갖춘 말이다.

칭찬 감사합니다.

Thank you for saying so.

Thank you for your compliment.

» 상대방에게서 칭찬을 받았을 때는 Thank you.가 가장 자연스러운 대답이다.

Beautiful!

멋져요!

Beautiful!
Lovely!
Wonderful!
Marvelous!
Great!
Fantastic!
Excellent!
Superb!
Gorgeous!
Magnificent!
Breathtaking!

» beautiful, lovely(아름다운, 예쁜); wonderful, marvelous, great, fantastic(멋
진, 훌륭한); excellent, superb(최고의); gorgeous, magnificent(호화로운);
breathtaking(깜짝 놀라게 하는) 등의 형용사를 이용할 수 있다.

근사한데!

Splendid!
Neat!
Capital!
Swell!
Groovy!
Wow! / Oh, my!

» groovy는 '멋진, 두드러진'. 이외에 terrific, tremendous 등도 쓸 수 있다. Wow!
는 '와!, 아!'라는 감탄을 나타낸다.

맛있어요!

Good!
Delicious!
Tasty!
Yum-yum!
This tastes very good.

» 이외에 Great!(훌륭해요), Delectable!(아주 좋은 냄새가 나요), Mouthwatering!
(군침이 돌아요), Scrumptious!(일류예요), Appetizing!(식욕을 돋우네요) 등도
음식이 매우 맛있을 때 사용할 수 있다.

잘했어요!

Bravo!
Super!
Excellent!
Well done!
Good for you!

» '잘해냈다, 훌륭하다'에 해당하는 표현으로 듣는 것만으로도 기분이 좋아지는 무
척 활기 넘치는 표현이다. 칭찬할 때는 아낌없이!

감탄문의 이용
Wonderful!

훌륭해요!

Wonderful!

예뻐요!

How lovely!

(아주) 멋져요!

How (very) nice!

재미있어요!

How interesting!
How thrilling!
How exciting!

» How lucky (you are)!(운 좋다!)처럼 회화에서는 How로 시작되는 감탄문에서 <주어+동사>가 생략되는 것이 보통이다.

아, 멋져요!

Gee, that's great!

» Gee는 '아이구!, 저런!, 아이 깜짝이야!'라는 칭찬, 놀람을 나타내는 감탄사이다.

정말 멋져요!

That's really super!
That sounds great!

아름답군요!

Oh, isn't it beautiful(↘)!

» How beautiful!과 함께 Isn't it …!이라는 형식도 쓸 수 있다.

경치가 너무 좋아요!

Isn't it a lovely view?
What a splendid view!
What a great view!

» 경치에 관한 표현은 a picturesque scene(그림 같은 경치), a fine view(멋진 광경), rural scenery(시골 풍경), a night scene(야경), a site of scenic beauty(경치 좋은 곳), a site of superb scenic beauty(빼어난 자연 경관) 등이 있다.

A   What a lovely view!   경치 좋군요!

B   Yes, indeed(↘).   네, 정말 그렇군요.

   » 명사를 수반하면 <What+a+명사!>의 형식으로 쓴다.

A **What a wonderful picture!** 멋진 그림이군요!

B **Do you think so? Thank you.** 그렇게 생각하세요? 감사합니다.

A **What a glorious day!** 날씨가 참 좋군요!

B **Yes, isn't it(↘).** 정말 그러네요.

  » '정말 그렇군요.'라는 응답에도 주목하자.

A **What lovely flowers!** 아름다운 꽃이군요!

B **Yes, aren't they(↘)!** 네, 그래요.

A **What a lovely concert it was!** 멋진 음악회였어요!

B **Yes, wasn't it(↘)!** 네, 그랬어요.

Unit 12 위로할 때

감출 수 없는 게 사랑과 기침이라지만 근심 걱정 역시 드러나 보이기 마련이다. 말이 없어졌거나, 고개를 푹 숙이고 다니거나, 얼굴에 그림자가 드리워진 사람을 보면 진지하게 물어보자. Are you ok?(괜찮아요?) / What's your worry?(무슨 걱정 있어요?) / Is there something wrong?(무슨 일 있어요?) 관심을 보이는 것만으로도 사람은 위로받는 법이다. Everything will be all right.(다 잘 될 거예요) / I want to be of help.(도움이 되고 싶어요)라고 어깨를 토닥여주면 감동은 두 배!

Expressions of Sympathy

안됐군요.

That's too bad.
I'm sorry to hear that.

» 상대방이 감기 등 병에 걸렸거나 고민을 말할 때 '안됐군요'라는 일종의 위로 표현으로 다음과 같이 다양하게 활용할 수 있다.

A My sister has a bit of cold. 여동생이 감기에 걸렸어요.

B That's too bad. 안됐군요.

A I've been suffering from loss of appetite since I came to Korea.
한국에 오고 나서 식욕이 없어서 고생하고 있어요.

B That's too bad.
안됐군요.

A I've lost my job.
직장을 잃었어요.

B I'm sorry to hear that, but don't worry.
안됐군요. 하지만 걱정 말아요.

맙소사! 안됐군요.

Dear me! Sorry to hear that!

아, 안됐군요.

Oh, I'm very sorry!
It's too bad!
What a shame!

딱하게 됐군요.

What a pity!

That's tough!

Poor thing!

Ah, poor fellow!

You poor thing!

» 위로하고 동정하는 표현을 몇 가지는 알아두는 것이 좋다.

운이 없군[없었군]요!

Oh, what hard luck!

Oh, what bad luck.

A Who does the baby look like?
   아기가 누굴 닮았어?

B They say he looks like his father.
   아빠를 닮았다고 그래.

A Ooh, poor thing!
   어머, 안됐네.

깊은 동정을 나타낼 때
I'm awfully sorry to hear that.

정말 안됐군요.

I'm awfully sorry to hear that.

» 슬퍼하고 있는 사람에게 깊은 위로를 나타내는 말이다. 구어에서는 awfully가 very 대신에 자주 이용된다.

그 기분 알겠어요.

I know how you feel.

슬픈 일이군요!

What a sad thing!

깊은 동정을 느낍니다.

I feel deep sympathy for you.

제 위로의 마음을 전해주세요.

Please give my sympathy to your family.

진심으로 애도를 드립니다.

Please accept my sincere condolences.

» 문상할 때는 condolence를 이용한다. congratulation(축사)에 반해서
condolence는 '조사, 애도의 말'의 의미로 복수형인 것에 주의할 것

아버님이 돌아가신 데 대해 깊은 조의를 드립니다.

**Please accept my most sincere sympathy on the
  death of your father.**

사별하셨다는 말을 듣고 매우 슬펐습니다.

I was so sad to hear about your bereavement.

» bereavement는 '가족 등을 잃는 일, 사별'

격려할 때
Cheer up!

기운 내세요!

Cheer up!
Come on!
Pull yourself together!

» 실망, 낙담하고 있는 사람이나 슬픔에 빠진 사람을 격려하는 표현이다. Come
on!은 '자자, 어서 빨리요.'라고 재촉할 때에도 쓸 수 있다.

걱정하지 마세요.

Don't worry!

Never mind!

Don't be nervous!

Don't let it bother you!

Don't let it get you down.

Take it easy.

» I'm so terribly worried.(걱정이야) 또는 Alas, I'm so sad!(아, 슬프다)라고 고민을 얘기하는 상대방을 위로하고 용기를 주는 표현이다.

안됐군요. 기운 내세요!

That's too bad, but cheer up!

안됐군요. 그래도 기죽지 말아요.

I'm sorry to hear that, but don't let it get you down, please.

흔히 있는 일이에요.

It happens.

당신이 옳아요.

You're on the right track.

세상이 끝난 건 아니에요.

It's not the end of the world.

(인생이란) 다 그런 거예요.

That's the way it goes.

13 # 기쁠 때와 화났을 때

서구인들은 대체로 감정표현이 아주 솔직하고 대담하고 풍부한 편이다. 분명히 안 그런 사람도 있긴 할 텐데 어째 하나같이 다혈질이다. 상대는 그렇게 다양하고 풍성하게 자기감정을 표출하는데 우리 식으로 밋밋하게 별 내색 없이 있으면 뚱하고 무뚝뚝해 보인다. I'm so pleased.(정말 기뻐요) / That's beautiful!(아름답군요!) / That's wonderful!(멋지군요!)처럼 간단한 감정표현부터 시작해서 좋으면 좋다고, 싫으면 싫다고, 기쁘다고, 화난다고 솔직하게 표현하는 것에 익숙해지자.

아주 기뻐요.

I'm so glad.

I'm very pleased.

» That's great! / Terrific! / Fantastic!도 많이 사용된다.

그런 말을 들으니 기쁘군요.

I'm very happy to hear that.

다시 만나서 정말 반가워요.

I'm very pleased to see you.

It's nice to see you again.

다시 만나서 반가웠습니다.

I was glad you came to see me.

It was very nice seeing you again.

파티에 와주시면 기쁘겠습니다.

We'll be very happy if you can come to the party.

이렇게 기쁜 일은 없을 겁니다.

Nothing could make me happier.

고마워요!

Thank God!

Thank Heaven!

운이 참 좋다!

How lucky!

여기서 너를 만나게 될 줄 몰랐어!

How lucky I am to see you here!

제가 해냈어요!

I made it!

I did it!

» 일이 잘 되었을 때 사용한다.

감동했어요.

I was moved.

It really moved me.

» '정말 잘했어요.'

싫을 때와 실망했을 때
How terrible!

정말 싫다!

How terrible!

How very annoying!

It's simply horrible.

» '싫다'는 감정을 나타내는 형용사로는 terrible, horrible, awful; annoying; boring(지루한); disgusting, nauseating(매우 싫은) 등이 있다.

아, 지루해! 더는 못 참겠어.

How boring! I can't stand that.

What a bore! I can't bear it any more.

질렸어요.

I'm sick and tired of it.

I'm fed up with it.

I've had enough of it.
Enough of that!

> A It looks as if it's going to rain again. I'm sick of this weather.
> 또 비가 올 것 같아. 이런 날씨에 질렸어.
>
> B Yes, it's awful, isn't it?
> 그래, 정말 지독해.

지긋지긋한 상황이군요.

That is a nauseating situation.

너무하군!

What a shame!

» '너무하다, 심한 일이다'라는 기분을 나타낸다.

아, 성가셔! 노트를 잃어버렸어.

What a nuisance! I've forgotten my notebook.

제발 다른 사람을 비난하는 일은 그만 두지 않을래?

For Christ's sake, will you stop criticizing others?

실망이야!

How very disappointing!
It was disappointing.
That disappointed me.
What a let down!

생각한 것만큼 좋지 않았어요.

It wasn't as good as I'd expected.

» 일의 결과가 기대에 벗어났다는 실망이나 낙담을 나타낸다.

A Did you enjoy the boxing match? 권투경기 재밌었어?

B Not particularly. It disappointed me. I had expected it to be much more exciting.
별로야. 실망했어! 더 재미있을 줄 알았는데.

화났을 때
Darn it!

제기랄!

Gosh!

Gee!

Golly!

Hell!

Damn it!

Darn it!

Go to hell!

Son of a bitch!

» 불쾌, 혐오, 분노의 감정을 직접적으로 나타내는 말이다.

당신에게 화가 나요.

I'm so angry with you.

I'm so mad at you.

정말 너무한다.

What a shame!

Shame on you!

Aren't you ashamed?

» '너무해!, 부끄러운 줄 알아!, 부끄럽지 않니?'라는 격한 표현이다.

바보같이!

Silly!

Nonsense!

거참, 너란 인간은!

Boy, you're really something!

어떻게 내게 그렇게 말할 수 있어!

How dare you talk to me like that!

당신에게 질렸어.

You make me sick.

(화가 나서) 치가 떨리는군요.

It gives me the creeps.

이젠 더 이상 참을 수 없어요.

This is the limit. I'm out of patience with you.

참견하지 마!

Mind your own business!

None of your business!

변명하지 마!

No excuse!

There's no excuse for that.

입 닥쳐!

Shut up!

나가! / 꺼져!

Get out of sight!

놀랐을 때

영어로 놀라움을 표현해 보라고 하면 대개는 눈을 동그랗게 뜨고 입을 크게 벌리고 Oh, my god!이라고 외치면서 두 손으로 얼굴을 반쯤 가린다. 그리고 영락없이 케네디 암살 장면이 흑백으로 떠오르고야 마는 Oh, no!(오, 안돼!) Oh, dear!(어머나) / No way!(말도 안돼!) / Gee!(아이고!) / How surprising. (깜짝이야) / You startled me.(너 때문에 놀랐잖아) / I don't believe it.(믿을 수 없어) / Amazing!(놀라워요!) 등을 감정을 실어서 말해보자. 정말 깜짝 놀란 것 같은 느낌이 들 것이다.

Expressions of Surprise

놀랐어요!

Oh, I'm surprised!

Oh, you surprised me!

Oh, how you startled me!

What a surprise!

What a fright you gave me!

» surprise, astonish, startle, shock, scare, frighten 등의 동사는 '(상대방을) 놀라게 하다'라는 타동사이므로 자신이 '놀란' 경우에는 be surprised, be astonished… 등 수동형으로 표현해야 한다.

깜짝이야! 들어오는 소릴 못 들었어요.

Oh, you startled me! I didn't hear you come in.

안녕, 톰, 너를 만나게 될 줄 몰랐어.

Hello, Tom, I'm surprised to see you.

그 소식을 듣고 놀랐어요.

I was surprised at the news.

I was astonished to hear the news.

Frankly, I was shocked to hear the news.

놀래키지 말아요.

Don't scare me.

You scared me.

You startled me.

Oh, no! It can't be true.

설마! 그럴 리 없어요.

Oh, no! It can't be true.
Really(↗)? I can't believe it.
Oh, that's incredible!

» '믿을 수 없다, 놀랍다'는 incredible, unbelievable 또는 impossible(있을 수 없는) 등의 형용사도 자주 이용된다.

설마!

Not really(↘)!
You don't say so(↗)!
You don't mean it(↗)!

A   I hate television.
     텔레비전은 정말 싫어요.

B   Really(↗)? I don't believe you.
     정말이에요? 못 믿겠는데요.

A   My sister failed in the entrance examination.
     여동생이 입학시험에서 떨어졌어요.

B   No! I can hardly believe it.
     설마! 못 믿겠어요.

A   Mr. Cooper quit his position.
     쿠퍼 씨가 사임했어요.

B   Oh, really? I didn't expect that to happen.
     정말입니까? 그런 일은 예상하지 못했어요.

농담이죠.

No kidding!

Are you kidding me?

You're kidding.

You're joking.

You're not serious.

Are you serious?

You're pulling my leg, aren't you?

» 모두 '농담이죠'라는 의미에서 우리말의 '설마!'에 가까운 의미를 나타낸다. 격의 없는 회화에 많이 쓰인다.

놀랐을 때의 감탄사
Oops!

저런!

Well, well, well!

Oh, dear me!

Oh, dear!

Oh, my!

Goodness me!

Oh, my dear!

Oh, my goodness!

» 뜻밖의 장소에서 생각지도 못한 사람을 만났다거나 곤란한 일을 당했을 때 '이런 / 맙소사 / 어머나 / 세상에'라는 느낌의 놀람을 나타내는 말이다.

아, 어떻게 알았어요?

Oh! How do you know that?

» 가벼운 놀람의 표현은 Oh!(이런, 어머, 저런)가 가장 자주 쓰인다.

이런, 못 믿겠어요. 당신이 여기 있는지 몰랐어요.

Oh, God! That's incredible. I didn't realize you were here.

아이고, 맙소사!

Oh, Lord!

Oh, God!

Oh, my God!

Good heavens!

Good gracious!

Good Lord!

Mercy me!

Bless my soul!

» 놀람이나 기원에는 God, Lord, Heaven 등의 '신'을 의미하는 말이 자주 쓰인다. Good도 God 대신에 쓰이는 것이다. Oh, my God.은 줄여서 OMG라고도 한다. 글자 그대로의 뜻은 '오, 신이시여!'지만 '말도 안 돼! 어머나 세상에! 아, 안 돼!' 등의 의미로 황당한 일이나 놀라운 일을 당할 때 쓴다. 하지만 요즘은 신성모독이니 지나친 종교색이니 하는 문제 때문에 Oh, my God! 대신 Oh, my gosh!라고 완곡하게 바꿔 쓰는 추세이다.

이상해!

That's funny!

너무 심해!

That's terrible!

» terrible은 '지독한, 대단한, 매우 나쁜'이라는 뜻으로 That's terrible!이라고 하면 '너무 끔찍해, 큰일났네.'라는 의미가 된다.

안 됐네!

It's a shame!

» '심하다, 안됐다, 유감이다'에 가까운 표현으로 수치스럽다는 뉘앙스를 포함한다.

그게 도대체 뭐야!

Oh, what ever is that!

말도 안 돼!

What nonsense!

어머, 너구나!

Why, it's you!

PART

04

일상 표현

Expression of Daily

계절과 날씨

날씨 얘기는 모임이나 파티처럼 서로 잘 모르는 다양한 사람들이 모인 자리에서 가장 많이 사용되는 잡담거리다. 그래서인지 Fairweather friend(있으나마나한 친구 = 정작 필요할 땐 없는 친구) / When it rains, it pours.(나쁜 일은 한꺼번에 닥친다 = 설상가상) 등 날씨에 관한 재미있는 숙어도 꽤 많다. 날씨 표현은 fine(맑다) / cool(시원하다) / cold(춥다) / freezing(얼어붙을 것 같다) / warm(따뜻하다) / hot(덥다) / burning(무척 덥다) 등 무궁무진하다.

Seasons and Weather

계절

Which season do you like best?

어느 계절을 가장 좋아하세요?

Which season do you like best?

이곳의 봄을 좋아하세요?

How do you like the spring here?

A Which season do you like best?
어느 계절을 가장 좋아하세요?

B I like spring best, but I like every season here in Korea.
봄을 가장 좋아해요. 그런데 한국에서는 4계절 모두 좋아해요.

» 4계절은 spring, summer, autumn, winter라고 하는데 미국에서는 가을을 주로 fall이라고 한다.

완연한 봄 날씨죠?

This is real spring weather, isn't it?

다시 봄이 와서 기쁘군요.

I'm so happy it's spring again.

매화는 며칠 후면 만개할 겁니다.

The plum blossoms will be in full bloom in a few days.

벚꽃은 지금이 가장 보기 좋습니다.

The cherry blossoms are at their best now.

여름휴가를 기다리고 있습니다.

I'm looking forward to the summer vacation.

장마철입니다.

We're now in a rainy season.

» '장마'는 the wet season which starts in the middle of June and lasts till the end of July(6월 중순부터 7월말까지 계속되는 우기)라고 설명할 수 있다.

이런 무더운 날씨에는 맥을 못 추겠죠?

This muggy weather is depressing, isn't it?

장마가 끝나서 기뻐요.

I'm so glad the rainy season is over.

천둥소리 들려요?

Can you hear the thunder?

밤에 소나기가 내릴지 몰라요.

We may have a shower in the evening.

A   I wish it wasn't so hot!
    이렇게 덥지 않으면 좋겠는데!

B   It's not that bad. It was much hotter last year.
    그렇게 더운 게 아니에요. 작년에는 훨씬 더 더웠어요.

A   Was it? I hope it won't get hotter than last year.
    그랬어요? 작년보다 덥지 않으면 좋겠네요.

오늘의 불쾌지수는 얼마입니까?

What's today's discomfort index?

» '열대야'는 글자 그대로 'tropical night'이라고 한다.

태풍이 오고 있습니다.

A typhoon is on its way.
There's a typhoon coming in.

» This area may be hit by a typhoon tomorrow.(내일 이 지역에 태풍이 올지 모릅니다)

홍수 피해가 없기를 바랍니다.

I hope there'll be no damage by floods.

가을 날씨는 변덕이 심합니다.

The weather in autumn is very changeable.

단풍이 들었습니다.

The leaves have turned completely red.

버섯을 따고 단풍을 보면서 즐겁게 지냈습니다.

We had a good time picking mushrooms and viewing maple trees.

어제 밤에 서리가 내렸어요.

There was a frost last night.

> A   I think we're in for a cold winter.
>   추운 겨울이 될 것 같아요.
>
> B   Yes, I think you're right. The long-range forecast says it's going to be cold, at any rate.
>   동감입니다. 어쨌든 장기 일기예보도 춥겠다고 해요.
>
>   » we're in for ~는 '~을 어차피 경험할 수밖에 없다, 당하지 않을 수 없다'

눈이 올 것 같은데요.

I'm afraid it's going to snow.

밖에 눈이 조금 오고 있어요.

It's snowing just a little bit outside.

첫눈이죠, 그렇지 않습니까?

This is the first snow (fall of the season), isn't it?

점점 봄이 오고 있다고 생각하지 않으세요?

Don't you think the weather's getting more like spring?

춘하추동의 기온

It's very warm, isn't it?

따뜻하지요?

Nice and warm, isn't it?

포근한 날씨지요?

Quite mild, isn't it?

오늘 포근하지요?

It's balmy today, isn't it?

이런 계절에 따뜻한 날씨네요.

It's fairly warm for this time of the year.

점점 따뜻해지는군요.

It's getting warmer and warmer, isn't it?

A I hope it'll get warmer soon.
빨리 따뜻해지면 좋겠어요.

B Oh, I'm sure it will. The weatherman on TV said that February and March will be exceptionally warm.
네, 그렇게 될 겁니다. 텔레비전 일기예보에서 2~3월은 예년 같지 않게 따뜻할 거라고 했어요.

덥죠?

It's very warm, isn't it?
Hot day, isn't it?

정말 덥죠?

Terribly hot, isn't it?

푹푹 찌죠?

(It's) Scorching hot, isn't it?
(It's) Steaming hot, isn't it?
(It's) Boiling hot, isn't it?

오늘도 덥겠어요.

It's going to be another hot day.

정말 무더운 날씨죠?

It's very muggy, isn't it?

» '무더운'은 muggy, sultry 등. 한국의 여름 무더위를 설명할 때는 hot and humid, hot and damp, hot and sticky 등의 표현을 쓴다. 만원인 차 안이나 통풍이 안 되는 방에서 '후덥지근하다'라고 할 때는 stuffy를 쓰는 것이 보통이다. stuffy에는 건물이나 방 등이 환기가 안 되어서 답답하다는 뉘앙스가 있다.

> A   Is it all right to open the window? It's terribly stuffy in here. 창문을 열어도 되겠습니까? 여긴 끔찍하게 후덥지근하네요.
> B   Yes, sure. 네, 그러세요.

더위는 괜찮습니다만, 습기에는 맥을 못 추겠어요.

I don't mind the heat, but the humidity gets me.

땀에 젖었습니다.

I'm drenched with sweat.

» '땀으로 셔츠가 흠뻑 젖었습니다.'는 My shirt is all wet with sweat.이라고 한다.

이 더위를 참을 수 없습니다.

This heat is unbearable.

I can't stand this heat.
This heat tells on me.

서늘하죠?

Nice and cool, isn't it?

이 지역은 대체로 서늘합니다.

It's usually nice and cool in this area.

점점 서늘해지죠?

It's getting cooler, isn't it?

약간 쌀쌀해졌죠?

It's turned a bit chilly, hasn't it?

추워졌죠?

It's turned cold, hasn't it?

꽤 쌀쌀하죠?

It's pretty chilly, isn't it?

정말 춥네요, 그렇지 않아요?

I'm freezing, aren't you?

A   What's the temperature?
    기온이 어떻게 되죠?

B   It's below zero.
    영하예요.

» 온도는 It's eighteen degrees. '18도입니다.'처럼 말한다. Celsius 또는 centigrade(섭씨)와 Fahrenheit(화씨)가 있는데 0℃ = 32°F라고 기억해 두면 편리하다.

A   Is it cold in England in (the) winter?

영국의 겨울은 추워요?

B   Yes, of course, it is. You should take the same kind of clothes you would wear in Korea.

물론이에요. 한국에서 입는 옷을 가지고 가세요.

날씨가 좋을 때

What a beautiful day!

날씨가 좋지요?

(It's a) Nice day today, isn't it?
(It's a) Lovely day today, isn't it?
(It's a) Beautiful day today, isn't it?
Nice and sunny today, isn't it?

» 날씨가 좋을 때 쓸 수 있는 표현 fine, fair, clear, nice, lovely, good, perfect, splendid, beautiful, marvelous, wonderful, pleasant, glorious, ideal, delightful 등 좋은 정도에 따라 다양하다.

네, 정말 그렇군요.

Yes, it is, isn't it?
Yes, it certainly is.
Yes, it sure is.
Yes, indeed.

» Yes, it's very nice, isn't it?이라고 응답할 수도 있다.

A   It's a lovely day, isn't it?

날씨가 아주 좋죠, 그렇죠?

B   Yes, it is, (isn't it?).

그렇군요.

화창한 아침이죠?

A beautiful morning, isn't it?

It's a lovely morning, isn't it?

화창한 날씨네요!

What a lovely day!

What a beautiful day!

계속 이러면 좋겠어요.

I hope it keeps like this.

날이 개어서 기쁩니다.

I'm glad it's turned out nice.

A Beautiful weather for a change, isn't it?
  기분 전환하기 아주 좋은 날씨죠, 그렇죠?

B Yes, it is. I was beginning to think the rain would never end!
  그렇군요. 비가 그치지 않을 거라고 생각했어요.

고요한 밤이군요!

What a calm evening!

오늘 밤은 별이 아름답다고 생각지 않으세요?

The stars are beautiful tonight, don't you think?

날씨가 좋지 않을 때
Terrible weather, isn't it?

지독한 날씨죠?

Terrible weather, isn't it?

Awful weather, isn't it?
Nasty weather, isn't it?

» terrible, awful(지독한), nasty(험악한)는 좋지 않은 날씨를 말할 때 lovely의 반대 의미로 쓰인다. 이외에 horrible, dreadful(끔찍한) 등도 사용된다.

» 날씨가 좋지 않을 때 쓸 수 있는 표현은 이밖에도 nasty, bad, terrible, awful, dreadful, horrible, shocking, miserable(불쾌한), dim(흐린), dull(우중충한), gloomy(음울한) 등이 있다.

A **Nasty day, isn't it?** 험악한 날씨죠?

B **Yes, it's awful, isn't it?** 네, 지독하지요?

A **Isn't this weather awful?** 날씨가 험악하지 않아요?

B **It sure is.** 정말 그래요.

A **Not very nice, is it?** 날씨가 별로 좋지 않죠?

B **No, it's terrible, indeed.** 네, 정말 험악하군요.

» 부정으로 물었을 경우 no라고 맞장구치는 것에 주의할 것

비가 또 올 것 같은데요.

It looks as if it's going to rain again.

이런 날씨에 질렸어요.

I'm sick of this weather.
I'm tired of this weather.
I'm fed up with this weather.
I've had enough of it.
I can't stand this (kind of) weather any more.

오늘은 좀 춥지요?

A bit cold today, isn't it?

아주 흐리지요?

Very cloudy, isn't it?

바람이 꽤 심하지요?

Rather windy, isn't it?

비가 심하게 내리지요?

Raining hard, isn't it?

날씨를 물을 때와 일기예보
How's the weather today?

오늘 날씨는 어떻습니까?

How's the weather today?
What's the weather like today?

오늘 밤 날씨는 어떨까요?

How'll the weather be this evening?
What'll the weather be like this evening?

오늘 일기예보는 어떻습니까?

What's today's forecast?
What's the weather forecast for today?
What does the weatherman say the weather's going to be like?

» '일기예보'는 the (weather) forecast 또는 the weather report라고 한다. 세 번째 문장은 '기상캐스터는 날씨를 어떻게 말하고 있습니까?' 라는 것이다.

신문의 일기예보는 뭐라고 나와있어요?

What does the paper say the weather's going to be like?

> A Will the weather be good tomorrow?
> 내일은 날씨가 좋을까요?
>
> B Oh, I'm not sure about that. I haven't seen the weather forecast yet.
> 잘 모르겠는데요. 아직 일기예보를 보지 못했어요.

봐요. 일기예보를 하고 있어요. 들어보고 내일 갈 곳을 결정합시다.

Look, here's the forecast. Let's listen and then decide where to go tomorrow.

» Look!은 상대방의 주의를 끄는 말

일기예보에서는 가끔 흐리지만 맑겠다고 합니다.

The forecast says it'll be fair but occasionally cloudy.

» The forecast report says ~. 또는 The weatherman says ~. 등도 같은 말이다. '흐리고 가끔 비가 오겠다.'는 It'll be cloudy with occasional rain.으로 일기예보에서는 occasional, occasionally 등의 표현을 자주 쓴다.

오늘 일기예보에 따르면 오전에는 흐리고 오후에는 비가 올 것이라고 합니다.

According to the weather forecast for today, it'll be cloudy in the morning and rainy in the afternoon.

여기 한국 날씨는 어때요?

How do you like the weather here in Korea?

고향의 날씨는 어때요?

How's the climate in your country?

요즘 날씨는 변덕이 심한 것 같지 않아요?

Don't you think the weather has been changeable recently?

» '잘 변하는'은 changeable 또는 uncertain(불안정한, 알 수 없는)이다.

맑음
It's going to clear up!

개고 있어요!

It's going to clear up!

이렇게 해가 날 줄은 몰랐어요.

I didn't expect it would turn out so sunny.

요즘에는 날씨가 좋죠, 그렇죠?

We've been having lovely weather lately, haven't we?

이런 날씨가 며칠 계속되었으면 좋겠어요.

I hope this weather lasts for a few days.

흐려지고 있군요.

It's getting very cloudy.

안개가 짙어지고 있어요.

The fog is getting thicker.

금방 비가 내릴 것 같은데요.

I'm afraid it's going to rain (at) any minute now.

I think we're going to have shower (at) any moment.

비가 오지 않으면 좋겠어요.

I hope it won't rain.

I hope it's not going to rain.

I don't think it's going to rain.

해가 나올 때가 됐는데.

It's about time we had some sun.

바람

The wind is really blowing.

바람이 심하게 불지요?

It's very windy outside, isn't it?

» 바람의 종류에는 breeze(미풍, 산들바람), gust(돌풍), biting wind(살을 에는 바람), howling wind(윙윙 소리를 내는 바람), whirlwind(회오리바람) 등이 있다.

바람이 심하게 부는군요.

The wind is really blowing.

» 샛바람(동풍)은 an east wind, 하늬바람(서풍)은 a west wind, 마파람(남풍)은 a south wind, 된바람(북풍)은 a north wind이다.

밤에 폭풍우는 잠잠해질 겁니다.

The storm will blow itself out in the evening.

» '(바람, 폭풍우가) 가라앉다, 누그러지다'는 die down, fall off, drop off 라고 할 수 있다. subside(가라앉다)는 약간 딱딱한 느낌이 있다.

바람은 완전히 잠잠해졌어요.

The wind has died down.

바람이 부드럽군요!

What a lovely breeze!

Would you like to get under my umbrella?

제 우산 같이 쓰시겠어요?

Would you like to get under my umbrella?
Would you like to share my umbrella?

» share my umbrella는 '우산을 함께 쓰다' 이다.

A **Could I borrow your umbrella? It looks as if it's going to rain.**

우산을 빌릴 수 있어요? 비가 올 것 같군요.

B **Yes, sure. But I want it back before I go home.**

그러세요. 그런데 퇴근할 때는 돌려주세요.

» before I go home은 '내가 집에 가기 전에'라는 뜻이므로 회사에서라면 '퇴근할 때' 식으로 상황에 따라 해석할 수 있다.

이제 비가 그쳤습니까?

Has the rain stopped yet?

아직 내리고 있습니다.

It's still raining.

그러나 곧 그칠 것 같습니다.

But I hope it'll clear up soon.
But I'm sure it'll get better soon.

언제까지 이런 지긋지긋한 날씨가 계속될까?

I wonder how long this nasty weather will keep up.

여기에서 비를 피합시다.

Let's take shelter here.

Let's take refuge from the rain here.

이슬비가 내릴 것 같은데요.

I think it's going to drizzle.

» '이슬비가 내리다' drizzle, '진눈깨비가 내리다' sleet, '싸락눈이 내리다' hail 등 도 알아두자.

비가 심하게 내리지요?

It's raining hard, isn't it?

비가 퍼부을 것 같은데요.

I'm afraid it'll be a downpour.

지나가는 비일 뿐이에요.

It's only a passing shower.

만일의 경우를 대비해서 우산을 가지고 가세요.

You should take an umbrella just in case.

항상 접는 우산을 가지고 다닙니다.

I always carry a folding umbrella.

우산 가지고 오는 것을 잊어서 비를 맞았어요.

I forgot to bring an umbrella, and I got terribly wet.

» '(비를 맞아) 흠뻑 젖었다.'는 I'm soaking wet. 또는 I'm drenched to the skin.

Unit 02 시간

시간이나 날짜를 말하는 것쯤이야 숫자만 알면 될 것 같지만 막상 쓰려고 하면 맞는지 틀리는지 헷갈리는 경우가 꽤 많다. 다행히 일상회화에서는 완전한 격식을 갖추지 않고 편하게 쓰기 때문에 그나마 쉽다고 할 수 있다. 예를 들면 1시 15분을 말할 때 원래는 It's a quarter past one.이라고 해야 하지만 It's one fifteen.이라고 말하는 식이다. 어쨌든 시간, 요일, 연월일 등의 때에 관한 표현은 일상생활에서 언제 어디서든 입에서 바로 나올 수 있도록 바짝 익혀두어야 한다.

Time

지금 몇 시입니까?

What time is it now?
What time do you have?
Can you tell me the time?
May I ask you the time?
Do you have the time?
What's the time?

» 가장 흔하게 쓰는 말은 맨 위에 있는 What time is it now?이고, 마지막 두 문장은 격의 없이 쓸 수 있는 표현이다. 정중하게 시간을 물을 때는 Could you tell me the time?이나 Would you mind telling me the time?이라고 한다. Do you have the time?은 시간을 묻는 말이고 Do you have time?은 시간이 있는지 묻는 말이다. 헷갈리기 쉬우니 주의!

8시 5분입니다.

It's eight five.
It's eight O-five.
It's five minutes past eight.

» O는 [ou]라고 발음한다. 미국에서는 It's five after eight.이라고도 한다. 8시 5분 전은 It's five before eight. 또는 It's five (minutes) of eight.이라고 한다.

A **What's the correct time?** 정확히 몇 시죠?

B **It's ten twenty-three.** 10시 23분입니다.

» '10시 23분 46초'는 Now, It's exactly twenty-three minutes and forty-six seconds past ten o'clock.이라고 한다.

11시 15분입니다.

It's eleven fifteen.

It's a quarter past eleven.
It's a quarter after eleven.

A   I'm feeling a bit hungry. What time is it?
   배가 좀 고픈데 지금 몇 시죠?

B   Quarter to twelve. Shall we go and get some lunch?
   12시 15분전이에요. 점심 먹으러 나갈까요?

A   Yes, good idea.
   좋아요.

정각 정오입니다.

It's just noon.
It's midday.

A   Do you usually have lunch this early?
   항상 이렇게 일찍 점심을 드세요?

B   Do you think it's early? It's already after twelve.
   일찍이라고요? 벌써 12시가 지났어요.

2시 조금 지났습니다.

It's a little past two.

시간은 3시 반입니다.

The time is half past three.
The hour is three thirty.

4시쯤 돌아올게요.

I'll be back around four o'clock.

5시가 다 됐어요.

It's close to five.

15분 일찍 퇴근해도 되겠습니까? 공항에 아버지를 마중하러 가야 해서요.

**Can I leave fifteen minutes early, please? I've got
to meet my father at the airport.**

이제 가야 할 시간이에요.

It's about time to go.

시간이 별로 없어요.

Time is running out.

» run out은 '(공급품이) 다 떨어지다[되다]'라는 뜻으로 '시간이 점점 다가오고 있
다, 시간이 얼마 남지 않았다'는 급박한 뉘앙스를 풍긴다.

저녁 10시까지 귀가하지 않으면 안 돼요.

I'm always due home by ten o'clock in the evening.
I have to be home by ten o'clock at the latest.

» '늦어도 10시까지는 귀가해야 한다.'라고 할 경우 curfew(야간외출금지)라는 단
어를 쓸 필요까지는 없다. curfew는 부모가 자녀에게 부과하는 귀가 시간인데 훨
씬 더 엄격한 명령을 의미한다.

자정이 가까워졌습니다.

It's getting near midnight.
It's getting close to midnight.

A　You look very tired today. What time did you get to
　　bed last night?
　　피곤해 보이네요. 어제 몇 시에 주무셨어요?

B　The same time as usual; at about 1:30.
　　평소와 같이 1시 반쯤 잤어요.

업무는 9시에 시작합니다.

I start work at nine (in the morning).

» '9시부터'는 from nine이라고 하지 않고 at nine을 쓴다. a.m.(ante meridiem:오전), p.m.(post meridiem: 오후)도 알아두자. 문맥으로 봐서 대략 짐작할 수 있지만 오전인지 오후인지 꼭 구별해야 할 때도 있다.

A　How long does it take to get to work?
　　출근 시간이 얼마나 걸려요?

B　It takes about two hours.
　　약 2시간 정도 걸려요.

A　Two hours! It's a waste of time, isn't it?
　　2시간이라고요! 시간 낭비 아닌가요?

B　Yes, it certainly is.
　　네, 확실히 그래요.

시계와 관련된 표현
It's eleven o'clock by my watch.

내 시계는 11시입니다.

It's eleven o'clock by my watch.
My watch says (it's) eleven.

» '텔레비전 시보로는 ~'은 The time signal on TV says ~라고 한다.

내 시계는 정확합니다.

My watch is correct.
My watch keeps good time.

» '늦지도 빠르지도 않다.'는 It neither gains nor loses.

거의 늦은 적이 없습니다.

My watch hardly ever runs down.

내 시계는 쿼츠시계입니다.

Mine is a quartz clock.

당신 시계는 좀 빠른 것 같은데요.

I'm afraid yours is a little fast.

이 시계는 단 몇 초밖에 늦지 않아요.

This watch is only a few seconds slow.

제 시계가 고장난 것 같은데요.

Something seems to be wrong with my watch.

제 디지털시계에는 스톱워치가 있습니다.

My digital watch has a stopwatch.

A   Why didn't you come this morning?
왜 오늘 아침에 오지 않았죠?

B   I wish I had. I set my alarm clock to seven, but it didn't go off.
오려고 했어요. 알람시계를 7시에 맞춰 놓았는데 울리지 않았어요.

» 알람시계가 울렸다면 The alarm went off at seven.이라고 한다.

» alarm의 종류는 a car alarm(자동차 도난 경보 장치), a burglar alarm(도난 경보기), a fire alarm(화재 경보기), a smoke alarm(화염 경보기) 등이 있다.

요일 · 연월일을 말할 때
What is today's date?

오늘은 며칠입니까?

What is today's date?
What's the date today?
What's today's date?

오늘은 무슨 요일입니까?

What day is it today?

What's today?
What day of the week is it today?

A　**What day is it today?** 오늘이 무슨 요일이죠?

B　**It's Wednesday.** 수요일이에요.

» Today's Wednesday.라고 해도 좋다.

A　**What's the date?** 몇 월 며칠이죠?

B　**It's March (the) third.** 3월 3일이에요.

» 날짜는 What date is it today?라고도 물을 수 있다. '2007년 8월 15일 월요일입니다.'는 Today is Sunday, August (the) fifteenth in 2007.이라고 한다. 요일을 날짜 앞에 쓰는 것이 일반적이다.

A　**When's your birthday?**
　　생일이 언제죠?

B　**(My birthday is) January (the) twenty-eighth.**
　　1월 28일이에요.

» 생일을 물을 때는 What date's your birthday?라고도 한다.

A　**We're off to Busan tomorrow.**
　　우리 내일 부산으로 떠나요.

B　**That sounds great. When will you be back?**
　　좋겠군요. 언제 돌아오죠?

A　**The day after (tomorrow). We're only going for the weekend.**
　　모레요. 주말을 보내러 가는 것뿐이니까요.

» (on) Friday evening(금요일 밤)에 떠나서 (on) Sunday evening or (on) Monday morning(일요일 밤 또는 월요일 아침)에 돌아오는 방식으로 weekend를 즐기는 사람들이 많다.

A　When were you born?　몇 년생이죠?

B　I was born in 1979.　1979년생이에요.

이번 주말까지 마칠까 했는데 못 끝낼 것 같아요.

I'm supposed to finish it by this weekend, but I don't think I'll be able to.

A　The boss says he wants us to finish all this in a couple of weeks.　사장님이 2~3주 안으로 이걸 모두 끝내라고 하십니다.

B　What? He must be joking.　뭐라고요? 농담이시겠죠.

» in a couple of weeks는 '2~3주 안으로'라는 뜻이고 for a couple of weeks는 '2~3주 동안'이라는 뜻이다.

A　When do the exams start?
시험이 언제부터죠?

B　In the middle of January: the seventeenth, I think.
1월 중순 17일 경 같은데요.

» '상순'은 at the beginning of January, '하순'은 at the end of January

일주일 뒤 목요일 그러니까 28일이군요.

(It'll be) A week on Thursday. That's the 28th.

마감은 6월 말입니다.

The deadline is the end of June.

A　What date's the tennis tournament?
테니스 시합은 며칠이죠?

B　Well, it's scheduled for November 2nd, but if it rains it'll be held on the following day.
11월 2일 예정인데요, 비가 오면 다음 날로 연기돼요.

Unit 03 가족

사람을 만나 알아가는 과정에서 빼놓을 수 없는 것이 가족 관계이다. 개인 신상에 관한 화제 중에서 물어보기 쉽고 또 대개는 가족 얘기하는 것을 좋아하기 때문에 제법 풍성한 대화를 나눌 수 있다. How many people are there in your family?(가족이 몇이에요?) / Do you have any brothers and sisters?(형제자매는 있으세요?) / How many children do you have?(아이들은 몇이에요?) / Does your wife work?(부인은 일을 하세요?) 등의 기본적인 질문으로 시작해 보자.

Family

가족이 어떻게 되십니까?

How many are there in your family?
How large of a family do you have?

A   **How many people are there in your family?**

가족이 몇 분이세요?

B   **There are five (in my family).**

5명입니다.

» How big is your family?라고 물을 수도 있다.

A   **How's your family? I hope they're well.**

가족들은 어떻게 지내세요? 모두 잘 지내시죠?

B   **Oh, they're all fine, thanks. How's yours?**

덕분에 잘 지내고 있어요, 고마워요. 당신 가족은요?

» How are your family?도 틀리지는 않지만 회화에서는 How's your family?라고 하는 것이 보통이다. '당신 가족은 어떠세요?'라고 되물을 때는 How about yours? 또는 What about yours?라고 할 수도 있다.

대가족입니다.

I come from a big family.
My family is large.

» '소가족'이면 small을 쓴다. many, few가 아니라 large, small을 쓴다는 것에 주의할 것

7인 가족으로 부모님, 할아버지, 형이 둘, 누이가 하나, 그리고 접니다.

There are seven people – my parents, grandfather, two brothers, one sister and myself.

이 개도 가족이에요.

This dog is a member of my family.

가족과 함께 자주 외출하세요?

Do you often go out with your family?

부인의 성함은 어떻게 되세요?

May I ask your wife's name?

A   **Are you the oldest child?** 당신이 장남입니까?

B   **No, I'm not. I'm the second oldest son.** 아니에요. 둘째입니다.

> » '장녀'는 the oldest daughter, '막내'는 the youngest child라고 한다. 그 런데 영어에서 '(가족 중) 몇 째입니까?'라고 묻는 경우는 아주 드물다. 예 를 들면 Where do you fall in your family?라는 질문은 어색하다.

형제자매
Which child are you?

당신은 몇 째입니까?

Which child are you?

당신이 맏이입니까?

Are you the eldest?

우리 집은 3형제입니다.

There are 3 boys in our family.

A   **Do you have any brothers and sisters?** 형제는 몇 분이세요?

B   **No, I don't have any. I'm an only child.** 없어요. 저는 독자예요.

> » 외아들은 only son, 외동딸은 only daughter, 성별 구분 없이 독자라고 할 때는 only child라고 한다.

A   **How many brothers and sisters do you have?**

형제는 몇 분이세요?

B   **I have two brothers and one sister.**

형이 2명 누이가 1명 있어요.

» I have ~.라고 말할 때에는 말하는 사람 본인은 숫자에 포함하지 않고, There are ~.라고 말할 때에는 말하는 사람 본인도 숫자에 포함한다. in my family는 같이 살고 있는 가족을 가리키는 것이 보통이다. '형은 있지만 누이는 없습니다.'는 I have a brother, but no sister.라고 한다. '형'과 '남동생', '누나'와 '여동생'을 구별하는 경우는 드물지만 필요한 경우에는 my older[elder] brother(형) 또는 my younger sister(여동생)로, 회화에서는 대개 my big brother, my little sister, my baby sister라고 한다.

A   **Do any of your brothers or sisters work?**

직장에 다니는 형제분이 계세요?

B   **Yes. My oldest brother works for a trading company.**

네, 큰형이 무역회사에서 일하고 있어요.

A   **How old is your brother?** 동생은 몇 살이죠?

B   **He's two years younger than me.** 저보다 2살 아래예요.

주로 형과 놀았습니다.

I used to play mainly with my brother.

우린 쌍둥이예요.

We are twins.

부모 · 조부모

Do you live with your parents?

부모님과 함께 사세요?

Do you live with your parents?

아버님은 어떤 일에 종사하세요?

What business is your father in?

할머니는 연세가 어떻게 되세요?

How old is your grandmother?

A   How old are your parents?   부모님의 연세는 어떻게 되세요?

B   My father is sixty. He is my mother's senior by two years.   아버지는 60이세요. 어머니보다 2살 많으세요.

» '2살 많다'는 He's two years older than my mother.이라고 해도 좋다.

내일 부모님이 고향에서 제 아파트에 오실 거예요.

My parents are coming from my hometown to see my apartment here.

» '이 근처를 관광시켜 드리려고 생각하고 있어요.'라고 덧붙이고 싶다면 I'm thinking of taking them sightseeing around here.

가족을 만나러 얼마나 자주 고향에 가세요?

How often do you go back home to see your family?

» 빈도나 횟수를 물을 때는 주로 How often ~? 패턴을 쓴다.

1년에 한 번 추석이나 신년 휴가에 가족을 만나러 고향에 갑니다.

I go home to see my family once a year: during the 'Chusuk' or the New Year holidays.

» '추석이 무엇입니까?'라고 물으면 It's a Thanksgiving Day held in fall. We welcome the spirits of our ancestors who are believed to have returned home. (가을에 있는 추수감사절인데, 가족에게 돌아오리라고 믿어지는 조상의 혼을 맞이하는 것입니다), 또는 A lot of people working in big cities take advantage of this series of holidays to go back to their hometown.(도시에서 일하는 많은 사람들이 연휴를 이용해서 귀향합니다)이라는 등으로 한국의 관습에 관한 설명을 하면 좋다.

아버지는 퇴직하셨고 어머니는 슈퍼마켓에서 파트타임으로 일하십니다.

My father is retired, and my mother works part-time at a supermarket.

어머니는 홀로 되셔서 제가 모시고 있습니다.

My mother is a widow, and I'm the one who has to look after her.

A Are your grandparents still alive? 조부모님은 생존해 계세요?

B Yes, they are. 네, 생존해 계십니다.

» '할아버지, 할머니'를 친근하게 부르는 말이 grandpa, grandma
이다. '손자(녀)'는 grandchild, grandchildren 또는 grandson(s),
granddaughter(s)라고 한다.

할아버지는 다음 달 미수(88세)를 맞이하십니다.

My grandfather will celebrate his eighty-eighth birthday next month.

» '회갑을 맞이하다'는 He's going to celebrate his 60th birthday.이다. '희수(77세),
백수(99세)'도 같은 식으로 표현할 수 있다.

A Do you have any relatives living in Korea?
한국에 친척이 계십니까?

B No, I have none. But one of my cousins is coming to Korea in September.
아뇨, 없어요. 사촌 하나가 9월에 한국에 올 겁니다.

» uncle(아저씨), aunt(아주머니), nephew(조카), niece(질녀), father-in-law(장인, 시아버지) 등도 알아두자.

외모

상대방의 외모에 대해 이러쿵저러쿵 말하는 것은 일단 금물이라 생각하고 스스로 입단속을 하는 것이 좋다. 상대방의 외모를 화제 삼아 기분 상하게 하는 말을 하면 절대로 안 된다. 외모는 어디까지나 타고난 것이고 개인적인 일이니까. 하지만 멋지고 아름다운 여성에게 You're very beautiful.(정말 아름다워요), 근사한 남성에게 You're very handsome.(정말 멋져요), 옷을 센스 있게 잘 입는 사람에게 I like your style.(옷 스타일이 마음에 들어요)이라고 칭찬하는 것은 괜찮다.

Appearance

키가 얼마입니까?

What's your height?

저는 키가 약간 작습니다.

I'm a little short.

» 외모에 관한 표현은 tall(키가 큰), short(키가 작은), medium height(중간 키인), slim(날씬한), thin(마른), plump(통통한), fat(뚱뚱한), obese(비만인), well-built(체격이 좋은), overweight(비만의) 등이 있다.

A   How tall are you?

키가 얼마세요?

B   I'm one meter seventy-four centimeters tall.

174센티미터입니다.

» I'm one hundred (and) seventy-four centimeters tall.이라고 해도 된다.
미국인들은 I'm five feet nine inches tall.(5피트 9인치입니다)이라 한다.

키가 큰 편입니다.

I'm rather tall.

동생은 다리가 깁니다.

My little brother has long legs.

그는 표준체형입니다.

He's of medium height and weight.
He's a man of medium build.

» 표준체형이라는 것은 He's neither fat nor thin.(그는 뚱뚱하지도 마르지도 않았다)이라는 의미이다.

A How much do you weigh? 체중이 얼마예요?

B I weigh sixty-two kilograms. 62킬로그램이에요.

> 미국인들은 주로 '137파운드입니다.'로 I weigh one hundred (and) thirty seven pounds.라고 한다. 체중은 How much do you weigh? 또는 What do you weigh?라고 묻고, 대답은 I weigh 70 kilos.나 I'm 70 kilos. 라고도 한다.

그녀는 키가 크고 말랐습니다.

She's tall and slender.

> slender와 slim은 '날씬한, 호리호리한, 얇은'이란 뜻으로 날씬하고 아름다운 몸매를 떠올리게 한다.

그는 키가 크고 아주 말랐습니다.

He's tall and lanky.

> lanky는 '마르고 키 큰, 호리호리한'이란 뜻으로 말라서 키만 껑충한 사람이 (여위고 긴 팔다리로) 흐느적거리듯 움직이는 모습을 연상시킨다. 깡말랐다는 표현으로 쓰이는 bag of bones는 '뼈가 들어있는 (가죽)가방'이라는 뜻으로 우리가 깡마른 사람 보고 뼈와 가죽만 남았다고 말하는 것과 비슷한 표현이다.

체중이 좀 늘었습니다.

I've gained some weight.
I've put on a little weight.

> '체중이 늘다, 살이 찌다'는 gain weight / put on weight / get overweight / pick up weight 등으로 표현하고 '체중이 줄다'는 lose weight / take off weight 등으로 표현한다. '뚱뚱하다'는 fat, '말랐다'는 thin, lean, slender 등으로 나타내고, He has a muscular build.(그는 근육질이다) / He has a standard body type.(그는 보통 몸매이다) / He has a beer belly.(그는 똥배가 나왔다) 식으로 쓴다.

(체중이) 3킬로그램 줄었습니다.

I've lost three kilograms.

5파운드 줄었습니다.

I've slimmed down five pounds.

> A **What do you weigh?**
> 체중이 얼마세요?
>
> B **Well, I weigh sixty-five kilos, but I'm sure I've gained at least five kilos since I quit smoking.**
> 저, 65킬로였는데 금연을 하고나서 5킬로 쪘어요.

살이 좀 찐 것 같아요.

I'm afraid I'm a little overweight.

» 만일 키와 비교해 봐서 적당한 체중이라면 I'm the average weight for my height.(적당한 표준 체중입니다)이라고 하면 된다.

운동부족으로 살이 좀 쪘습니다.

I've gained a bit of weight through lack of exercise.

살이 좀 빠졌지요?

You've lost a bit of weight, haven't you?

그는 아주 말랐습니다.

He's very thin, nothing but skin and bone.

내 여동생은 통통하지만 귀여운 편이에요.

My little sister's plump, but she's lovely all the same.

» 외모에 관한 표현은 well-dressed(복장이 훌륭한), scruffy(꾀죄죄한), good-looking(미모의), attractive(매력적인), beautiful(아름다운), pretty(예쁜), handsome(잘생긴), ugly(못생긴) 등도 있다.

다이어트를 해서 살을 빼려고 해요.

I'm trying to slim down by going on a diet.

» '다이어트하다'는 go on a diet, '다이어트 중이다'는 I'm on a diet.라고 한다. 체형을 설명하는 표현에는 야위다(thin), 보통이다(average), 뚱뚱하다(overweight), 키가 작다(short), 키가 크다(tall) 등이 있다.

그의 얼굴은 계란형입니다.

His face is oval.

그녀의 얼굴은 좀 둥근 편입니다.

Her face is rather round.

» '둥근 얼굴'은 a round face, '넓적한 얼굴'은 a flat face라고 한다.

그는 단정합니다.

He's handsome.

» handsome은 남성에게 '얼굴이 잘생긴'이라는 의미이고, 여성에게는 '용모가 아름다운, 품위 있는'이라는 의미가 된다. good-looking, nice-looking은 남녀 모두에게 사용할 수 있는 표현이다.

그녀는 아주 매력적입니다.

She's such an attractive woman.

그녀는 귀엽지요?

She's cute, isn't she?

» lovely(예쁜), pretty/fair/beautiful(아름다운), comely(잘생긴), ugly(추한), plain-looking(못생긴) 등도 알아두자. '평범한'은 average-looking이다.

그녀는 화장을 항상 짙게 해요.

She's always wearing heavy makeup.

그녀는 얼굴이 하얗습니다.

She has a fair complexion.

» '피부색이 희다.'는 She's fair-skinned. 반대로 '피부색이 검다.'는 She's dark-skinned.라고 한다. '햇볕에 탔습니다.'는 He's (sun-) tanned. 또는 He's sunburnt.

그는 이마가 넓어요.

He has a broad forehead.

» '이마가 좁다.'는 He has a narrow forehead.

저는 머리가 짧아요.

I have short hair.
I have my hair clipped short.

그녀의 긴 검은 머리가 부럽군요.

I envy her for her long dark hair.

그녀는 짧은 곱슬 금발머리예요.

She has short curly blonde hair.

» '금발'은 남자에게는 blond, 여자에게는 blonde라고 하며, '거무스름한 머리'는 brunette이라고 한다.

동생은 머리가 덥수룩합니다.

My brother has disheveled hair.
My brother's hair is always messy.

나 머리 스타일 바꿨어.

I've changed my hair style.

요즘 흰머리가 나기 시작했어요.

My hair has begun to turn gray recently.

» '머리가 벗어지고 있다.'는 I'm thin on top. '대머리'는 a bald(-headed) man.

키가 크고 턱수염이 긴 저 분은 누구시죠?

Who is that tall gentleman with the long beard?

» 남성의 '콧수염'은 mustache, '턱수염'은 beard, '구레나룻'은 whiskers이다. '(턱) 수염을 기르려고 한다.'는 I'm trying to grow a beard.라고 하고, '수염을 깎았다.'는 I'm clean-shaven.이라고 한다.

당신은 어머니를 많이 닮았네요.

You look very much like your mother.

» '둘이 똑같다'고 할 때는 They are identical.(그들은 똑같아요) '영 딴판이다'라고 할 때는 He is a far cry from his brother.(그는 형과 영 딴판이에요)

A   What does your father look like?
아버님은 어떻게 생기셨어요?

B   It's hard to describe him, but I'll try.
설명하기 힘들지만 해 볼게요.

» 사람의 특징을 묘사·설명하는 것은 describe이다.

아버지는 어깨가 넓고 떡 벌어지셨습니다.

My father is stout with broad shoulders.

» '민틋하게 내려온 어깨'는 sloping shoulders, '떡 벌어지고 올라간 어깨'는 square shoulders, '목이 긴·짧은·'은 a long·short· neck이라고 한다.

안경을 끼셔서 전형적인 대학교수처럼 보입니다.

He wears glasses and looks like a typical university professor.

» '사업가 타입'은 He looks like a typical businessman.

가슴, 허리, 엉덩이 사이즈를 가르쳐 주시겠습니까?

Would you tell me your chest, waist and hip measurements?

» 여성의 '가슴(즉 유방)'을 breasts라고 하고, 일반적으로 '흉부'는 the chest라고 한다.

그녀의 허리선이 아름답다고 생각하지 않으세요?

Her waistline is beautiful. Don't you think so?

저는 허리가 가는 여자를 좋아합니다.

I like a woman with a slim waist.

그는 왼손잡이입니다.

He's left-handed.

그녀는 손발이 비교적 작은 편입니다.

She has comparatively small hands and feet.

» '손발'은 hands and feet 또는 limbs이지만 한국어의 '손'은 영어에서 hands(손)와 arms(팔)로 나눌 수 있다. '발'도 영어에서는 legs(다리), feet(발)으로 구분해서 써야 한다.

제 팔은 상당히 긴 편입니다.

My arms are fairly long.

저 여자는 각선미가 아름다워서 미니스커트가 잘 어울립니다.

That girl has shapely legs, so she looks very good in mini-skirts.

» '그녀는 각선미가 아름다워요.'는 Her leg lines are beautiful.

Unit 05 성격

세상에 똑같은 사람이 없는 것처럼 사람 성격도 모두 제각각이라 이 세상에 얼마나 다양한 성격이 존재할지 감히 상상도 할 수 없지만 하나씩 하나씩 알아가는 수밖에! What's he like?(그 사람 어때?) / What's his personality like?(그 사람 성격 어때?) What kind of person he is?(그는 어떤 종류의 사람이야?) 등으로 물어보고 He's easygoing.(무난해) / He's too clumsy.(너무 덜렁대) / He's hot-tempered.(다혈질이야) / He's blabber mouth.(너무 입이 싸) 등으로 대답한다.

Personality

What kind of personality do you think you have?

자신의 성격을 어떻게 생각하세요?

What kind of personality do you think you have?

무슨 일에나 낙관적입니다.

I'm optimistic about everything.

» I'm basically optimistic; I always try to look on the bright side of things.(기본
   적으로 낙관적이고 사물을 밝은 쪽으로 보려고 합니다)라고 할 수도 있다.

좀 비관적인 성격입니다.

I'm sort of a pessimist.

» '낙천적'은 optimistic이고 '낙천적인 사람'은 an optimist, '비관적'은 pessimistic
   이고 '비관적인 사람'은 a pessimist라고 한다. sort of는 '얼마간, 다소'라는 의미
   로 He's sort of angry.(화가 좀 난 것 같다) 처럼 회화에 자주 쓰인다.

A Do you make friends easily?
   친구를 쉽게 사귀는 편이세요?

B No, I don't, because I'm shy. I'm not comfortable in
   the company of strangers.
   아뇨, 내성적이라서요. 모르는 사람과 함께 있으면 편치 않아요.

모르는 사람에게도 말을 잘 건네는 편입니다.

I'm pretty good at striking up conversations with strangers.

A Which do you think you are: an extrovert or an
   introvert? 외향적이세요, 내성적이세요?

B I think I'm a little bit of both. 양면이 있는 것 같아요.

남들은 외향적이라고 하는데 사실은 아주 내성적이에요.

Everyone thinks I'm an extrovert, but in fact I'm very shy with strangers.

» extrovert(외향적인 [사람]), introvert(내성적인 [사람])는 심리학 용어이다. 양면 모두를 갖춘 성격은 ambivert(양향성격인 [사람])라고 한다.

저는 제가 적극적인지 소극적인지 정말 모르겠어요.

I'm not really sure whether I'm outgoing or reserved myself.

그렇게 사교적이지 못해요.

I'm not really sociable.

전과 비교하면 훨씬 사교적이에요.

I'm now much more outgoing than I used to be.

» '사람 사귀는 것을 좋아하고 적극적'인 성격은 outgoing, aggressive라고 하고, 반대로 '내성적이고 소극적'인 성격은 shy, reserved로 나타낸다.

소극적인 편입니다.

I tend to be withdrawn.
I'm fairly reserved.

형제들과 성격이 아주 다릅니다.

I'm quite different from any of my sisters in character.

그는 어떤 분이세요?

What sort of person is he?
What kind of person is he?
What type of person is he?

마음이 아주 따뜻한 남자예요.

He's a very warm guy.

» 격의 없는 회화에서는 남자를 man 외에 guy, chap, fellow 등으로 말한다.

성실한 여성입니다.

She is a sincere lady.

그는 유머가 있어서 같이 있으면 즐거워요.

He's good-humored; a pleasure to be with.

그들은 좀 괴팍하지만 좋은 사람들입니다.

They're rather odd, but they're good sorts.

A **What do you think of her?** 그녀를 어떻게 생각해요?

B **Oh, she's very nice.** 아주 좋은 사람이에요.

머리가 아주 좋은데 게으르다고도 할 수 있어요.

She's very clever, but she can be a lazy girl.

수완은 없지만 아주 근면한 사람입니다.

She's not exactly witty, but she's extremely hard-working.

I hear you know Minji Park. Of course I've seen her on television, but what's she really like?
박민지 씨를 아신다고 그러든데, 텔레비전에서 본 적은 있지만 어떤 여자예요?

B **She's just as you would expect: always cheerful, bright, sociable and kind.**
당신이 생각하는 대로예요. 항상 유쾌하고 밝고 사교적이고 친절하죠.

A **Could you introduce me to her sometime?**
언제 제게 소개시켜 주실 수 있어요?

글쎄요, 좀 따분한 사람이죠.

Well, he's rather boring.

» '재미있는 사람'이라면 interesting, amusing, good-humored 등으로 말한다.

좀 황당한 사람입니다.

Oh, he's a little overwhelming.

첫눈에는 조용하고 상냥한 것 같지만 그와 친해지면 그게 아니라는 것을 아시게 될
거예요.

At first sight he appears to be very quiet and gentle, but you'll find him very different when you get to know him.

아주 영리한데 아주 불친절하기도 해요.

He's very witty, but he can be extremely unkind.

전에는 비열하고 우울한 사람이었는데 요즘에는 관대하고 유쾌해졌어요.

He used to be mean and gloomy, but he's quite open-handed and cheerful these days.

» hot-headed(성급한), impulsive(충동적인), cheerful(명랑한), generous(관대
한), kind(친절한), mean(인색한, 비열한), sensible(이해가 빠른), serious(진지
한), honest(정직한), dishonest(부정직한), moody(변덕스러운), arrogant(거만
한), snobbish(속물적인) 등 다양한 성격 표현이 있다.

그의 장점은 유머 감각인 것 같아요.

I think his best point is his sense of humor.

» '좋은 성격'을 나타내는 말
generous(관대한), polite(정중한), tender(상냥한), thoughtful(사려 깊은), sensible(분별 있는), moderate(온건한), agreeable(상냥한), modest(겸손한), patient(참을성이 있는), tolerant(아량이 있는), frank(솔직한), gallant(친절한, 용감한), good-natured(성격이 좋은), graceful(얌전한), noble(기품 있는), unselfish(이기적이지 않은), open-minded(편견이 없는), brave(용감한), bold(대담한) 등.
'머리가 좋다'는 의미를 나타내는 말
bright(똑똑한), smart(똑똑한), clever(영리한), intelligent(총명한), wise(현명한), sharp(예리한), intellectual(지적인), quick(이해가 빠른), quick-thinking(머리 회전이 빠른), creative(창조적인), inventive(창의성이 풍부한), perceptive(지각이 예민한) 등.
'근면'을 나타내는 말
diligent(근면한, 성실한), hard-working(부지런히 일하는), industrious(근면한, 부지런한), beelike(벌처럼 부지런한), early bird(일찍 일어나는) 등.

저는 붙임성이 있다고 생각해요.

I think I'm amiable.

사람들을 잘 웃깁니다.

I'm good at making people laugh.

저는 누구와도 잘 지낼 수 있어요.

I can cooperate with anybody.

친구들은 제가 아주 유쾌하다고 말합니다.

My friends say I'm always cheerful.

남들은 제가 우호적이고 사려가 깊다고들 합니다.

People sometimes say I'm friendly and considerate.

감성적이고 관대하다고 생각합니다.

I think I'm both sensitive and big-hearted.

저는 마음이 좋아서 타인에게 예의를 갖추려고 노력하고 있어요.

I'm well-meaning and try to be well-mannered toward other people.

좋지 않은 성격을 나타낼 때
I'm very forgetful.

부주의합니다. 그것이 약점이라고 알고 있습니다.

I'm careless. I know that's my weak point.

건망증이 심합니다.

I'm very forgetful.

» hasty(성급한), careless(부주의한), scatter-brained(차분하지 않은), fickle(변덕스러운)도 알아 두자.

만사를 느리게 하는 경향이 있습니다.

I tend to be slow in doing things.

» dull(둔한), slow-thinking(머리 회전이 느린), lazy(게으른), stupid(멍청한) 등도 좋지 않은 성격을 나타낸다.

저는 말주변이 없어요.

I'm afraid I'm a poor talker.

때때로 수다스럽습니다.

I sometimes speak too much.

그는 수다스럽고 게다가 제 얘기하는 것만 좋아하죠.

He's too talkative, and, what's worse, he only likes to talk about himself.

» He thinks of nothing but his own interests.(자신의 이익만 생각합니다)라는 selfish(이기적인), egocentric(자기본위의) 등도 미움을 받기 쉬운 성격이다.

그는 사소한 일에 신경을 쓰는 사람입니다.

He's very particular about trivial things.

» peevish(역정을 잘 내는), wicked(심술궂은), ill-natured(성격이 나쁜), eccentric(별난), strange(이상한), peculiar(괴팍한), fussy(까다로운) 등도 호감을 받지 못하는 성격이다.

그녀는 마음이 좁고 고집이 센 것이 결점입니다.

Her weakness is that she's a bit narrow-minded and obstinate.

» stubborn(완고한), persistent(고집 센), inquisitive(캐묻기 좋아하는), nosy(참견을 잘하는) 등도 바람직하지 않은 성격이다.

제가 우유부단하다는 사람도 있는 것 같습니다.

Some people seem to think I'm a little indecisive.

저는 성질이 급해서 사소한 일에 때때로 쉽게 흥분합니다.

I'm rather short-tempered, and sometimes get easily excited about unimportant things.

» impatient(참을성이 없는), irritable(화를 잘 내는), quick-tempered(성급한), hot-tempered(화를 잘 내는) 등도 결점을 나타내는 말이다. 이외에 stingy(인색한), tight-fisted(구두쇠의), cool/cold(냉정한), indifferent(냉담한), unsociable(비사교적인), hostile(적대적인), malicious(악의에 찬), cruel(잔혹한), mean(비열한), small-minded, narrow-minded(마음이 좁은), timid(소심한), pompous(거드름 피우는) 등도 결점을 나타낸다.

저는 좀 짓궂은 편입니다.

I'm rather mischievous.

» 짓궂은 성격이 반드시 나쁘다고는 할 수 없다. '장난기 많은 남자'를 a naughty boy, '말괄량이 여성'을 a tomboy라고 한다.

Unit 06 교제

어느 시대, 어느 사회에서도 사람들의 가슴을 뛰게 하는 공통 관심사는 바로 사랑일 것이다. '나, 너한테 반했어.'라고 들이 댈 땐 I've god a crush on you. / I'm crazy for you.라고 한다. Are you seeing somebody?(사귀는 사람 있어요?) / Do you have a girlfriend?(여자친구 있어요?) / Will you go out with me tonight?(오늘밤에 저랑 데이트하실래요?) / What type of a girl do you like?(어떤 타입의 여자를 좋아하세요?) 등 다양한 표현을 사용하여 남부럽지 않게 데이트를 시작해보자.

Date

우리는 좋은 사이예요.

We're good friends.

» 한국에서는 친구라 하면 같은 세대나 같은 연령인 경우를 가리키기 때문에 학교 선배나 후배를 '친구'라고 하는 경우는 별로 없으나 영어는 친한 사이면 a friend가 된다. 예를 들면 학원에서 알게 된 30살이나 연상인 사람이라도 친하면 a friend라고 하는 것이다. 우리말의 '선배, 후배'를 억지로 영어로 만들면 upperclassman, lowerclassman이라고 할 수도 있겠지만 이것은 미국, 영국의 사립학교(남자)에서 쓰는 말이고, 또 senior, junior라는 표현도 선배, 후배를 나타내는 데는 적합지 않다.

딕은 가장 친한 친구예요.

Dick is one of my best friends.
Dick is a close friend of mine.

» '친한 친구, 사이좋은 친구'는 a good friend 또는 a close friend라고 한다. intimate(친밀한)를 이성 사이에 쓰면 '(성적인 관계가 있는) 좋은 사이'를 연상시키므로 주의할 것

A Sharon's a good friend of yours, isn't she?
   샤론과 친하지요?

B Yes, pretty good. We used to be much closer, though.
   네, 친해요. 그런데 전에는 더욱 가까웠어요.

그녀는 단지 친구일 뿐이에요.

She's just a friend.
She's a mere friend.

» 이성으로 사귀는 사이가 아니라 그냥 성별만 여자일 뿐이고 남자친구와 다름없는 단순한 친구라는 표현이다.

A How long have you know Mira?

미라를 아신지 얼마나 됐어요?

B Since we were at primary school. I've known her for longer than anyone except my family.

초등학교 시절부터예요. 가족 말고는 누구보다 오래 알고 지내는 사이예요.

» '소꿉친구'는 a childhood friend 또는 a friend from my childhood라고 한다.

미스터 김은 제 동료예요.

Mr. Kim is a colleague of mine.

A Who's your closest friend in this office?

이 회사에서 누구와 제일 가까워요?

B Mr. Lee. He's what we call a drinking companion.

미스터 리에요. 말하자면 술친구예요.

» companion은 '한 패, (함께 행동하는) 동료'

그는 잘 지내기 어렵지만 가장 가까운 친구죠.

He's hard to get along with, but he's a close friend of mine.

친구를 사귀는 것은 쉬운데 계속 사귀기가 어렵습니다.

I find it easy to make friends, but difficult to keep them.

» be hard to get along with는 '~와는 잘 지내기 힘들다'라는 뜻.

옛 동창들과 계속 만나는 것이 좋을 것 같아요.

I think it's good to keep in touch with old school friends.

다양한 친구와 잘 사귀는 것이 중요하다고 생각합니다.

I think it's important to get along fairly well with various types of people.

A I've plenty of friends, but the trouble is that they're all Korean except for you.
친구는 많은데 당신 말고는 외국인 친구가 없다는 것이 문제예요.

B You're just a bit shy. You should try to break the ice by speaking to them first.
좀 소극적인 것 같군요. 당신이 먼저 말을 걸어보세요.

» break the ice는 '어색한 분위기를 깨다'

데이트
Do you have any boyfriends?

사귀는 사람 있어요?

Do you have any friends of the opposite sex?
Do you have any boyfriends?
Do you have any girlfriends?

» boyfriend, girlfriend는 단순히 이성 친구이기보다는 '애인'이라는 느낌을 준다.

A Do you have a boyfriend? 사귀는 사람 있어요?

B Not at the moment, unfortunately. 지금은 없는데요.

» 보통 이성 친구를 boyfriend, girlfriend라 하는데 이것은 the person I'm dating, 즉 '사귀고 있는 사람'을 가리킨다. 하지만 때로는 여성이 여성을 My girlfriend and I went shopping. '친구와 쇼핑하러 갔다'와 같이 girlfriend라 부르는 일도 있다. 이때는 여자 친구라는 뜻이다. 그러나 남성은 동성 친구를 my boyfriend라고 하지 않는다. 또 male friend나 female friend라는 표현도 있다. 이것은 이성 친구에 대해 평범한 친구 사이라는 것을 나타내고 싶을 때 쓴다.

특별히 사귀는 여자는 없어요.

I don't have any special girlfriend.
I don't have any particular girlfriend.

동생과 데이트 할 수 있도록 주선해 주실 수 있어요?

Could you arrange a date for me with your sister?

A   I'm dying to ask Mary out for a meal.

메리에게 함께 식사하자고 하고 싶어 죽을 지경이야.

B   Mary Smith? Do you think she'll accept?

메리 스미스 말이니? 그녀가 받아줄 것 같아?

A   I hope so. She hinted at the idea herself the other day.

그럴 것 같아. 요전에 그녀가 그런 뜻을 비쳤어.

난생 처음으로 미국인 여성과 데이트를 했습니다.

I had a date with an American girl for the first time in my life.

월요일에 그녀와 데이트할 겁니다.

I'm going to date her on Monday.
I'm going to have a date with her next Monday.
I'm going on a date with her next Monday.

A　How often do you have dates?
자주 만나나요?

B　Once or twice a week, but it depends on how much money I have.
일주일에 한두 번이지만 돈이 얼마 있느냐에 따라 다르죠.

A　Do you think the man should pay for everything on a date?
데이트 비용은 전부 남자가 내야 한다고 생각하세요?

B　No, I don't really think it's necessary. Women have just as much money as men.
아뇨, 그럴 필요는 없는 것 같아요. 여성도 남성만큼 돈을 가지고 있으니까요.

A　How was your date? 데이트는 어땠어요?

B　Well, it started out all right; he took me to an expensive French restaurant.
시작은 괜찮았죠. 그가 고급 프랑스 식당에 데리고 갔으니까요.

A　And? 그래서요?

B　At the end of the meal, he said he wanted to go Dutch. We're through!
식사가 끝나자 그가 각자 내자고 했어요. 우린 끝났어요!

» go Dutch '각자 내다'

연애와 관련된 표현

I'm in love with her.

첫사랑은 12살 때였습니다.

The first time I fell in love was at the age of twelve.

» '사랑을 하다'는 fall in love with ~

그녀와 연애중입니다.

I'm in love with her.

팀은 내 여동생에게 첫눈에 반했습니다.

Tim fell in love with my sister at first sight.

톰은 태국 여성에게 빠져 있습니다.

Tom is crazy about a girl from Thailand.

» '~에 열중한, ~에 반한'은 be crazy about ~

A   Jim and Sarah seem to have fallen for each other: they had a date yesterday.
    짐과 사라는 서로 좋아하는 것 같아요. 어제 데이트했어요.

B   I know. Those two were meant for each other.
    알아요. 서로 어울리는 짝이에요.

» fall for each other는 '서로에게 푹 빠지다'. '어울리는 한 쌍이다'는 They're a perfect match.라고 할 수도 있다.

우리 사이는 꽤 잘 돼가고 있어요.

We're getting along fairly well.
We're getting on fairly well.

둘 사이는 이전만큼 좋은 것 같지 않습니다.

They don't seem to be getting on as well with each other as they used to.

그 사람과는 완전히 끝났습니다.

I'm done with him.
I dropped him.
I'm through with him.

우린 이제 끝났어요.

We're through, aren't we?
We're finished.
This is the end of our relationship.

둘은 최근에 헤어진 것 같아요.

They seem to have broken up recently.

» 사귀던 사람과 헤어졌다는 표현을 할 때는 break up 을 주로 사용한다.

A Are you still going out with Miss Kim?
   미스 김과 아직 사귀고 있어요?

B Miss Kim? We broke up last summer, but we're still good friends.
   미스 김이요? 지난 여름에 헤어졌지만 아직 좋은 친구예요.

A Is it true you've split up with Kate?
   케이트와 헤어졌다는 게 사실이에요?

B Yes. Weeks ago. She's going out with David now.
   그래요. 몇 주 전에요. 그녀는 지금 데이빗과 사귀고 있어요.

A We shouldn't see each other any more.
   더 이상 만나지 않는 것이 좋겠어요.

B Does that mean you want to break up?
   헤어지고 싶다는 말인가요?

그녀와 화해하려고 했지만 소용없었어요.

I tried to make up with my girlfriend, but it was no good.

» '그녀와 화해하지 그러세요?'는 Why don't you make up (with her)?

미라에게 프러포즈했는데 거절당했습니다.

I proposed to Mira, but I was turned down.

» turn down '거절하다, 퇴짜 놓다'

그녀는 당신에게 전혀 관심이 없어요.

She isn't interested in you at all.

선희가 다른 사람과 결혼했을 때는 정말 마음이 아팠습니다.

It broke my heart when Sunhee married someone else.

» '실연당한 적이 있다'는 I have an unhappy experience. 또는 I was once disappointed in love. '실연당했다'는 I'm broken-hearted.라고 한다.

결혼상대를 고를 때
What kind of person do you want to marry?

어떤 남자를 좋아합니까?

What type of man do you like?

키가 크고 잘생기고 농담을 아는 남자를 좋아합니다.

I like a man who is tall and handsome and who can joke.

피부가 검고 남성적인 사람을 좋아합니다.

I like a man who is dark and real masculine.

운동을 좋아하고 나를 지켜줄 수 있는 사람을 좋아합니다.

I'd like a man who is an athlete and protective.

유머 감각이 있는 사람을 좋아합니다.

I like a man with a sense of humor.

포용력이 있고 융통성이 있는 사람을 좋아합니다.

I like a boy who is generous and flexible.

로맨틱하고 야망이 있는 사람을 좋아합니다.

I like a boy who is romantic and ambitious.

그는 내가 좋아하는 타입이 아닙니다.

He isn't my type.

He's far from my type.

» 여자가 싫어하는 남성은 '우유부단한 사람' an irresolute person, '여자 같은 남성' a man who is too sissy, '권력이나 지위에 집착하는 남성' a man who sticks to power and position이 아닐까?

A   What kind of person do you want to marry?
    어떤 사람과 결혼하고 싶어요?

B   Well, let's see … I want to marry someone who is energetic and dependable.
    저, 그러니까, 활기차고 믿음직스러운 사람이면 좋겠어요.

    » '~와 결혼하다'는 marry with ~가 아니라 marry ~인 것에 주의

지적이고 온후한 사람이면 아주 좋아요.

I feel most comfortable with an intellectual and peaceful person.

» outgoing(사교적인), cautious(신중한), adventurous(대담한), shy(수줍은), easy-going(느긋한), rude(무례한), witty(재치 있는), sophisticated(세련된), brave(용감한) 등의 성격적인 특징으로 표현할 수도 있다.

2~3살 연상이고 전망이 있는 사람과 결혼하고 싶습니다.

I want to marry someone who is two or three years older, and who is well-established in his job.

» 학력(educational background)이나 부(wealth), 사회적 지위(social status)를 고려해서 고르는 사람도 많다.

친절하고 사려 깊고 대머리가 아닌 사람이면 누구라도 좋아요.

I'll marry anybody if he's kind, considerate and not bald.

A What type of girl do you like? 어떤 여자를 좋아하세요?

B I like a girl who is very feminine. 여성스러운 사람을 좋아해요.

눈이 크고 머리가 긴 여자를 좋아합니다.

I like a girl with large eyes and long hair.

미인보다는 귀여운 쪽을 좋아합니다.

I like a girl who is cute rather than beautiful.

A What's your type?

어떤 타입을 좋아하세요?

B I don't know. The only ones I really like always reject me.

모르겠어요. 정말 좋아하는 사람에게는 항상 퇴짜 맞아요.

A Are you thinking of marrying Mira?

미라와 결혼할 생각이에요?

B No, not at all. She's not my type. She talks too much.

전혀 아니에요. 내가 좋아하는 타입이 아니에요. 말이 너무 많아요.

A What's your type, then? The silent type?

그럼, 어떤 타입을 좋아하세요? 조용한 타입인가요?

고루할지도 모르지만 고분고분한 여자와 결혼하고 싶습니다.

I may be old-fashioned, but I'd like to marry a domesticated type of girl.

» '가정적인 타입'은 a domestic type이다.

약혼에서 결혼까지

Are you married or single?

여동생은 지난 토요일에 결혼했습니다. 애인이 있다는 것을 3년 동안 비밀로 했었
어요.

My sister got married last Saturday. Apparently she'd kept her boyfriend secret for three years.

A **Are you married or single?**

기혼이세요, 미혼이세요?

B **I'm single, but I'm engaged to Sunhee.**

미혼입니다만 선희와 약혼했어요.

A **Is your sister married?** 여동생은 결혼했어요?

B **Yes. She's married to an architect and has two children.** 네, 건축가와 결혼해서 아이가 둘 있어요.

» '기혼이다'는 She's married. '결혼했다'는 She got married.

A **Are you planning to marry Chulsu?**

철수와 결혼할 겁니까?

B **We've never talked about it. I don't suppose he's ever thought about it!**

우린 결혼에 대해서는 아직 서로 얘기해 보지 않았어요. 그도 생각해 보지 않은 것 같
아요!

A **When are you going to marry him?**

언제 그와 결혼할 겁니까?

B **I haven't decided yet. I got engaged to him only last week.**

아직 결정하지 않았어요. 지난주에 약혼했을 뿐이에요.

멋진 사람이 나타나고 준비가 되면 언제라도 결혼하겠습니다.

I'll get married any time if I find a nice person and feel I'm ready.

최소한 25살 전에는 결혼하지 않을 겁니다.

I won't get married until I'm at least twenty-five.

» '독신생활도 나쁘지 않아서요.'는 Single life has a lot to offer. '아직 몇 년간은 독신생활을 하고 싶습니다.'는 I'd like to experience single life for another several years.

경제적인 면에서 30세 이후까지 기다려보는 것이 좋을 것 같습니다.

From the financial point of view, it's probably better to wait till I'm thirty or older.

A I'm going to get married in June.
  저는 6월에 결혼할 겁니다.

B That's great. Congratulations! Who's the lucky man?
  잘됐네요. 축하합니다! 상대가 누구입니까?

» 남자에게 '상대가 누구죠?'라고 물을 때는 Who's the lucky lady?라고 하며, '배우자'는 partner 또는 spouse라고 한다.

장인, 장모님은 다음 달 은혼식을 맞이합니다.

My wife's parents are going to celebrate their silver wedding next month.

» '금혼식'은 golden wedding 또는 golden anniversary이다.

'중매'라고 들어본 적이 있습니까?

Have you heard of the system called 'Joongmae' at which prospective partners and their parents meet?

» '결혼상대와 그의 부모들이 만나는 '중매'라는 방식을 들어본 적이 있습니까?'

중매결혼은 매파가 중신을 합니다.

An arranged marriage is organized by a go-between.

> A Are arranged marriages still common in Korea?
>   한국에서는 중매결혼이 아직 일반적입니까?
>
> B Not nearly as common as they were. There are still quite a lot, though.
>   과거만큼은 일반적이지 않아요. 그래도 아직은 꽤 많아요.
>
>   » 중매결혼에 대해서 '연애결혼'은 a lovely marriage라고 할 수 있지만 이런 말은 영어에서는 일반적이지 않다.

두 분은 어떻게 처음 만나셨나요?

How did you two meet first?

> A Are you going to find a husband through an arranged marriage?
>   중매로 신랑감을 찾으실 거예요?
>
> B I hope not! I'd prefer something more romantic.
>   그건 아니에요! 더 로맨틱한 것이 좋아요.

A Are you going to have a Christian style wedding?
기독교식 결혼식을 할 겁니까?

B No, it's in the Korean traditional style. I like traditional weddings.
아뇨, 한국 전통식으로 할 겁니다. 전통 결혼식이 좋아요.

피로연은 호텔에서 할 겁니다.

We're going to have our wedding reception at a hotel.

신혼여행은 괌으로 갈 겁니다.

We're going to Guam for our honeymoon.

» '신혼부부'는 honeymooners, newly-married couples, newly-weds 등으로 부른다.

결혼식에 많은 돈을 쓰는 것을 나쁘다고 생각하지 않아요. 일생에 한 번 뿐인 행사인데요.

I don't think there's anything wrong with spending a lot of money on a wedding. It's a once-in-a-life event.

시댁에서 살 계획입니다.

I'm going to live with my husband's family.

좀 걱정입니다. 고부간의 갈등이 있는 것이 보통이기 때문에요.

I'm a bit worried, because wives don't usually get along well with their mothers-in-law.

그녀는 임신 8개월입니다.

She's eight months pregnant.

» '아기가 뱃속에서 놀고 있습니까?'는 Are you being kicked?라고 한다.

임신하셨다고 들었어요.

I hear you're going to have a baby.

» '임신하다'는 be pregnant, be in the family way, conceive 등으로 표현한다. '자연분만'은 natural childbirth, '난산'은 difficult delivery[presentation], '제왕절개'는 C-section이라고 한다. 여기서 C는 율리우스 시저(Julius Caesar)가 제왕절개로 태어났다고 해서 그의 이름 첫 글자를 따서 만든 Caesarean의 약자이다.

아이는 몇을 낳을 겁니까?

How many children would you like to have?

그녀는 지난 화요일에 딸을 낳았습니다.

She gave birth to a baby girl last Tuesday.

» '아들'은 a baby boy

오늘밤 아내와 내가 출산을 축하할 계획입니다.

My wife and I going to celebrate our newly born baby tonight.

» '출생신고를 하다'는 register the birth of a baby, '출산휴가'는 a maternity leave 라고 한다.

A My wife is expecting.
아내가 임신했어요.

B Oh, is she? Congratulations!
그래요? 축하합니다!

우린 곧잘 싸워.

We fight a lot.

이혼하자.

Let's get divorced.
I'm through with you.
We should break up.

내 아내가 바람을 피워.

My wife is having an affair.
My wife is cheating on me.
My wife is secretly dating someone else.

A　Have you heard that Mr. Wells is getting divorced?
웰즈 씨가 이혼할 거라는 소문 들었어요?

B　No, I hadn't. What a pity!
아뇨. 안됐군요!

　» No, I hadn't.는 No, I hadn't heard of it until you told me just now.(당신에게서 지금 처음 들었습니다) '재혼하다'는 remarry를 써서 She got remarried to a TV personality.(그녀는 TV 탤런트와 재혼했다) 등으로 쓴다.

Unit 07 **약속**

약속을 정할 때 시간과 장소는 상대방의 사정에 맞추는 것이 일반적이다. 특히 날짜와 시간을 잊지 않도록 메모해 두는 것이 좋다. 약속에 관한 표현은 일상생활에서 가장 자주 사용하게 되는 실용적인 표현이므로 일정한 상용 표현을 마스터해 두자. 일반적으로 appointment는 공식적인 약속(병원 예약, 회의 일정 등), promise는 의지를 표현하는 약속(맹세하는 약속 등)을 의미한다. When should we meet?(언제 만날까요?) / Where shall we meet?(어디서 만날까요?) 등으로 물어보자.

지금 뵈러 가도 되겠습니까?

Could I come (over) and see you now?

May I call on you now?

Can I drop in to see you?

Do you mind if I stop by?

상의하러 가도 되겠습니까?

Could I come and have a talk with you?

Could I come over to discuss it?

» to discuss it은 '그것을 상의하기 위해'이다.

잠깐 얘기하고 싶습니다.

I'd like to speak to you for a few minutes.

I'd like to have a word with you.

I'd like to talk over a few problems with you.

상의하고 싶은 것이 있습니다.

There's something I'd like to talk over with you.

There's something we have to talk about.

There's something to talk to you about.

A Could I have a word with you?
잠깐 얘기할 수 있을까요?

B Yes, sure. Are you free for lunch?
그럼요. 점심시간에 시간이 있어요?

한두 가지 상의할 것이 있는데요. 만날 수 있습니까?

There are a couple of things we have to talk about. Can we get together?

바쁘시지 않으면 만나 뵙고 싶습니다.

I'd like to see you if you have time right now.

I'd like to see you if you aren't too busy now.

» '형편이 된다면'이라고 할 때에는 it's convenient for you / if it's all right with you / if you are available 등 여러 가지 표현을 쓸 수 있다.

A Would it be possible to see you late today?
오늘 늦게 뵐 수 있을까요?

B Yes, of course, but what is it about?
물론이에요, 무슨 일이죠?

30분쯤 뒤에 들러도 괜찮겠습니까?

Do you mind if I stop by in about thirty minutes?

다음 주 언제 만나 뵐 수 있겠습니까?

Could you possibly see me some day next week?

Could I make an appointment to see you sometime next week?

Will it be possible for you to see me sometime next week?

» make an appointment는 '약속하다'이다.

A Do you mind if I call on you sometime tomorrow?
내일쯤 방문해도 괜찮겠어요?

B Not at all. How about ten in the morning.
좋아요. 오전 10시 어때요?

A   I'd like to make an appointment to see Dr. Carey.
캐레이 박사님과 예약하고 싶은데요.

B   Okay, just a moment, please. How about tomorrow at three o'clock?
좋습니다. 잠깐 기다리세요. 내일 3시는 어떻습니까?

» 이것은 접수처에서 의사, 선생님, 사장 등과의 예약 신청을 하는 예이다. Dr. Carey의 비서이거나 접수처의 직원이라고 생각하면 된다.

상대방의 형편을 물을 때
When will you be free?

언제가 편합니까?

When would (it) be convenient for you?
When would it be all right with you?
When is a good time for you?
What time will be most convenient for you?
When will you be available?
When can you make it?

» available은 '만나줄 수 있는, 시간이 비어 있는'. make it도 '시간을 내다'라는 의미로 자주 사용된다.

그때가 (시간이) 좋습니까?

Can you make it?
Will it be alright with you?
Will that suit you?
Will it be convenient for you?

» suit도 '~에게 형편이 좋다'라는 의미

A When will you be free?
언제 시간이 있으세요?

B Friday evening would be fine. Can you make that?
금요일 밤이면 좋겠는데요. 당신은 시간이 되겠어요?

A Yes, sure. No problem. Where shall we meet?
그럼요. 문제없어요. 어디서 만날까요?

금요일 밤은 시간이 됩니까?

Would Friday evening suit you?

Would Friday evening be all right with you?

토요일 오후 3시는 어떻습니까?

How about Saturday afternoon at three o'clock?

토요일 오후 어떻게 시간을 낼 수 없겠습니까?

Can't you make yourself free Saturday afternoon?

이번 일요일 다른 약속이 있습니까?

Do you have any appointments this Sunday?

몇 시까지 시간이 있습니까?

Up to what time will you be free?

A Do you have anything planned for this weekend?
이번 주말에 무슨 계획 있어요?

B No, nothing in particular. Why?
특별한 일 없는데요. 왜요?

오는 월요일 몇 시에 찾아뵈면 좋을까요?

What time should I call on you next Monday?

대개 언제 방문객을 받으십니까?

When do you generally receive visitors?

약속장소를 정할 때
Where shall we meet?

어디서 만날까요?

Where shall we meet?
Where can I meet you?
Where can we get together?

교차로 모퉁이에서 만나요.

I'll see you at the corner of the intersection.

서울 여의도공원에서 기다리겠습니다.

I'll wait for you in the Yoido Park, Seoul.

어디가 가장 편리합니까?

Where is most convenient for you?
Where can you make it?

A Shall we meet in front of our office at five after work?
   퇴근 후 5시에 회사 앞에서 만날까요?

B That'll suit me fine. I'll be there at about ten to five.
   좋아요. 5시 10분전쯤에 거기에 있겠어요.

A How about outside the front gate?
   정문 밖은 어때요?

B Yes, sure. Outside the front gate, five thirty on Friday.
   좋아요. 정문 밖에서 금요일 오후 5시 반이에요.

알았어요. 근데 어디쯤입니까?

I see, but whereabouts?

A   Let's meet at Seoul Station around three o'clock.
서울역에서 3시경에 만납시다.

B   OK, but whereabouts?
좋아요. 어디쯤에서요?

A   Do you know where the west exit police box is?
서쪽 출구의 파출소 아세요?

B   Yes, of course. I'll see you there.
물론이죠. 거기서 만나요.

수첩에 적어두게 날짜와 장소를 정합시다.

Let's fix a date and a place while I have my diary with me.

A   OK, let's say Suwon station, five o'clock on Thursday.
수원역에서 목요일 5시에 만나는 것으로 하자.

B   Fine. See you then.
좋아. 그때 봐.

약속을 수락할 때

Any time will do.

좋아요.

That'll be fine.

That'll suit me fine.

That'll be all right with me.

That'll be convenient for me.

A I'd like to have a word with you. Are you free for lunch?

드릴 말이 좀 있는데요. 점심시간에 시간 있어요?

B Yes, that's fine. I'll see you then.

좋아요. 그럼 그때 만나요.

» 'That's fine.' 또는 'Great.'은 쾌히 수락하는 표현이다.

A Is 5 o'clock all right? 5시 좋아요?

B Yes, sure. That's convenient for me, too. 네, 저도 편해요.

언제라도 편한 시간에 오세요.

Come any time you like. Please come whenever it suits you.

언제라도 좋아요.

Any time will do.

Any time will suit me.

Any time would be all right with me.

3시 이후라면 언제라도 좋아요. 저녁에는 일정이 없어요.

Any time after three will do.I have nothing planned for this evening.

» '오후 내내 시간이 있어요.'는 I'll be free all afternoon.

A Would you like to come this afternoon or tomorrow evening? 오늘 오후나 내일 저녁에 오시겠어요?

B Either will be fine for me. Which is more convenient for you? 저는 아무 때나 좋아요. 당신은 언제가 더 편해요?

좋아요. 그때 뵙겠습니다.

Well, I'll be pleased to see you then.

Okay, I'll be expecting you then.

All right. I'll be with you at that time.

» Okay는 '좋지도 나쁘지도 않은 보통'이라는 뉘앙스가 있다. Okay.라고 대답하면 그것은 그저 '알겠다, 그럼 그렇게 하지 뭐'라는 정도의 뜻이고 '아주 좋다'라는 의미는 없다.

그때 만나 뵙기를 기대하겠습니다.

I'm looking forward to seeing you then.

» looking forward to라는 표현에는 무척 기대하면서 기다린다는 뉘앙스가 있다.

약속을 거절할 때
I'm sorry, but I'll be busy all day today.

미안하지만 오늘 오후는 시간을 낼 수 없을 것 같은데요.

I'm afraid I really can't make it this afternoon.

Unfortunately this afternoon is no good for me.

» 약속을 거절하게 되는 첫 번째 이유는 단연 I haven't got time.(시간이 안 돼요.) 이다. 같은 표현으로는 I don't have time.(시간이 없어요.) / I have no time to spare.(남는 시간이 없어요.) / I'm pressed for time.(시간에 쫓기고 있어요.) 등이 있다. be pressed for는 '~에 쫓기다'라는 뜻!

미안하지만 오늘은 하루 종일 바빠서요.

I'm sorry, but I'll be busy all day today.

정말 죄송합니다만 이번 주는 시간이 없습니다.

Terribly sorry, but I don't have time this week.

» 시간을 내지 못할 경우에는 Unfortunately … / I'm afraid … / Terribly sorry, but … / I'm sorry, but … 등을 먼저 말하고 …부분에 이유를 말하면 부드러운 표현이 된다.

죄송하지만 다른 약속이 있습니다.

Unfortunately I have an appointment.
I'm afraid I've got an appointment then.

» '선약이 있어요.'라고 말하는 가장 쉬운 표현은 I already have a date.이다. date는
이성과의 데이트뿐만 아니라 누구를 개인적으로 만날 때도 쓴다. 같은 표현으로
는 I already have plans. / I've already made plans for that day. 등이 있다.

2시부터 3시까지만 시간이 있습니다.

I'll be free only from two to three.

그러고 싶지만 내일 저녁에는 시간이 나지 않아요.

I'd love to, but I can't make it tomorrow evening.
I'd love to, but tomorrow evening won't be any good for me.

» '내일 저녁은 좋지 않다.'는 Tomorrow evening's no good.이라고 할 수도 있다.
마음은 굴뚝 같지만 정말로 시간을 낼 수 없다고 간곡하게 거절하는 표현이다.

A Would the lunch break be convenient for you?
점심시간에 시간 되요?

B No, not really. I'm expecting a guest for lunch. Why don't you come in the evening?
점심시간에는 손님이 오기로 되어 있어요. 저녁에 오시는 게 어떠세요?

A I'm busy at the moment. Are you free for lunch?
지금은 바쁜데요. 점심시간에는 시간이 있어요?

B Yes, that's fine. I'll see you in the cafeteria.
네, 좋아요. 식당에서 만나요.

6시는 안 되지만 7시는 좋습니다.

I can't make (it at) six o'clock, but seven would be fine.

오늘은 안 되겠는데 내일은 어떻습니까?

I can't make it today. How about tomorrow?

» '이번 주엔 안 되는데, 다음 주는 어때요?'라고 다른 날을 권하는 경우에는 Not this week, but what about next week?라고 한다. 같은 표현으로는 I can't this week, but how about next week? / How about next week? / Is next week good? 등이 있다.

다른 날로 정할 수 없겠습니까?

Couldn't you make it another time?
Couldn't you make it some other day?

» 상대가 제안한 날짜나 시간을 변경하고 싶을 때 쓸 수 있는 표현이다.

급한 용무가 있어서 갈 수 없을 것 같습니다. 다른 날로 정할 수 없을까요?

I'm afraid I can't come. I've got some urgent business to attend to. Couldn't we possibly make it some other day?

» '당장 해결해야 할 중요한 일이 있다'고 할 때는 I'm sorry, but I have an emergency to attend to. '미처 끝내지 못한 일들을 끝내야 한다'고 할 때는 I'm trying to focus on finishing off some other things. '예상치 못했던 일이 발생했다'고 할 때는 Unfortunately, I've had a few things come up.이라고 한다.

다음 달로 연기해 주실 수 있습니까?

Could you put it off till next month?

정말 죄송한데요. 약속을 지킬 수 없을 것 같아요.

I'm awfully sorry, but I'm afraid I have to break our date.

» 이미 정해진 약속을 깨야 할 때 쓸 수 있는 표현이다. 급한 다른 일이 생겨서 약속을 지킬 수 없게 되었을 때는 잊지 말고 미리 이렇게 알려줘야 한다.

불편하지 않으시길 바랍니다.

I hope it won't inconvenience you.

일정이 확실하지 않을 때

Maybe I'll be free. I'll call you later.

토요일 밤에 무슨 일정이 있었던 것 같은데 생각이 나지 않네요.

I have a feeling I might have something on Saturday evening, but I can't remember that.

» I might have something on ~.은 '혹시 무슨 예정이 있을 지도 모른다.'이다.

A What are you doing this weekend?
이번 주말에 뭐할 거예요?

B I'm not sure. I haven't really thought about it. Why?
모르겠어요. 생각해 보지 않았어요. 왜요?

시간이 날 것 같은데 나중에 전화 드릴게요.

Maybe I'll be free. I'll call you later.

» 스케줄을 확인해 봐야 할 필요가 있을 땐 이렇게 말한다. 약속을 정하고 나서 변경하는 것보다 훨씬 신중하다는 인상을 줄 수 있는 표현이다.

A Are you coming to the party?
파티에 가실 거죠?

B I hope so, but I can't guarantee it. It depends on when my girlfriend comes to see me.
그럴 건데요, 장담할 수는 없어요. 여자 친구가 언제 오느냐에 달렸어요.

  » 이어서 She told me she's coming this week sometime, but she didn't give me a definite date.(이번 주에 온다고 했는데 정확한 날짜는 말하지 않았어요)라고 하면 더욱 알기 쉽다.

Unit 08 초대

초대한다는 것은 그만큼 친해졌다는 것을 의미한다. 특별히 식사나 파티에 초대하는 것 말고도 다른 사람이 나에게 뭔가 같이 하자고 하는 것은 모두 가벼운 초대라 할 수 있다. 초대에 응할 때는 Yes, I'd like that.(네, 좋아요) / That sounds great!(좋아요), 거절할 때는 Sorry, (I'm afraid) I can't.(미안하지만 안 돼요) / Thanks for asking me, but I can't.(초대해줘서 고맙지만 안 돼요) 등으로 대답한다. 아주 흔하게 사용되는 표현이니까 다양한 초대의 표현과 대답을 익혀두자.

Invitation

우리 집에 오시지 않겠습니까?

Would you like to come to my place?
How would you like to come to my house?

» my place는 my house와 같은 뜻으로도 쓴다.

우리 집에 초대하고 싶습니다.

I'd like to invite you to my house.

» 사람을 초대하는 가장 기본적인 표현이다.

우리 집에 오셔서 가족들과 식사라도 함께 하시죠.

Can you come over to my place for dinner?
How about having dinner with my family?
Would you come down to my place to have dinner with us?

» 식사에 초대하는 표현들이다.

오는 일요일 저녁에 식사라도 함께 하시죠.

How would you like to come to dinner this coming Sunday evening?

A Why don't you have dinner with me tonight?
오늘 밤 저녁식사 어때요?

B I'd love to. Where shall we meet?
좋아요. 어디서 만날까요?

저와 함께 저녁 먹으러 나가시겠어요?

How would you like to go out for dinner with me?

언제 우리 식사라도 함께 해야겠어요.

Maybe we should have dinner one of these days.

» one of these days는 '근일 중에, 근간에'이다.

A Please come and see me some time.
   언제 놀러와 주세요.

B I'd love to. Thank you.
   좋아요. 고마워요.

  » '놀러오다'는 come and see.

우리 집에 잠깐 들려서 얘기라도 나눌까요?

Why don't you drop round and have a chat with us?

» '예고 없이 방문하다, 잠깐 들르다'는 come round, drop round, drop in, drop by를 쓴다.

A Please drop in anytime you feel like it.
   좋으실 때 아무 때나 들르세요.

B Thank you. That's very kind of you.
   고마워요. 매우 친절하시군요.

근처에 오시면 언제라도 들르세요.

Please drop in whenever you're in the neighborhood.

» 서구인들은 대체로 남의 집을 방문하기 전에 방문해도 좋은지 꼭 물어보기 때문에 이런 식의 말은 지극히 한국적인 어법이다. 하지만 이렇게 말해도 상관없다.

일요일 밤에 작은 파티를 열 건데 와 주셨으면 합니다.

I'm going to have a little party Sunday night. I hope you can come.

A What kind of party will it be?
무슨 파티죠?

B It'll be just a small get-together of friends.
We'll just have coffee and chat.
작은 친목모임이에요. 커피 마시면서 이야기할 겁니다.

» 파티에는 welcome party(환영회), farewell party(환송회), barbecue party(바비큐 파티), cocktail party(칵테일 파티), garden party(가든 파티) 등이 있고 아무 뜻 없는 단순한 친목 모임을 get-together라고 한다.

제 생일 파티에 오세요.

Please come to my birthday party.

A Can you come to my house tonight? We're going to have a chess match.
오늘밤 우리 집에서 체스를 할 건데 오실 수 있어요?

B Yes, I'd love to, thank you. What time shall I come?
좋아요. 몇 시에 가면 돼요?

초대에 응할 수 없을 때
I'm sorry I can't.

미안하지만 갈 수 없습니다.

I'm sorry I can't.
I'm afraid I can't (come).
Unfortunately I can't come.

» 거절해야 할 때는 I'm sorry … / I'm afraid … / Unfortunately … 등으로 표현을 부드럽게 한다.

그 날은 갈 수 없을 것 같은데요.

I'm afraid I can't come that day.

미안하지만 그때는 바쁠 것 같은데요.

Unfortunately I'll be busy then.

미안하지만 그날은 안 되겠습니다.

Sorry, but I won't be able to make it that day.

» make it은 '형편이 되다'. 승낙하는 경우에는 I can make it.이라고 한다.

그렇게 하고 싶지만 안 될 것 같습니다.

I'd really love to, but I can't. I'm afraid.

A   Why don't you come over?
     오시지 그러세요?

B   I wish I could, but I'm afraid I really can't.
     I've just got too much to do.
     그러고는 싶은데 안 될 것 같아요. 해야 할 일이 많아서요.

   » wish 뒤에 과거형인 could가 오면 '~하면 좋을 텐데'라는 의미가 된다. I wish I could travel around the world.(세계 여행을 할 수 있다면 좋을 텐데)라는 말에는 '하지만 현실적으로는 불가능하다'는 전제가 포함되어 있다는 뜻이다.

청해 주셔서 고마운데요. 정말 안 될 것 같습니다.

It's nice of you to ask me, but I really don't think I can.

고맙지만 그때 너무 바빠요.

Thank you, but I'm really too busy at the moment.

재미있을 것 같군요. 그런데 지금은 시간이 없습니다.

That sounds like fun, but I'm afraid I haven't got time now.

» 어쩔 수 없이 거절해야 하는 상황이라도 일단 초대해줘서 고맙다든가, 재미있겠다든가, 꼭 가고 싶다든가 하는 말로 시작하는 습관을 들이자.

다음 기회가 좋을 것 같은데요.

Another time, perhaps.
Perhaps we can make it another time.
Could we make it some other time?
May I take a rain check?

» 결국은 모두 '언제 다른 날로 할 수 없을까요?'라는 뜻이다. I'm sorry I can't. Thank you for asking me. Perhaps some other time. 식으로 활용한다.

다음에 다시 초대해 주었으면 합니다.

I hope you'll ask me again some other time.

방문

남의 집을 방문할 때는 약속한 시간에 정확하게 도착해야 한다. 서양에서 방문에 가장 적당한 시간은 오후 4시~6시 사이이다. 현관에서 인사를 하고 일단 실내에 들어서면 이곳저곳 기웃거리지 말고 주인이 권하는 자리에 앉는다. 떠날 때는 너무 길게 작별인사를 늘어놓아 주인이 오래 서있는 일이 없도록 주의한다. 손님을 맞이할 때는 우선 We are so glad you could come.(잘 오셨습니다)이라고 인사하고 This way, please.(이쪽으로 오세요)라고 안내한다.

Visit

Is Mr. Russell in?

러셀 씨 댁입니까?

Is this Mr. Russell's home?

Is this the Mr. Russell residence?

러셀 씨 계십니까?

Is Mr. Russell at home?

Is Mr. Russell in?

김인데요, 필모어 씨를 만나 뵙고 싶습니다.

I'm Kim. I'd like to see Mr. Fillmore, please.

3시에 젠킨스 씨와 약속했습니다.

I have an appointment with Mr. Jenkins at three.

» 의사와의 진료 예약도 appointment를 쓴다.

A   How do you do, Mrs. Glen. I'm Hana Lee.
     I hope Mr. Glen phoned you about me.
     처음 뵙겠습니다, 그렌 부인. 이하나라고 합니다.
     남편께서 저에 관해 전화하신 것 같은데요.

B   He surely did. I've been waiting for you, Hana. Come
     in, please.
     네, 그래요. 하나 양, 기다리고 있었어요. 안으로 들어오세요.

지나던 길에 잠깐 들렸습니다.

I was just passing, so I thought I'd look him up.

인사하려고 잠깐 들렸습니다.

I just dropped in to say hello.

상대가 부재중일 때

I'll visit him again some time.

신경 쓰지 마세요. 나중에 다시 오지요.

Oh, well, never mind. I'll come again later.

언제 다시 방문하겠습니다.

I'll visit him again some time.

제가 왔었다고 전해주세요.

Please tell him that I called.

Perhaps you could tell him I called round.

» 상대가 부재중일 때에는 메시지나 전화번호, 명함을 전해달라고 부탁한다.

그럼 제 전화번호를 두고 가겠습니다.

Then I'll leave my telephone number.

전화번호는 알고 계시지만 어쨌든 제 명함 여기 있습니다.

I'm sure he knows my telephone number, but here's my card anyway.

방문지에서

I hope I'm not disturbing you.

당신에게 드리는 선물입니다.

Here's something for you.

Here's a present for you.

This is for you.

» 남의 집을 방문했을 때뿐만 아니라 누군가에게 미리 준비한 선물 등을 줄 때 쓸 수 있는 표현이다. 몇 번을 들어도 기분 좋은 말이지만 너무 큰 선물은 상대에게 부담을 줄 수 있으니 삼가는 게 좋다.

A　Oh, before I forget, this is for you. I hope you like it.
　　My wife chose it.
　　잊기 전에, 이것 받으세요. 마음에 드셨으면 합니다. 아내가 골랐어요.

B　Oh, what a nice surprise! Thanks a lot.
　　뜻밖인데요. 감사합니다.

제게 너무 신경 쓰지 마세요.

Please don't bother.

Please don't do anything on my account.

Please don't go to any trouble for me.

A　Am I too early?
　　제가 너무 일찍 왔나요?

B　No, Alan and Emily are already here.
　　아니에요, 알랜과 에밀리가 벌써 와 있어요.

　» Am I the first here?(제가 제일 먼저 왔습니까?)라고 해도 좋다.

A　I'm sorry I'm so late. I've had a really terrible journey.
　　이렇게 늦어서 죄송합니다. 오기가 어려웠어요.

B　Oh, don't worry, there are still three more people to
　　come.
　　걱정 마세요. 아직 세 사람이 더 와야 해요.

방해가 되지 않았으면 합니다.

I don't want to take up too much of your time.

I hope I'm not disturbing you.

I hate to disturb you in any way.

　» 세 번째는 '방해하고 싶지 않습니다.'라고 확실하게 말하는 것이지만 그다지 겸손
　　해 할 필요는 없다.

집이 깨끗하고 예쁘군요.

You have a very bright and lovely home.

아주 편안한 집이군요.

This is a very comfortable home you're living in.

주변이 조용하군요.

The neighborhood is very quiet and peaceful, isn't it?

방이 아주 편안하군요.

This room is very comfortable, isn't it?

담배 피워도 괜찮겠어요?

Do you mind if I smoke?

실례지만 화장실이 어딥니까?

Excuse me, but where's the washroom?
May I use your bathroom?
I'd like to wash my hands.

» toilet은 영어로 '변기'를 가리킬 수도 있다. lavatory, washroom이 '화장실'이고, 가정에 있는 화장실은 bathroom이라고 한다. 공공건물에 있는 화장실은 restroom, men's room, ladies' room이라고 하는 것이 보통이다.

돌아갈 때
It's time we were off.

이만 가봐야겠습니다.

I'm afraid I must be going now.

I'm afraid I must say good-bye now.

I've got to be on the way.

I've got to take off now.

I think I'd better be going now.

I must be running along.

» 자리에서 일어날 때 으레 하게 되는 인사 표현이다.

가봐야 할 시간입니다.

It's time we were off.

I think it's about time to leave.

It's time for me to be running along.

If you'll excuse me, I really should be off now.

» 네 번째는 정중한 말이다. 허물없는 사이에서는 'I'm going to home now.'나 'Okay. See you tomorrow.' 정도가 좋다.

시간이 너무 늦었어요.

I'm afraid it's getting rather late.

이렇게 늦었는지 몰랐어요.

I didn't realize how late it was.

너무 오래 있었네요.

I stayed too long without meaning to.

» without meaning to는 '그럴 생각이 아니었는데' 이다. 생각보다 늦게까지 머물렀을 때 변명 겸 하는 인사 표현이다.

5시에 약속이 있어서요.

I have an appointment at five.

I have a five o'clock appointment.

회사로 돌아가야 할 시간 같네요.

Well, it's time to get back to work, I suppose.

미안하지만 더 있을 수 없습니다.

I'm sorry I can't stay any longer.

I wish I could stay longer.

더 있고 싶은데 할 일이 남아 있어서요.

I'd like to (stay longer), but I have something to do yet today.

정말 즐거웠어요. 감사합니다.

I've really had a good time. Thank you very much, indeed.

I've really enjoyed myself. Thank you very much.

Thank you very much. I've really enjoyed this evening with you.

I really had a wonderful time tonight. Thank you very much.

Thank you very much for such a wonderful evening.

» 방문을 마치고 돌아갈 때 이 표현들 가운데 하나로 꼭 인사해야 한다.

맛있는 식사와 멋진 밤이었어요.

Thank you for the nice dinner and a lovely evening.

I enjoyed dinner very much. Thank you for an excellent evening.

정말 즐겁게 얘기했습니다.

I really enjoyed a pleasant talk with you.

A   I was very glad to see you today.
오늘 만나 뵈서 즐거웠어요.

B   The same goes for us. Come again soon.
저희도 즐거웠어요. 또 오세요.

환대에 감사드립니다.

Thank you very much for your hospitality.

우리 집에도 와주세요.

You must also come over to my place.

I hope to see you at our house.

» 돌아갈 때 초대해준 집주인을 되초대하는 표현이다.

안녕히 계세요. 여러 가지로 고마웠어요. 다른 가족들에게 잘 계시라고 안부 전해
주시겠어요?

Good-bye, and thanks for everything. Say good-bye to the rest of your family for me, won't you?

방문을 받았을 때

Would you like to come in and wait?

잠깐만 기다려 주세요.

Just a moment, please.

지금 만나실 수 있는지 알아보겠습니다.

I'll check if he can see you right now.

지금 손님이 계시는데 잠깐만 기다려 주시겠습니까?

He has a guest now. Would you mind waiting a few minutes, please?

He has someone with him at the moment. Would you mind waiting for a couple of minutes?

김 선생님은 곧 오실 겁니다.

Mr. Kim will be here in a moment.

기다려 주신다면 기뻐하실 것 같습니다.

If you don't mind waiting, he'll be pleased to see you.

들어오셔서 기다리시겠습니까?

Would you like to come in and wait?

죄송하지만 지금 외출중이십니다.

I'm sorry, but he's out right now.

미안하지만, 데이 씨는 지금 뉴욕에 계시는데요. 월요일 오전에 돌아오십니다.

I'm sorry, but Mr. Day is in New York, and he won't be back until Monday morning.

지금 안 계시는데요. 오늘 오후 4시까지는 돌아오십니다.

**She isn't in right now, but she'll be back by four
  this afternoon.**

메모를 남기시겠습니까?

Would you like to leave a message?

A   Good afternoon. Is Mr. Kim in?
     안녕하세요. 김 선생님 안에 계십니까?

B   Do you have an appointment, sir?
     약속을 하셨습니까

A   No, I'm afraid not.
     하지 않았는데요.

B   Who shall I tell him is here?
     어느 분이라고 전해 드릴까요?

A   George Clark.
     조지 클락입니다.

» 안내 데스크에서의 대화. What name shall I give?도 '어느 분이라고 전
해 드릴까요?'라는 의미로 사용한다.

방문객을 안으로 안내할 때
Come in, please.

와주셔서 감사합니다.

Thank you so much for coming.

It's very nice to see you again.

I'm so glad you've come.

I'm happy you were able to come.

Nice seeing you.

How nice (it is) that you've come!

Welcome to my house.

» 허물없는 경우에는 Welcome! Nice seeing you again. 정도면 좋다.

안녕하세요, 팀! 오랜만이네요.

Hi, Tim! I haven't seen you for ages.

정말 놀랐어요. 찾아올 줄은 꿈에도 생각지 못했어요.

This is a pleasant surprise. I didn't even dream that you would visit us.

» 갑자기 예고 없이 찾아온 손님을 맞이할 때 쓸 수 있는 표현이다.

어서 오세요. 정말 만나 뵙고 싶었어요.

You're most welcome. I've really been looking forward to seeing you.

안으로 들어오세요.

Come in, please.

Come on in, please.

Please come right in.

» Come on in, please.는 '어서 빨리 들어오세요.' 라고 재촉하는 느낌이 있다.

이쪽으로 오세요.

This way, please.

여긴 쉽게 찾았습니까?

Didn't you find the way easily?

Didn't you have any trouble getting here?

좋으시다면 오래 계셔주세요.

I hope you'll stay with us as long as you like.

A Here's bottle of champagne.

　　샴페인 한 병 가져왔어요.

B Champagne! You shouldn't have! Thanks a lot.

　　샴페인이라고요! 이러지 않아도 되는데요. 고마워요.

» You shouldn't have (done that)! 또는 You shouldn't have (bought such an expensive present).의 ( ) 속의 말을 생략해서 'You shouldn't have.' 라고 한다.

거실로 갈까요?

Won't you come into the living room?

제 서재로 갑시다.

Let's go into my study.

집안을 안내할까요?

Shall I show you around my house?

» '안내하다'는 I'll be pleased to show you around.(기꺼이 안내해 드리겠습니다) 처럼 show … around를 쓴다.

A Well, here we are. What do you think?

　　자, 여기예요. 어때요?

B It's superb. I never imagined it would be so nice.

　　멋지군요. 이렇게 멋있을 줄은 상상도 못했어요.

A Come on into this room. You can see the sea from the window in here.

　　이 방으로 와보세요. 창문을 통해서 바다가 보여요.

B Wow! What a fantastic view!

　　와! 전망이 환상적이군요.

여기 앉으세요.

Please be seated here.

Sit down here, please.

Take a seat, please.

» 손님을 맞이하면 가장 먼저 자리를 권하게 된다.

편히 하세요.

Please make yourself at home.

Please relax and make yourself at home.

Sit down and take the lead out of your feet.

» at home(집에서처럼 편안히) 대신 take the lead out of your feet(발에서 납을 빼다), take the load off your feet(발에서 짐을 내리다)이라는 표현을 쓰기도 하는데 의미는 역시 편안하게 있으라는 뜻이다.

저 안락의자가 편안해요.

You'll find that armchair very comfortable.

편안하세요?

Are you comfortable enough?

잠깐 실례해도 되겠습니까? 곧 돌아오겠습니다.

Will you excuse me for a moment? I'll be back in a minute.

커피 한 잔 드시겠습니까?

Would you care for a cup of coffee?

How would you like a cup of coffee?

많이 드세요.

Please help yourself.

» '많이 드세요'라고 권하는 표현으로 가장 많이 쓰는 Help yourself.에는 '맘껏',
Enjoy your meal.에는 '맛있게'라는 뉘앙스가 있다. Eat up.은 남기지 말고 다 먹
으라는 뜻으로 친구나 아이들에게 주로 쓴다.

아무거나 좋아하는 것을 드세요.

Please help yourself to anything you like.

돌아가려는 방문객에게
I really enjoyed having you.

벌써 가시려고요?

Already?
(Are you going back) So soon?
Must you be really going?
Can you stay a little longer?
Do you have to leave so early?

» 좀 더 있다 가라고 상대를 붙드는 아쉬움 가득한 표현이다.

차 한 잔 드시고 가시죠.

Please stay for tea.

저녁식사 하고 가세요.

Can you stay for dinner?

저 때문에 서두르실 필요 없어요.

Please don't hurry away on my account.

» '저 때문에 일찍 돌아가실 필요는 없습니다.'

그렇다면 붙들지 않겠어요.

Well, in that case, I won't try to hold you back.

Then I won't detain you any longer.

그럼 자주 놀러와 주세요.

But you really must come and see me more often.

와주셔서 즐거웠습니다.

I really enjoyed having you.

It was a pleasure having you.

It was our pleasure.

» '제가 오히려 즐거웠습니다.'라고 응답할 때에는 I나 our를 강하게 말하면 된다.

A   Well, thanks for coming. It's been great seeing you again.
　　와주셔서 고마워요. 다시 만나 뵈서 반가웠어요.

B   It's been great seeing you, too. I'm very glad to see you're doing so well.
　　저도요. 잘 지내시는 걸 뵙게 돼서 기쁩니다.

꼭 다시 와주세요.

I do hope you'll come back again.

I hope you'll come and see us again.

A   Come again soon.
　　곧 또 오세요.

B   Thanks. I certainly will.
　　고마워요. 그럴게요.

언제라도 또 오세요.

Please come back any time you want.

A   Shall I give you a lift to the station?
역까지 태워 드릴까요?

B   No, you'd better not. You've had far too much to drink!
아뇨, 그러지 마세요. 너무 취하셨어요.

택시를 부를까요?

Shall I call a taxi?

Shall I phone for a taxi?

안녕히 가세요. 만나러 와 주셔서 감사합니다.

Goodbye! It was so good of you to come and see me.

It's been really nice having you over. See you again soon.

식사

처음 만난 사람이나 서먹서먹한 사람과 서로 빨리 친해질 수 있는 가장 좋은 방법은 함께 식사를 하는 것이라고 한다. 어색한 분위기를 깨뜨리고 싶다거나, 누군가와 친해질 필요가 있다면 주저 없이 Why don't we have lunch together?(점심 같이 하실래요?)라고 식사 제의를 해보자. 서구인들은 대부분 자기 몫은 자기가 낸다(Dutch pay)는 사고방식을 가지고 있으므로 It's on me.(제가 낼게요)라고 덧붙이면 맛있는 음식을 함께 나누는 동안 더 빨리 친해질지도 모른다.

커피 한 잔 할까요?

Shall we have a cup of coffee?
How about having a cup of coffee?

나가서 커피라도 마실까요?

Shall we go out for some coffee?

커피 한 잔 하면서 얘기합시다.

Let's talk over a cup of coffee.

» espresso(에스프레소)는 기름기가 많은 요리와 잘 어울린다. caffe americano(카페 아메리카노)는 에스프레소에 뜨거운 물을 부어 진하고 쓴맛을 줄인 커피로 원래 이름은 long black(롱블랙)이다. caffe latte(카페 라테)는 커피에 우유를 넣은 프랑스식 모닝커피. cappucino(카푸치노)는 진한 에스프레소 커피에 거품을 낸 우유를 넣은 이탈리아 커피. macchiato(마키아토)는 에스프레소에 우유 거품을 얹은 것으로 맛은 카푸치노보다 강하고 에스프레소보다는 부드럽다.

A　Let's take a break and have some coffee or something.
　　잠깐 쉬면서 커피라도 한 잔 합시다.

B　Yes, why not?
　　네, 좋아요.

　　» Why not?은 '물론 OK'라는 맞장구이다. '잠깐 쉽시다!'는 Let's take a break! 또는 Let's take five!(5분 쉬죠!)라고 한다.

A　Would you fancy a cup of coffee?
　　커피 한 잔 어떻습니까?

B　I was just thinking the same thing. I'm all for that.
　　저도 같은 생각을 했어요. 대찬성이죠.

　　» Would you fancy ~?는 Would you like ~? / Would you care for ~?와 같은 의미

A Let's go inside. I'm really dying for something to drink.
안으로 들어갑시다. 무얼 좀 마시고 싶어 죽겠어요.

B Me too.
저도요.

A Which do you prefer, coffee or tea?
커피와 홍차 중에 어느 것을 좋아하세요?

B I like both.
둘 다 좋아해요.

커피를 좋아해요. 커피 향을 아주 좋아합니다.

I like coffee. I like the aroma very much.

둘 다 좋아하지 않아요. 생토마토 주스를 좋아해요.

I don't like either. I prefer fresh tomato juice.

제가 커피 한 잔 살게요.

Let me treat you to a cup of coffee.

뜨거운 커피와 냉커피 중에 어느 것을 좋아하세요?

Which would you prefer, hot or iced?

진한 커피를 주십시오.

I'd like my coffee strong.

A How many lumps of sugar? 설탕은 몇 개를 넣죠?

B Two, please. 두 개 넣어 주세요.

» 각설탕을 쓰는 경우에는 이렇게 묻고 각설탕이 아니라면 How much
(sugar should I put in)?(설탕은 얼마나 넣습니까?)라고 하면 된다.

A Would you like your coffee black or like sugar and cream?
커피는 블랙이 좋습니까, 아니면 설탕과 크림을 넣습니까?

B With cream, but no sugar, thank you.
크림만 넣고 설탕은 넣지 마세요, 감사합니다.

» 아무 것도 넣지 않고 마시는 것은 I usually have my coffee black.(대개 블랙으로 마십니다)이라고 한다.

커피를 좀 더 주시겠습니까?

Could I have some more coffee?

A How many cups of tea or coffee do you have a day?
홍차나 커피를 하루 몇 잔정도 마시세요?

B Probably at least five cups a day.
적어도 5잔은 마실 겁니다.

녹차나 인삼차를 드시겠습니까?

Would you like green tea or ginseng tea?

커피숍에서

Two hot coffees, please.

주문하시겠어요?

Are you ready to order?
Can I take your order?
May I take your order, please?

A Do you have any empty tables? 빈자리 있어요?
B Yes, this way, please. 네, 이쪽으로 오세요.

A **What would you like?**

뭐로 하시겠습니까?

B **Two hot coffees, please.**

뜨거운 커피를 두 잔 주세요.

» 홍차는 Tea, please.라고 주문한다. 회화에서는 two cups of coffee(커피 두 잔) 대신에 two coffees라고 간단히 말하는 것이 보통이다.

A **How would you like your tea?**

홍차는 어떻게 타드릴까요?

B **With sugar and cream, please.**

설탕과 크림을 넣어주세요.

» '우유 대신 레몬을 한 조각 넣어주세요.'는 With a slice of lemon instead of milk.

A **Would you like some cream in your coffee?**

커피에 크림을 넣을까요?

B **Yes, please.**

네, 그러세요.

» '한 잔 더 드시겠습니까?'라고 묻는 것은 Would you like another cup?이고 대답은 Yes, please. 또는 No, thank you.라고 한다.

실례지만 화장실은 어디 있습니까?

Excuse me. Where can I wash my hands?

실례지만 남자 화장실은 어디 있습니까?

Excuse me, but where's the men's room?

<자리에서 일어나면서> 잠깐 실례하겠습니다. 곧 돌아오겠습니다.

Excuse me for a moment. I'll be right back.

멋진 곳이지요?

This is a good place, isn't it?

생음악을 연주하는 커피숍을 아세요?

Do you know of any coffee shops where we can listen to live music?

» '생음악을 연주하는 곳'을 알고 있다면 I know a place with a live band.라고 대답한다.

A How much does a cup of coffee cost at Korean coffee shops? 한국의 커피숍에서는 커피 한 잔에 얼마입니까?

B It depends, but generally it's about four thousand won. 장소에 따라 다르지만 대개 한 잔에 4천 원이에요. ·

오전에는 커피에 토스트와 삶은 계란이나 샐러드를 무료로 주는 곳도 있습니다.

Some coffee shops give away some toast and a boiled egg or some salad with your coffee in the morning.

» 소위 '모닝커피 서비스'를 말한다. '손님을 끌기 위한 방법이죠.'는 It's a way of attracting customers.

커피 값은 지독하게 비싸지만 어떤 면에서는 장소를 빌리는 것과 같은 겁니다.

Coffee's terribly expensive, but buying a cup of coffee is like renting space in a way.

» in a way는 '어떤 의미에서는'. A coffee shop in Korea is not just a place to drink tea or coffee. It serves as a meeting place and sometimes as a living room.(한국의 커피숍은 단지 커피나 홍차를 마시는 곳은 아니고 만남의 장소이거나 경우에 따라서는 거실 역할을 합니다)

커피 한 잔으로 두 세 시간 보내는 것은 이상하지 않습니다.

It's not unusual for us to stay for two or three hours over a single cup of coffee or tea.

» '대학생일 때는 커피숍에서 공부를 많이 했습니다.'는 When I was at college, I used to do a good deal of my work in coffee shops.

커피 한 잔을 마시는 정도라면 패스트푸드점에 가는 것이 좋습니다.

If you just want a quick cup of coffee, you should go to a fast food restaurant.

» '거기가 커피 값이 훨씬 쌉니다.'는 They serve coffee much more cheaply.

음식의 맛과 기호

How delicious!

배고파요.

I'm hungry.
I'm starved.

» '배가 부릅니다.'는 I'm full. 또는 I'm stuffed.

맛있군요!

How delicious!
Good!/Tasty!

» Great!/Scrumptious!도 같은 의미이다. '샐러드가 맛있군요!'는 Your salad is really superb!

A **How does it taste?** 맛이 어때요?

B **It tastes very good.** 정말 맛있어요.

» How is it?은 음식의 맛을 묻는 것이다. 대답은 I like it.(맛있어요) / It's good.(맛있어요) / It's too hot.(좀 맵습니다) / It's okay.(괜찮아요) / It's too sweet.(좀 답니다)

좀 단 것 같군요.

It's a little too sweet for me.

» '맛없다!'는 Bad! Terrible!이라고 한다. '맛이 담백하다'는 It's plain! 또는 Bland!, 기름기가 많아서 부담스러울 때는 It's a little too greasy. I'd like something light.(좀 느끼한데 다른 담백한 걸로 주세요)라고 말한다.

A   **Is it good?** 맛있어요?

B   **Yes, it's nice.** 네, 좋은데요.

» 또한 It smells really good, too.(향도 정말 좋군요)라고 덧붙여도 좋다.

미안하지만 제 입맛에 맞지 않아요.

Sorry, but it's not really to my taste.

» '입맛에 맞지 않는다.'는 간단히 I don't really like it.(그다지 좋아하지 않습니다) 이라고 해도 좋다. 적당한 말이 생각나지 않을 땐 우리말 표현에 꼭 맞추려고 애 쓰지 말고 비슷한 의미의 쉬운 표현을 찾아 쓰는 것이 좋다.

단 걸 좋아하시지요?

You have a sweet taste, don't you?

어떤 음식을 좋아하세요?

What's your favorite kind of food?
What sort of food do you like?
What sort of food do you fancy?

아무거나 잘 먹습니다. 음식을 가리지 않아요.

I eat anything. I'm not at all fussy.
I like anything. I'm not particular about what I eat.

» 뭘 먹으러 갈까 의논하는 상황에서 이렇게 말했다면 상대에게 메뉴 선택권을 내준 셈이니 그 나라만의 독특하고 낯선 음식을 먹을 각오도 해야 한다. '아무 거라도 좋습니다.' 는 Anything'll do.라고 할 수도 있다. '로스트비프를 가장 좋아합니다.'는 I like roast beef best. '이태리 요리를 좋아합니다.'는 I like Italian food.라고 한다.

그녀는 식성이 까다롭습니다.

She's very choosy about the food.

» 까다롭다고 표현할 때 picky(까다로운, 별스러운)를 쓸 수 있는데 음식을 편식하는 사람, 일할 때 까다로운 사람, 남자 보는 눈이 까다로운 사람 등 여러 가지 상황에서 다양하게 활용할 수 있다. 앞에 too를 붙이면 부정적인 의미가 강화된다.

톰은 햄버거라면 사족을 못 씁니다.

Tom's crazy about hamburgers.

한국요리, 프랑스요리, 중국요리 중에 어느 것을 좋아합니까?

Which do you prefer, Korean, French or Chinese food?

A Have you had 'Naengmyon' before?
   냉면을 먹어본 적 있어요?

B Yes, of course I have. I eat it three or four times a month.
   물론이에요. 한 달에 서너 번씩 먹어요.

A This is my favorite type: 'sungge.' What do you call it in English?
   이것은 내가 좋아하는 성게예요. 영어로는 뭐라고 하죠?

B 'Sea urchin'. That and tuna are my favorites, too.
   Sea urchin이라고 하죠. 그리고 저는 참치도 좋아합니다.

A This tastes very good. Who cooked it?
   참 맛있군요. 누가 요리했어요?

B I don't know. I ordered it by telephone.
   모르죠. 전화로 주문했거든요.

어서 드세요.

Help yourself.
Go ahead.

» 여러 사람에게 한꺼번에 권할 때는 Here it is. Please help yourselves, everyone. 이라고 한다.

좋아하시는 게 있으면 갖다 드세요.

Please help yourself to anything you like.

아주 맛있을 것 같지요?

It seems very delicious, doesn't it?

당신이 좋아하신다는 게 기억나서 닭고기 수프를 만들었어요.

I made chicken broth because I remember you're fond of it.

식기 전에 드세요.

Please start while everything is warm.

A How's the soup?
수프 맛은 어때요?

B It's pretty good. It tastes like chicken.
아주 맛있어요. 닭고기 맛이군요.

맛 좀 보세요!

Take a taste!

» '드셔 보세요.'는 Take a bite!, '먹어봐도 됩니까?'는 May I have a bite?, '마셔봐 도 됩니까?'는 Can I have a sip?이라고 한다.

A   Please take a big helping.

많이 드세요.

B   Thank you. Your salad is really good.

고마워요. 샐러드가 아주 맛있어요.

   » 이렇게 맛을 칭찬해 주면 I'm very glad you like it.(당신이 좋아하시니 기쁘군요) 등으로 응답한다.

맛이 없으면 남기세요.

If you don't like it, just leave it.

A   I hope the steak is tender.   스테이크가 연하면 좋겠어요.

B   Oh, yes, very.   네, 아주 부드러워요.

A   Would you like some more meat?   고기를 좀 더 드시겠어요?

B   No, thank you. I've had plenty.   아뇨, 괜찮아요. 많이 먹었어요.

   » I'm full.이라고 해도 좋다.

A   Would you like some dessert? We have fruit, ice cream, or cheese.

디저트 좀 드시겠어요? 과일, 아이스크림, 치즈가 있어요.

B   Ice cream, please. I'm saving room for dessert.

아이스크림을 주세요. 디저트라면 아직 더 먹을 수 있어요.

A   Would you care for something to drink?

뭘 좀 마시겠습니까?

B   Yes, please.

네, 주십시오.

A Shall we have our coffee in the living room?
커피는 거실에서 마실까요?

B That would be nice.
좋아요.

A How do you say 'jalmukgetsmnida' in English?
'잘 먹겠습니다'는 영어로 어떻게 말하죠?

B There's no real equivalent. In some families they will say a prayer before beginning the meal.
적당한 말은 없어요. 가정에 따라서는 식사 전에 기도를 합니다.

A Did you have enough? 많이 드셨어요?

B Yes, I've had an enormous amount. Thank you very much. 정말 많이 먹었어요. 고마워요.

배가 너무 부릅니다.

I'm really full up.

더 먹을 수 없어요.

I couldn't eat another mouthful.

» '잘 먹었습니다'라는 느낌의 말이다. Thank you very much.를 덧붙여도 좋다.

A Are you sure? We have plenty, you know.
정말이세요? 아직 많이 남았어요.

B I'm sure. I really enjoyed everything.
네. 전부 정말 맛있게 먹었습니다.

» '잘 먹었습니다'에 해당하는 영어표현은 Thank you very much for the meal. / I enjoyed it very much.이다.

훌륭한 저녁식사였습니다.

It was a wonderful dinner.

정말 맛있었습니다.

The meal was really superb.

» Thank you for the great dinner.(맛있는 식사 잘 먹었습니다)도 같은 의미이다. I enjoyed your cooking. It was really excellent.(요리가 정말 맛있었습니다)라고 감사를 표현한다.

이렇게 맛있는 음식은 처음 먹어요.

That was the most delicious meal I've ever had.
It was the best meal I've ever had.
I don't remember having such a great meal.

아침식사 · 점심식사 · 저녁식사
I usually have bacon and eggs for breakfast.

시간이 없어서 커피 한 잔과 토스트 한 쪽을 빨리 먹습니다.

I only have time for a quick cup of coffee and a piece of toast.

늦잠을 자서 가끔 아침을 거릅니다.

I sometimes skip breakfast when I get up late.
I don't have breakfast when I get up late.

아침에는 대개 베이컨과 계란을 먹습니다.

I usually have bacon and eggs for breakfast.

A   Do you have breakfast every day? 아침은 매일 드세요?
B   Yes, but not very much. 네, 그렇지만 많이 먹지는 않아요.

저는 밥 한 그릇, 된장찌개와 김치를 조금 먹습니다.

I eat a bowl of rice, soy bean stew and some kimchi.

아침을 지어 드리겠어요.

I'll make you some breakfast.

콘플레이크와 버터를 바른 토스트 두 쪽을 먹겠습니다.

I'll have cornflakes and two pieces of toast with butter.

과일 주스와 삶은 계란 두 개 주세요. 계란은 반숙으로 해주세요.

I'll take fruit juice and two boiled eggs. Make them medium boiled.

» '반숙'은 a soft-boiled egg 또는 a medium-boiled라고 한다.

A   Would you like your egg fried or scrambled?
계란은 프라이로 드시겠어요, 스크램블로 드시겠어요?

B   If it's no trouble, I'd prefer it poached, if you please.
괜찮다면 포치(깨어 삶은 달걀)로 해 주세요.

A   How would you like your toast?
토스트는 어떻게 드시겠습니까?

B   Lightly grilled, please.
살짝 구워 주세요.

A   Where do you have lunch?
점심은 어디에서 드세요?

B   In the office canteen, usually. I sometimes go out, though.
대개 사원식당에서 먹지만 때로 나가서 먹을 때도 있어요.

저는 시간이 없으면 햄버거를 먹어요.

I just have a hamburger when I'm short of time.

» 도시락을 먹는 경우에는 I usually take a box lunch from home.(대개 집에서 도시락을 가지고 옵니다) / I buy a box lunch at the station.(역에서 도시락을 삽니다)이라고 한다.

A I'm really hungry.
배가 정말 고파요.

B I'm pretty hungry, too. Shall we go and grab a bite?
저도요. 한 술 뜨러 나갈까요?

A Good idea. Let's go.
좋아요. 가죠.

» grab a bite, take a bite은 격의 없는 말

잠깐 쉬고 점심을 주문합시다.

Let's take a break and order lunch.

중국음식점은 새로 생긴 피자집보다 배달이 빨라요.

The Chinese restaurant delivers more quickly than the new pizza shop.

A What's today's special? 오늘의 특별 요리는 뭐죠?

B The same as usual, I suppose. 평소와 같을 겁니다.

저 집의 카레라이스에는 질렸습니다.

I'm fed up with that restaurant's curry and rice.

» '지긋지긋하다, 질렸다'라는 또 다른 표현으로 I'm tired of it.와 I'm sick of it.가 있는데 sick는 tired보다 짜증나고 거친 느낌이 더 강하다.

저 집에서 먹을 만한 것은 샐러드뿐입니다.

The only edible food they serve is salad.

A What would you say to 'naengmyun' for lunch?
점심식사로 냉면 어때요?

B Well, I'd love some really, but I'm meeting my girlfriend this afternoon.
저, 좋은데요, 오늘 오후에 여자 친구를 만나기로 해서요.

점심을 많이 먹으면 오후에는 졸릴 겁니다.

A large lunch will make you sleepy in the afternoon.

A I'm starving, but I don't have enough time to have lunch. 배고파 죽겠는데 점심 먹을 시간이 없어요.

B Why don't you have a bowl of instant noodles?
사발면이라도 한 그릇 들지 그래요?

A Do you have snacks between meals?
간식을 드세요?

B No, I don't, but I drink coffee with fresh milk around three o'clock.
아뇨, 그렇지만 3시쯤에 신선한 우유를 넣은 커피를 먹어요.

오늘밤 저녁식사는 어디에서 드시고 싶어요?

Where would you like to have dinner tonight?

저녁식사는 식당에서 6시부터 8시까지입니다.

Dinner is served in the dining room between six and eight.

우리 집에서 저녁식사 어때요?

How about having dinner at my place?

Why don't you join us for dinner at my place?

A	Come along. Dinner's ready. 어서 와서 저녁 드세요.
B	I'm coming now. 지금 가요.

A	What's for dinner? 저녁 식사는 뭐죠?
B	Hamburgers. 햄버거예요.
	» 서양에서는 주식과 반찬의 구별이 거의 없다.

배가 정말 고파요. 와! 모두 맛있을 것 같네요.

I'm so hungry. Wow! Everything looks so delicious.

A	Do you eat out most evenings? 대개 저녁에는 외식을 하세요?
B	No, I don't; I can't afford to. 아뇨. 그럴 여유가 없어요.
	» '외식하다'는 eat out(= go out to eat), dine out이라고 한다.

항상 제가 요리합니다.

I usually cook for myself.
I usually do my own cooking.

» cook myself가 아니라 cook for myself인 것에 주의할 것

때때로 남자 친구가 우리 두 사람 요리를 만들어요. 그는 요리를 잘합니다.

My boyfriend sometimes cooks for both of us. He's a very good cook.

» cook(요리를 하는 사람)과 cooker(요리 도구)의 구별에 주의할 것

식당에 들어갈 때
Shall I book a table at the restaurant?

오늘 저녁에 외식할까요?

Let's eat out tonight, shall we?

Shall we go out for a meal this evening?

A How about that Korean barbecue restaurant in Myung-dong?

명동에 있는 한식당은 어때요?

B No, I'm sick of meat. Let's try that seafood restaurant in Shinchon.

싫어요. 고기에는 질렸어요. 신촌에 있는 해산물 식당에 가보죠.

외식시켜 준다고 했죠?

You owe me an evening out, don't you?

Wouldn't you like to take me out for a meal?

» 식사 대접을 받고 싶을 때

A I think I'll take you to a new Chinese restaurant in Daehak-ro.

대학로에 새로 생긴 중국식당에 데려가고 싶어요.

B Great. I'm all for that. Thanks very much.

좋아요. 대찬성이예요. 고마워요.

제가 식당에 자리를 예약할까요?

Shall I book a table at the restaurant?

Shall I reserve a table at the restaurant?

Shall I make reservations for a table at the restaurant?

» '예약하다'는 영국에서는 book, 미국에서는 reserve를 쓴다.

테이블을 예약한 김입니다.

I've booked a table. The name is Kim.

I'm Kim. I've made reservations for a table.

예약은 하지 않았는데요, 3인석 있습니까?

We haven't reserved, I'm afraid. Do you have a table for three?

창가 자리를 원합니다.

We want a table by the window.

식사를 주문할 때
I'll have this, please.

메뉴를 보여 주십시오.

May I see the menu?

오늘은 뭐가 맛있습니까?

What's good today?

What would you recommend today?

정식은 있습니까?

Do you have a table d'hote dinner menu?

» table d'hote은 소위 '정식'을 가리킨다. '오늘의 특별요리는 있습니까?'는 Is there a special today?

주방장 추천요리는 있습니까?

Do you have a chef's special?

이것은 무슨 요리입니까?

What is this like?

어떻게 요리한 겁니까?

How is it cooked?

이 수프의 재료는 무엇입니까?

What's the base of this soup?

What stock is this soup made from?

맛있을 것 같군요.

That sounds delicious.

뭘 드시겠습니까?

What would you like?

May I take your order, please?

Are you ready to order?

» 자리에 앉아서 메뉴를 보고 있으면 웨이터가 주문을 받으러 와서 이렇게 묻는데 모두 '주문하시겠습니까?' 라는 뜻이다.

잠깐만 기다려 주세요.

Just a minute, please.

Let me think for a moment.

Would you give me a few more minutes?

주문을 받으세요.

Could we order, please?

이걸 주십시오.

I'll have this, please.

I'd like this one, please.

» 음식 이름을 모를 때는 메뉴를 가리키면서 주문하면 된다. '그건 그만 두세요.' 는 I don't think I'll try that. 이라고 하면 된다.

먼저 음료를 주문하고 싶습니다.

We'd like to order drinks first.
We'll begin with drinks.

오늘의 특별 요리로 하겠습니다.

I'd like today's special.

» 고급 레스토랑의 '정식'은 table d'hote라고 하며, 일반 레스토랑에서는 I'd like this dinner set. 또는 I'd like the set menu B.(B정식을 주십시오)라고 주문한다.

스테이크 3인분, 디너 샐러드 3인분 주십시오.

We'd like three steaks, and three dinner salads.

A How would you like your steak? 스테이크는 어떻게 해드릴까요?

B I'd like mine well-done. 완전히 익혀 주십시오.

» 스테이크는 medium(반쯤 익힌), rare(겉만 살짝 익힌) 등으로 주문한다.
예를 들면 '살짝 익힌 걸로 주세요.'는 I'd like mine rare.라고 한다.

소금을 넣지 말고 요리해 주십시오.

I'd like it cooked without salt.

» '좀 싱거운 것 같군요.'는 This wants a touch of salt.라고 한다. sugar(설탕),
pepper(후추), ketchup(케첩) 등의 말도 상식으로 알아두자.

A Which would you like, beef or chicken?
쇠고기와 닭고기 중에 어느 걸로 하시겠습니까?

B I'd prefer beef. 쇠고기를 주세요.

» '닭고기는 싫어합니다.'는 I can't stand chicken.

카레는 매운 것과 담백한 것 중에 어느 걸로 하시겠습니까?

Which kind of curry do you like, spicy or mild?
Would you like spicy or mild curry?

A   What kind of dressing would you like on your salad?
     샐러드드레싱은 어떤 걸로 하시겠습니까?

B   I'd like French dressing.
     프렌치드레싱으로 주십시오.

> dressing은 샐러드에 첨가하는 sauce(소스)로, mayonnaise(마요네즈) 등도 sauce의 일종이다.

빵과 밥 중에 어느 것으로 하시겠습니까?

Which would you prefer, bread or rice?

커피는 식사 후에 갖고 와 주세요.

Bring me the coffee later, please.
I'd like my coffee after the meal, please.
Coffee later, please.

디저트는 초콜릿 아이스크림을 주세요.

I'd like chocolate ice cream for dessert.

나중에 다시 주문하겠습니다.

We'll order later again.

물 한 잔 주세요.

A glass of water, please.
Could I have some water?

저도 같은 걸로 주세요.

The same for me, please.

This is not what I ordered.

이건 제가 주문한 게 아녜요.

This is not what I ordered.

설익은 것 같습니다.

I'm afraid this is a little undone.

A May I have a napkin? 냅킨을 주시겠습니까?

B Yes, sir. I'll get one immediately. 네, 곧 가져다 드리겠습니다.

A Excuse me, please. What's happened to my order?
실례지만 제 주문은 어떻게 됐습니까?

B I'm sorry, but we are very busy today. I'll be as quick as I can.
죄송하지만 오늘은 아주 바빠서요. 가능한 한 빨리 가져다 드리겠습니다.

소스를 너무 쳤어요.

There's a bit too much sauce.

A This fork is dirty. Would you give me another one?
포크가 좀 더럽군요. 다른 것으로 바꿔 주시겠습니까?

B I'm sorry. I'll bring a clean one.
죄송합니다. 깨끗한 것으로 가져다 드리겠습니다.

포테이토칩을 사가고 싶습니다.

I'd like to take out some potato chips.
I'd like to take away some fried potato.

» '사가지고 가는' 것을 미국에서는 take out, 영국에서는 take away라 한다. 패스트 푸드점에서는 간단히 For here or to go?라고 묻는다.

제가 한 잔 살까요?

Shall I get you a drink?

기분전환으로 소주 한 잔 어때요?

Why don't you drink soju for a change?

A How about a drink? 한 잔 어때요?

B Good idea. Where shall we go? 좋아요. 어디로 갈까요?

A Would you like to go for a drink tonight?
오늘밤 한 잔하러 가시겠어요?

B Yes, that would be nice.
좋아요.

» '좋아요'라고 할 경우에는 Oh, yes, all for that.(대찬성입니다)이라고 할
수도 있다. '한 잔하러 가다'는 go drinking 외에 go (out) for a drink도
자연스럽다.

A How about going downtown for a beer?
시내로 맥주 한 잔 하러 가는 게 어때요?

B Sorry, but I don't feel like drinking today.
미안하지만 오늘은 술 마시고 싶지 않아요.

가고는 싶지만 그만 두는 게 좋을 것 같군요.

I'd like to, but I don't think I'd better.

» I've been having problems with my stomach.(위장에 문제가 있어서요) 등의 이
유를 덧붙이면 좋을 것이다.

A Let's step into a bar for a quick drink on our way back.
퇴근길에 바에 들러서 간단히 한 잔 합시다.

B That's a good idea. We need some relaxation once in a while. 좋은 생각이에요. 가끔 긴장을 푸는 게 좋지요.

조금만 드세요.

Just have a little.

맥주 한 잔 하세요.

Have a glass of beer.

자, 마음껏 드세요.

Please help yourself.

A Won't you have another? 한 잔 더 하시죠?
B No, thanks. I'm already drunk. 아뇨, 됐어요. 벌써 취했어요.

A Would you like some more? 좀 더 드시겠어요?
B No, thanks. I can't drink much. 아뇨, 됐어요. 많이 마시지 못해요.

자기 전에 한 잔 하면 푹 잘 수 있어요.

A night-cap will help you sleep better.

건배!

Cheers!
Bottoms up!
Here's to you!

» 단번에 잔을 모두 비울 때는 Bottoms up!을 쓴다. '당신에게 건배!' Here's to you!에는 To you, too. Cheers!라고 대답한다.

A There's beer or whisky and water. Help yourselves.
   Drink the first glass down in one! Cheers!
   맥주와 물탄 위스키가 있어요. 드세요. 첫 잔은 비우세요. 건배!

B Cheers! 건배!

   » '한 잔 쭉 들이키는 것'을 drink·knock· a mug of beer down in one이라
   고 한다.

당신의 건강을 위하여 (건배)!

Here's to your health!
To your health!

취해서 모든 걸 잊고 싶습니다.

I want to get drunk and forget everything.

바나 선술집에서
A glass of brandy, please.

카운터에 빈자리가 있습니까?

Is there room at the counter?

A Something to drink? 뭘 드시겠어요?

B Scotch and soda, please. 하이볼을 주세요.

   » 미국에서는 highball이라고 해도 통한다.

브랜디를 한 잔 주세요.

A glass of brandy, please.

이 와인을 반 병 주세요.

A half bottle of this wine, please.

맨해튼 한 잔 하겠습니다.

I'll have a Manhattan.

저는 마티니 한 잔 주세요.

A martini for me, please.

A What would you like to drink?
　　무얼 드시겠어요?

B Three beers, please.
　　맥주 3병 주세요.

A We have Budweiser, Miller, Heineken.
　　버드와이저, 밀러, 하이네켄이 있는데요.

B Heineken, please.
　　하이네켄을 주세요.

A Lager or bitter?
　　라거입니까, 비터입니까?

B Half a pint of bitter, please.
　　비터로 반 잔 주세요.

A Whisky and soda? Or would you prefer a cocktail?
　　위스키소다는 어때요? 아니면 칵테일을 드시겠어요?

B Nothing, thanks. I don't drink.
　　아뇨, 됐어요. 술은 안 마셔요.

A How about a beer, then?
　　그럼 맥주는 어때요?

B Not even a beer, thanks. I'm a strict teetotaler. But
　　please don't let me stop you from having some.
　　고맙지만 맥주 한 잔도 안돼요. 저는 금주주의자예요. 그렇지만 제게 신경 쓰지 마시
　　고 드세요.

　　» 종교 등의 이유로 술을 마시지 않는 사람을 teetotaler라고 한다.

운동 후에는 시원한 맥주가 제일이야!

There's nothing like a cool beer after exercise!

A How often do you go out drinking?
술을 자주 마시러 가세요?

B I go out drinking about four times a month on average.
한 달에 평균 네 번 마시러 가요.

A How much do you drink?
주량이 얼마예요?

B I sometimes drink the odd can of beer.
캔맥주 2개를 마시는 정도예요.

그는 술고래입니다.

He drinks like a fish.
He is a heavy drinker.

저는 술을 마시지 못하는 편입니다.

I'm rather on the dry side.

그 나이에 그렇게 많이 마시는 것은 좋지 않아요.

It's not a good idea to drink so much at his age.

» Anyway, you ought to be careful.(어쨌든 과음하지 않는 게 좋아요)

그는 술이라면 가리지 않고 마십니다.

He's addicted to alcohol of any type.
He's such a maniac with the alcohol.

» He's an alcoholic.이라고 하면 '그는 알코올 중독자다.'라는 의미가 된다.

A   I go drinking every night.

전 매일 밤 마시러 가요.

B   Every night? Seven nights a week?

매일 밤이라고요? 한 주에 7일이요?

A   No, six, actually. Sunday's my day off.

아뇨, 사실은 6일이예요. 일요일은 쉽니다.

존은 술을 마시면 호인이 된다고 생각지 않습니까?

Don't you think John's quite a good drinker?

» '술이 거나하면 호인이 되는 사람'을 merry drinker 또는 a happy drinker라고 하며, '술에 취하면 잘 우는 사람'은 a maudlin drinker라고 한다.

A   Don't you get hangovers?

숙취는 없어요?

B   Only if I mix my drinks, especially beer and soju.

술을 섞어 먹었을 때는요. 특히 맥주와 소주가 그래요.

» '숙취가 심했다.'는 I've got a terrible hangover.

지불할 때

How much is it altogether?

계산서를 주세요.

The bill, please.

The check, please.

Could we have the bill, please?

» '계산서'는 bill 또는 check(미국)이라고 한다.

전부 얼마입니까?

How much is it altogether?

봉사료 포함입니까?

Is service included?

잔돈은 가지세요.

Keep the change.

계산서가 틀린 것 같은데요.

I think there's a mistake in the bill.

» '이건 한 사람만 먹었습니다.'는 Only one of us had that. '우리 계산서 다시 봐 주실래요?'는 Could you check our bill again? '이건 주문 안 했는데요.'는 We didn't order this item. '합계가 틀린 것 같습니다.'는 I think this is added up wrong. '거스름돈이 모자라네요.'는 I think I was shortchanged. 등 잘못된 계산서에 대해서 따지는 표현도 알아둬야 한다.

이건 무슨 요금인지 모르겠습니다.

I'm not sure what this is for.

도대체 어떻게 이렇게 계산이 됩니까?

How on earth did you arrive at this figure?

추가요금을 납득할 수 없습니다.

I can't agree with your addition.

각자 낼까요?

Let's go Dutch, shall we?

제가 내겠습니다.

This is on me.
This is my treat.
I'll pay the bill today.

제가 내겠습니다. 이번에는 제 차례예요.

Let me pay the bill. This is my turn.

각자 자신이 먹은 걸 내는 게 어때요?

What do you think of the idea of each paying for his own?

각자 균등하게 나누어 내는 게 어때요?

How about the idea of splitting the bill?

담배에 대해서

Is it all right to smoke here?

필터 달린 윈스턴 한 갑 주세요.

A pack of filter-tipped 'Winston,' please.

불 좀 빌려주시겠습니까?

Could I have a light, please?

재떨이 좀 집어 주시겠습니까?

Will you pass me the ashtray?

Would you mind passing me the ashtray?

May I trouble you for the ashtray?

제 아버지는 담배를 많이 피우세요.

My father is a heavy smoker.

» 줄담배를 피우는 사람은 chain smoker라고 한다.

그는 전엔 시거를 피웠어요.

He used to smoke cigars.

그는 파이프 담배를 피웁니다.

He smokes a pipe.

» 즉, He never touches cigarettes.(궐련은 피우지 않아요)라는 뜻이다.

나는 씹는 담배는 안 해봤어요.

I've never tried chewing tobacco.

식후 한 모금은 정말 맛있습니다.

A puff after a meal is really satisfying.

특히 초조할 때 피우면 기분이 좋아집니다.

Smoking makes me feel good, especially when I'm frustrated.

담배 한 대 피우고 싶어 죽겠어요.

I'm dying for a smoke.

I'm dying for a cigarette.

A   Is it all right to smoke here?
여기에서 담배를 피워도 돼요?

B   Yes. Go ahead.
네, 피우세요.

A   I don't want you to smoke in here. My roommate hates the smell.
여기선 담배를 피우지 마세요. 룸메이트가 담배 냄새를 싫어해요.

B   Don't worry. I won't.
걱정 말아요. 그럴게요.

» I wish you wouldn't smoke in my car.(제 차 안에서는 담배를 피우지 않았으면 좋겠어요)라는 것도 알아두자.

A   Do you mind if I smoke?

담배를 피워도 괜찮아요?

B   Well, I'd rather you didn't, if you don't mind. No one in my family smokes.

저, 피우지 마셨으면 좋겠어요. 식구 중에 담배를 피우는 사람은 없어요.

» Do you mind ~?의 응답으로 '네, 피우세요.'라고 승낙할 때는 No, not at all. / Certainly not. / Of course not.이라고 하며, 거절할 때는 Well, yes, I'm afraid I do, actually.(저, 피우지 마셨으면 좋겠어요)라고 부드럽게 말하는 것도 알아두자.

A   This is a non-smoking area.   여기는 금연구역이에요.

B   Oh, yes, so it is. I'm sorry.   네, 그렇군요. 미안해요.

» So it is.는 '네, 맞군요.'

A   Would you care for a cigarette?

담배 한 대 피우시겠어요?

B   No, thank you. I don't smoke.

아뇨, 괜찮아요. 담배는 피우지 않아요.

A   Do you sell imported cigarettes?

수입 담배 있어요?

B   Yes, we sell some imported brands.

네, 여러 종류 있어요.

2년 전에 금연했어요.

I gave up smoking two years ago.

» My girlfriend said I smelled like a dirty ashtray.(여자 친구가 더러운 재떨이 같은 냄새가 난다고 해서요) 등으로 이유를 말할 수 있다.

A **How many do you smoke a day?**
하루에 얼마나 피우세요?

B **Between thirty and forty. More if I go drinking.**
30에서 40개비인데 술을 마시게 되면 더 많이 피워요.

A **You're going to kill yourself if you're not careful.**
조심하지 않으면 몸을 망치게 돼요.

» How about ~?에 대해서는 About a pack. How about you?(하루 한 갑 정도예요. 당신은요?) 또는 It depends, but usually about thirty.(상황에 따라 다르지만 하루 30개비 정도예요) 등으로 대답할 수 있다.

제 할아버지는 흡연 때문에 폐암으로 돌아가셨습니다.

My grandfather died of lung cancer caused by smoking.

A **Are you still smoking? I thought you were trying to give it up!**
아직 담배를 피우세요? 금연하는 줄 알았는데요.

B **I was. I cut down gradually to only ten a day, but I went back to normal.**
했었어요. 하루 10개비로 점차 줄였는데요. 다시 원래대로 돌아갔어요.

» 담배를 '줄이다'는 cut down이다.

줄이려고 노력했지만 못했어요.

I'm trying to cut down, but I can't.

담배를 끊는 것은 식은죽먹기예요.

It's easy to give up smoking.

A　You smoke too much. It isn't good for you, you know.

당신은 담배를 너무 많이 피우는군요. 몸에 해로워요.

B　I know. You sound like my mother.

알아요. 꼭 제 어머니같이 말하는군요.

» 건강에 더 신경을 써야 해요(You ought to take more care of your health)라고 하는 것도 알아두자.

저는 뻐끔 담배를 피웁니다.

I always puff, but I do not inhale.

아기 옆에서 담배를 피우지 마세요.

You'd better not smoke with your baby around.

A　I hear they've banned smoking in the cafeteria.

식당에서 흡연은 안 된다고 하더군요.

B　I'm happy to hear that. Smoking is not only bad for the smoker, but also for the people around him.

대환영이에요. 흡연은 당사자뿐만 아니라 주위에 있는 사람의 건강에도 좋지 않아요.

A　Smoking or non-smoking?

흡연석입니까, 금연석입니까?

B　Non-smoking, please.

금연석으로 하겠습니다.

교통수단

여행을 하다 보면 아주 다양한 교통수단을 이용하게 되므로 이용에 필요한 표현을 꼭 익혀두어야 한다. 가장 흔한 것은 물론 버스다. 호텔과 공항 사이를 오가는 shuttle bus, 위에 있는 전선을 이용해서 달리는 trolley, 전차의 일종인 tram 등 종류도 다양하다. 이제는 지하철, 고속열차 덕분에 더 빨리 이동할 수 있게 되었다. 영국에서는 지하철을 the tube라고 하고 미국에서는 택시를 cab이라고도 한다. 지하철은 입구가 많으므로 Where is the entrance?(입구가 어디죠?)라고 묻는다.

Transportation

택시를 이용할 때

Can you take me to the airport?

택시를 불러 주시겠어요?

Could you call me a taxi, please?

근처에 택시 승강장이 있습니까?

Is there a taxi stand near here?

> A Where to, sir? 어디까지 가십니까?
>
> B Colchester Station, please. 콜체스터 역으로 가주세요.

공항으로 가주세요.

Can you take me to the airport?

» '3시 20분까지 공항에 도착해야 합니다. 시간에 맞출 수 있어요?'는 I've got to be at the airport by three twenty. Can we make it?

공항까지 얼마입니까?

About how much is the fare to the air terminal?

똑바로 가주세요.

Go straight on, please.

다음 모퉁이에서 왼쪽으로 도세요.

Turn left at the next corner.

피카디리까지는 멉니까?

Is it a long ride to Piccadilly?

급하니까 지름길로 가주세요.

I'm in a hurry, so please take a short cut.

» '급할 것 없으니 천천히 가세요.'는 I'm not in a hurry, so please take your time.

135번 국도를 해안을 따라 달려주세요.

Drive along the beach on route 135.

10킬로미터 정도 가면 왼쪽에 주유소가 있는데 지나자마자 왼쪽으로 돌아주세요.

After about ten kilometers, we'll come to a gas station on the left. Turn left just after the gas station.

» '거기서부터는 표시를 따라서 가세요.'는 Just follow the signs from there.

여기서 세워주세요.

Stop here, please.

여기서 내려주세요.

Please let me off here.

요금이 얼마죠?

What's the fare?

여기 6달러요. 잔돈은 가지세요.

Here's 6 dollars. You can keep the change.

버스를 이용할 때
Where is this bus going?

14번 버스를 타세요.

Take the number fourteen bus.

> A   Where's the bus stop?   버스 정류장이 어디죠?
> B   It's just across the street.   길 바로 건너편에 있어요.

버스를 잘못 탔어요.

I took the wrong bus.

미안하지만 내릴 정류장에서 내리지 못했어요.

I'm sorry, I missed my stop.

마지막 버스는 몇 시에 떠납니까?

When does the last bus leave?

이 버스는 어디로 갑니까?

Where is this bus going?

이 버스는 공항에 갑니까?

Does this bus go to the air terminal?

» 운전기사(driver)에게 물을 때는 Do you go to the air terminal?

A   Does this bus stop at Paddington?
    이 버스는 패딩톤에 정차합니까?

B   No, it doesn't. You'll have to wait for a number 22.
    아뇨. 22번 버스를 기다리세요.

A   Thanks.
    감사합니다.

A   When is the next 22 due in?
    다음 22번 버스는 언제 옵니까?

B   Sorry, but I don't know. You'd better look at the timetable.
    모르겠는데요. 시각표를 보세요.

여기에서 몇 번째 정류장이죠?

How many stops is it from here?

거기에 도착하면 알려주시겠어요?

Could you tell me when I get there?

5번가에 도착하면 내려주세요.

Let me off when we get to Fifth Street, please.

여기에 요금을 넣을까요?

Shall I put my fare here?

실례지만 이 자리는 주인이 있습니까?

Excuse me, is this seat taken?

감사합니다. 친절하시군요. 가방은 제게 주세요.

Thank you very much. You're very kind. Let me hold your briefcase.

» 자리를 양보 받았을 때 가방을 받아 들어주겠다는 뜻이다.

고맙습니다만 다음 정류장에서 내립니다.

Thank you, but I'm getting off at the next stop.

열차를 이용할 때
One round trip to Chicago, please.

시카고까지 왕복표 한 장 주세요.

One round trip to Chicago, please.

A Are there any seats available on the 11:30 train?
   11시 30분 열차에 빈 좌석 있어요?

B Only in first class, sir.
   1등석뿐입니다.

A Oh, well, I suppose that'll have to do. Could I have two one-way tickets, please?
   그렇다면 할 수 없군요. 편도표 두 장 주십시오.

   » 영국에서는 편도표는 single (ticket), 왕복표는 return to ~를 쓴다.

시카고까지 편도로 어른 한 장, 아이 두 장 주세요.

**One adult one-way, and two children to Chicago,
 please.**

이 급행열차는 어디에 갑니까?

Where is this express going?

열차는 자주 옵니까?

How often does the train come?

» '시간이 얼마나 남았어요?'는 How much time is left?, '탈 수 있어요?'는 Can we
make it?

이 표로 이 급행열차를 탈 수 있습니까?

Is this ticket all right for this express?

1등칸으로 옮길 수 있습니까?

Can I transfer to the first-class coach?

추가 요금은 어디에 지불해야 합니까?

Where do I have to pay the extra charge?

도중에 내릴 수 있습니까?

Can I stop over on the way?

식당차는 있습니까?

Does the train have a dining car?

시카고행 연결 열차는 있습니까?

Are the connections for Chicago any good?

포터, 이 가방을 날라 주시겠어요?

Porter, will you take these suitcases?

차를 한 대 빌리고 싶습니다.

I'd like to rent a car.

지금 쓸 수 있는 차가 있습니까?

Do you have one available now?

» 교통수단의 종류는 bicycle(자전거), camper van(캠핑카), bus(버스), car(차), caravan(주거용 트레일러), coach(대형버스), lorry(화물차), minibus(미니 버스), moped(스쿠터), motorbike(motorcycle, 오토바이), scooter(스쿠터), taxi(택시), truck(트럭), van(밴) 등이 있다.

A   What kind of model do you want?
   어떤 차종을 원하세요?

B   An automatic sedan, please.
   오토매틱 세단을 주십시오.

  » '소형차를 주십시오.'는 A small economic car. '소형밴'은 A small van
   이라고 한다.

4륜 구동차는 있습니까?

Do you have a four-wheel-drive car?

싸고 운전하기 쉬운 차를 소개해 주시겠습니까?

Could you recommend a car which is cheap and easy to handle?

요율표를 보여 주십시오.

Could I see a list of your rates?

보증금은 얼마입니까?

How much is the deposit?

할인요율은 있습니까?

Do you have a discount rate?

용지에 다 기입했습니다. 이러면 됩니까?

I've filled in the form. Is this all right?

국제운전면허증과 신용카드 여기 있습니다.

Here's my International Driving License and credit card.

보험에 들고 싶습니다.

I'd like to buy insurance.

운전할 때
I'll give you a ride to the station.

제가 당신 아파트 앞에서 태워드릴게요.

I'll pick you up in front of your apartment.

제가 역까지 태워드릴게요.

I'll give you a ride to the station.

나는 운전을 신중히 한다고 믿고 있어요.

I believe I'm a very careful driver.

고속도로를 이용합시다.

Let's take the expressway.

» '고속도로'는 미국에서는 freeway, 영국에서는 motorway를 쓴다.

앞 차를 추월합시다.

Let's catch up with the car ahead.

» to accelerate(속도를 높이다), to overtake(추월하다, 앞지르다)

속도를 줄이세요. 길이 울퉁불퉁해요.

Slow down! This is a bumpy road.

조심하세요. 길이 좀 미끄러워요.

Take care. The road is a little slippery.

이렇게 천천히 가면 안 돼요. 적어도 70킬로는 달려야 해요.

We can't go this slow. We've got to do at least 70 kilos.

다른 차의 속도를 따라 가는 것뿐이에요.

I'm just keeping up with the other drivers.

저 정지신호에서 우회전하겠어요.

I'll turn right at that stoplight.

제한속도가 시속 백 킬로지요?

The speed limit is 100 kilometers per hour, isn't it?

뒤에 경찰차가 오고 있어요.

There's a police car coming up from behind.

A Have you ever been stopped for speeding?
속도위반에 걸린 적이 있어요?

B Yes, several times. I've lost my license twice.
몇 번이요. 두 번 면허 정지를 당했어요.

» '(속도위반에) 걸리고 싶지 않아요.'는 I don't want a ticket for speeding.

다음 휴게소까지 멀었어요?

Is it a long way to the next rest area?

» 고속도로 휴게소는 service area, service station이라고도 한다.

다음 표시를 봐주시겠어요?

Will you look at the next sign, please?

차에서 내려서 시원한 공기를 마실까요?

Shall we get off and have some fresh air?

» '양팔을 펼치고 허리를 쭉 펴고 싶군요.'는 I want to stretch my arms and straighten my back.

주유 · 고장 · 사고
Fill'er up, please.

연료가 다 떨어져 가요.

We're running out of gas.

» car wash(세차), diesel(디젤), oil(기름), petrol(휘발유), petrol pump(주유기), petrol station(주유소), unleaded(무연 휘발유)

주유소까지 단지 2~3킬로미터입니다.

It's only a few kilometers to the gas station.

가득 채워 주세요.

Fill'er up, please.

» 'er(= her)는 차를 가리킨다.

보통 휘발유 10갤런 넣어주세요.

Ten gallons of regular gas, please.

» '보통 40리터 넣어주세요.'는 Forty liters of regular, please.

타이어의 공기압을 점검해 주시겠어요?

Could you check the tire pressure?

세차하고 왁스를 발라주세요.

Could you wash and wax the car, please?

펑크 났어요. 수리해 주세요.

I have a flat tire. Would you fix it, please?

» bonnet(엔진덮개), petrol cap(주유구), number plate(번호판), license plate(번호판), boot(트렁크), trunk(트렁크), gas gauge(유량계), accelerator(가속페달) 등의 자동차 관련 용어도 알아둘 필요가 있다.

배터리가 떨어졌습니다.

The battery is dead. It needs charging.

» breakdown(고장), jump leads(자동차 배터리 충전용 케이블), puncture(펑크)

충전해 주시겠습니까?

Could you see to it?

오일, 물, 배터리, 타이어 모두 이상 없습니다.

Oil, water, battery and tires – everything is OK.

이런! 시동이 걸리지 않네.

Damn! I can't start the engine.

브레이크 고장입니다.

Something's wrong with the brakes.

차를 어디에 댈까요?

Where shall we pull over?

잠깐 여기에 주차해도 되겠습니까?

Can I park here just for a second?

근처에 주차장이 있습니까?

Is there a parking lot near here?

주차 미터기를 찾아야 합니다.

We'll have to find a parking meter.

차를 길 옆에 댑시다.

Let's move these cars to the side of the street.

제 차가 고장 났습니다. 견인하러 와주시겠습니까?

My car has broken down. Could you send someone to tow it in?

문제가 일어났을 때 연락할 수 있는 전화번호를 가르쳐 주시겠습니까?

Could you give me some numbers to call in case I have any trouble?

보험은 들어 있습니까?

Is your car insured?

구급차를 불러주세요.

Could you send an ambulance, please?

사고가 났어요!

There's been an accident!

» '부상 입은 사람이 있어요!'는 There're several people hurt!

배를 이용할 때
What time do we embark?

작은 보트에 타도 뱃멀미를 합니다.

I get seasick even in a small rowboat.

» rowboat는 노를 저어 타는 작은 배를 말하는데 영국에서는 rowing boat라 한다.

A   Do you like traveling by sea?   배 여행을 좋아하세요?

B   No, I don't, because I'm a poor sailor.   아뇨, 뱃멀미 때문에요.

» a poor sailor는 '뱃멀미가 심한 사람' 반대는 a good sailor

A   This is the first time I've been on an ocean trip.
바다 여행을 하는 것은 이번이 처음이에요.

B   Really? Bon voyage.
그래요? 여행 잘 다녀오세요.

» an ocean trip는 태평양, 인도양, 대서양 등의 넓은 바다를 여행하는 것이고, trip는 관광이나 어떤 특정한 목적을 위한 짧은 여행을 말한다.

승선 시간은 몇 시입니까?

What time do we embark?

A   Which pier does the ship for Maui Island leave from?
마우이 섬으로 가는 배는 몇 번 부두에서 떠납니까?

B   Pier No. 3.
3번 부두입니다.

2등 선실을 예약했습니다.

I've booked a second-class cabin.

A   When does the ferry set sail?   페리는 언제 출항합니까?

B   The sailing time is 5:00 p.m.   출항 시간은 오후 5시입니다.

저 배가 샌프란시스코행이지요?

The ship is bound for San Francisco, isn't it?

이 배는 몇 톤인지 아세요?

Do you know what this ship weighs?

바다가 잔잔하지요?

What a calm sea, isn't it?

갑판에 가봅시다.

Let's go up onto the upper deck.

» the upper[middle, lower] deck(상[중, 하] 갑판), bow(이물, 뱃머리), stern(고물,
선미), hull(배의 선체), bulbous bow(구상선수: 쾌속선의 밑 부분을 둥글게 만든
이물), bowthruster(선수 추진기: 배 앞에 달려 있는 프로펠러), rudder(배의 키),
speed log(속도감지기), echo sounder(음향 측심기: 반향을 통해 해저의 깊이를
측정하거나 해저의 물체를 찾는 장치) 등의 배 관련 용어도 알아두자.

다음 기항지는 어디입니까?

Where are we calling at next?

기항 중에 관광을 좀 하고 싶습니다.

I want to do some sightseeing while the ship is in port.

구명조끼는 어디 있습니까?

Where can I find a life jacket?

갑판 의자를 예약하고 싶습니다.

I want to reserve a deck chair.

이 페리에 한국인 승객이 있습니까?

Are there any Korean passengers on this ferry?

요동이 심하지요?

This rolling is terrible, isn't it?

선미라면 요동을 느낄 수 없을 겁니다.

You'd be safe from pitching or rolling on the stern.

이제 곧 입항합니다.

We'll soon be in port.

팔레스 호텔로 가는 길을 가르쳐 주시겠어요?

Could you tell me the way to Palace Hotel?

Could you tell me how to get to Palace Hotel, please?

A Excuse me. Could you tell me how to get to the station, please?
실례지만 역으로 가는 길을 가르쳐 주시겠어요?

B Yes. Just go straight down this road to the end and turn left.
네, 똑바로 이 길 끝까지 가셔서 왼쪽으로 도세요.

병원은 어떻게 가야 합니까?

How can I get to the hospital?

Where can I find the hospital?

Do you know where the hospital is?

A I'm new here. Could you tell me how to get to the women's university?
여기는 처음인데요. 여자대학은 어떻게 가야 하는지 가르쳐 주시겠어요?

B Yes, certainly. Go back the way you came, and take the second road to the left. You can't miss it.
네, 왔던 길을 되돌아가서 두 번째 길 왼쪽으로 가세요. 금방 찾을 수 있어요.

A Second left. Thank you very much.
두 번째 길 왼쪽으로요? 감사합니다.

B You're welcome.
천만에요.

A Excuse me. Is that white building B. University?

실례지만 저 하얀 건물이 B대학입니까?

B No, it isn't. It's a hospital. Are you looking for B. University?

아네요. 병원이에요. B대학을 찾고 계세요?

A Excuse me. I'm looking for a book store. Is there one near here?

실례지만 서점을 찾고 있어요. 이 근처에 하나 있습니까?

B Yes, (there's one) not far from here. Turn left there and you'll find it a hundred meters or so on your right.

네, 여기에서 멀지 않은 곳에 하나 있어요. 저기서 왼쪽으로 돌면 오른쪽 백 미터쯤에 있어요.

A Thank you. That's very kind of you.

친절에 감사드립니다.

하이드 파크에 가는 길은 이 길이 맞습니까?

Am I going the right way for Hyde Park?
Am I going in the right direction for Hyde Park?
Is this the right way for Hyde Park?

» 영어로 길을 묻는 가장 간단한 표현은 How do I get to ….이다. 정확히 자신이 어디에 있는지(특히 지도를 갖고 다니는 경우) 알고 싶다면 Where exactly am I?라고 묻는다. 가까운 곳을 찾을 땐 Where is ….가 가장 쉽고 유용하다. '하이드 파크는 어느 길입니까?' 는 Which way is Hyde Park?, '여기가 어디입니까?' 는 Where is this? 또는 Where am I?로 묻는다.

사무실을 찾는데 도움이 될 만한 표지를 가르쳐 주시겠어요?

Could you point out some landmarks which will help me find the office?

» 간단히 Are there any landmarks for me to look out for?(제가 알아 볼만한 표지가 있습니까?)라고 해도 좋다.

나는 길눈이 어둡습니다.

I have a bad sense of direction.

I don't have a good sense of direction.

» corner(모퉁이), crossroads(건널목), kerb(도로 경계석), junction(교차로),
lay-by(일시 정지 가능 구역, 긴급 대피 구역), level crossing(평면 교차로),
pedestrian crossing(건널목), road sign(도로 표지판), roadworks(도로 공사),
signpost(도로 표지판), speed limit(제한 속도), T-junction(T자형 삼거리),
toll(통행료), traffic light(신호등)

길을 가르쳐 줄 때
Where are you going?

어려운 문제가 있는 것 같군요. 제가 도와 드릴까요?

You seem to be in trouble. Can I help you?

» You look lost. Are you trying to find something?(뭔가 잃어버린 것 같군요. 무
얼 찾고 계세요?)이라고 물어도 좋다.

어디를 가시려고 합니까?

Where are you going?

Where do you want to go?

Where are you trying to get to?

» '우체국을 찾고 있나요?'는 You're looking for a post office, aren't you? 등으로
상대방의 행선지를 확인한다.

가지고 계신 주소를 보여 주시겠어요?

Can I check the address you have?

» '갖고 계신 약도를 보여 주시겠어요?'는 Can I have a look at the map you have?

이 길을 똑바로 가세요.

Go straight down this road.

Go straight up this road.

Go straight along this street.

» 상황에 따라 Go straight 뒤에 along, up, down 등을 붙여서 말하면 된다.

이 길을 3백 미터 정도 가세요.

Follow this path for about three hundred meters.

Walk along this street for three hundred meters or so.

Go about three hundred meters down this street.

» '이 길을 따라 가세요.'는 Go along this street. '계속 똑바로 가세요.'는 Keep going straight. '이 길을 따라가면 그곳에 닿게 될 거에요'는 Follow this street and you will come to it.

두 번째 교차로에서 왼쪽으로 도세요.

Turn left at the second crossroad.

Turn left at the second corner.

Take the second left.

» '신호에서 오른쪽으로 도세요.'는 Turn right at the traffic lights[at the traffic signal].

모퉁이 바로 옆입니다.

It's just around the corner.

» '모퉁이를 돌아서 두 번째 건물입니다.'는 It's the second building around the corner. '다음 모퉁이에서 왼쪽으로 돌아서 곧장 두 블록 가세요. 모퉁이 두 번째 건물이에요.'처럼 복잡한 설명도 당황하지 말고 Turn left at the next corner and go straight two blocks. It's the second building from the corner.

커피숍에서 왼쪽으로 돌면 오른쪽에 그 사무실이 있습니다.

Turn left at the coffee shop, and you'll see the office on your right.

When you get to a coffee shop, turn left and you'll find the office on your right.

» '오른쪽에'는 on your right이라고 하며 on the right side는 어색하다.

주유소에서 오른쪽으로 돌면 왼쪽 백 미터 정도에 있습니다.

Turn right at the gas station, and it's about a hundred meters on your left.

저기 버스 정류장이 보이죠?

You see the bus stop over there?

거기서 도로가 갈라지니까 오른쪽 길을 가세요.

The road forks there. Take the right fork.

» '3차로니까 오른쪽 길을 가세요.'는 The road forks into three there. Take the road on the right.

열차길과 평행하게 난 길을 가셔서 철길을 건너세요.

Take the road which runs parallel to the railway tracks and cross the tracks.

» '다리를 건너다'는 cross the bridge / walk across the bridge

여기서는 길을 건널 수 없으니까 저 육교까지 내려가세요.

You can't cross the road here. You'd better go down to that pedestrian overpass.

A Excuse me. Is this the right way for the hospital?
실례지만 이 길이 병원 가는 길 맞나요?

B No, I'm afraid not. You'll have to go back the way you came.
아닌데요. 지금 오신 길을 되돌아 가셔야 해요.

A I see. Thanks. Is it far? 알겠습니다. 고마워요. 멀어요?

B No. It's only three minutes' walk (from here).
아뇨. 여기서 걸어서 단지 3분 거리예요.

» '그렇게 멀지 않아요.'는 It isn't very far. '쉽게 찾을 수 있어요.'는 You can't miss it.

제가 그쪽 방향으로 가니까 모시고 갈게요.

I'm going in that direction myself, so I'll take you there.

I'm just going that way, so I'll show you the way.

» 각각의 길을 부르는 명칭도 어느 정도는 알아두자. 차를 렌트해서 여행하는 경우에 아주 유용하다. bypass(우회로), country lane(시골길), dual carriageway(중앙 분리대가 있는 도로), main road(중앙 도로), motorway(고속도로), one-way street(일방통행로), ring road(순환 도로), toll road(유료 도로)

A Do you know where the sports center is?
스포츠 센터가 어디 있는지 아세요?

B Yes, it's not far. Turn left there and go straight up the shopping street to the T-junction, turn right and then … oh, it's too complicated to explain! I'll take you there.
네, 멀지 않아요. 저기서 왼쪽으로 돌아서 상점가를 똑바로 T자로까지 가서 오른쪽으로 돌고 그리고 설명하기가 복잡하군요! 제가 모셔다 드릴게요.

» 설명하기 어려울 때는 Shall I draw you a map?(약도를 그려드릴까요?)이라고 물을 수도 있다.

길을 가르쳐 줄 수 없을 때

I'm a stranger around here, too.

저도 이곳은 처음 왔습니다.

I'm a stranger around here myself.

I'm a stranger around here, too.

I, too, am a stranger (around) here.

I'm new here, too.

I've never been here before, either.

» 낯선 곳에서 누군가 길을 물으면 쌩하니 도망가지 말고 이렇게 대답하자.

미안하지만, 이 지역은 잘 모릅니다.

I'm sorry, but I don't know this area very well myself.

Sorry, but I don't know much about this neighborhood.

» '다른 사람에게 물어봐 드릴까요?'는 Shall I ask someone else for you?

A Excuse me. Could you tell me where the women's junior college is, please?
실례지만 여자 전문대학이 어디 있는지 가르쳐 주시겠습니까?

B I'm afraid I don't know really.
잘 모르겠는데요.

A I suppose I'd better find a police station, then. Thanks anyway.
그럼 파출소를 찾는 게 좋을 것 같군요. 어쨌든 감사합니다.

» Thanks anyway. 또는 Thanks just the same.은 '어쨌든 감사합니다.'

A If you go down these stairs to the first floor and turn left, you could ask at the office.
1층까지 내려가서 왼쪽으로 돌면 사무실이 있는데 거기서 물어보면 돼요.

B Down to the first floor and turn left?
1층까지 내려가서 왼쪽으로 돌라고요?

A Yes. The office is about halfway down the corridor on the right.   네, 그 사무실은 복도 중앙쯤에 오른쪽으로 있어요.

B That's very helpful of you. Thank you very much.
도와주셔서 감사합니다.

A You're welcome. I hope you find it!
천만에요. 꼭 찾으시길 바라요!

역이나 차 안에서

Is this an express or a local train?

당신은 열차를 잘못 탄 것 같은데요.

I'm afraid you're on the wrong train.

서울역에서 새마을호를 타고 수원에서 내리세요. 급행의 첫 정거장입니다.

Take the Seamaul Express from Seoul Station and get off at Suwon. It's the first express stop.

A What's the best way to get to Myung-dong?
   명동은 어떻게 가야 가장 좋아요?

B You can take a bus, but the quickest way is to take the subway.
   버스를 타도되지만 지하철이 가장 빨라요.

   » '(교통수단을) 이용하다'는 take a bus, take the subway, take a train 처럼 take를 쓴다. '어떤 교통수단을 이용해야 합니까?'는 Which type of transportation should I take?

A How can I go to Kimpo Airport?
   김포공항에는 어떻게 갑니까?

B Well, if I were you, I'd take the subway. The bus tends to get stuck in the traffic.
   저라면 지하철을 타겠어요. 버스는 정체에 걸릴 수도 있으니까요.

A Excuse me. Does this train go to Dongdaemoon?
   실례지만 이 열차는 동대문에 갑니까?

B No, it doesn't. You'll have to change at City Hall to Line I for Chongryangni. It's the seventh stop from City Hall.
   가지 않아요. 시청에서 청량리행 1호선으로 갈아타세요. 시청에서 7번째 역이에요.

당신이 내리는 역은 여기에서 5번째 역입니다.

Your station is the fifth stop from here.

Your station is five stops from here.

A Where does the train leave from?
그 열차는 어디에서 출발하죠?

B It leaves from platform 12 in twenty minutes.
20분 뒤에 12번 플랫폼에서 떠나요.

특급은 타지 마세요. 그 역에는 정차하지 않으니까요.

Make sure you don't take a limited express. It doesn't stop there.

이것은 급행입니까, 완행입니까?

Is this an express or a local train?

이 자동매표기의 표를 사지 마세요. 지하철용이니까요.

Don't buy a ticket from these machines- they're for the subway.

» ticket window(표를 파는 창구), gate[ticket] barrier(개찰구)

잠깐만 기다리세요. 차장에게 물어봐 드릴게요.

Just a moment, please. I'll ask the conductor for you.

» '역무원(1명)'은 a station employee 또는 one of the station staff라고 한다.

취미와 여가

취미가 무엇인지 알면 그 사람의 성격과 성향을 대략 파악할 수 있고, 대화를 나눌 때도 화제가 풍성해진다. What do you like doing?(취미가 뭐예요?) / What are you interested in?(무엇에 흥미가 있습니까?) 등으로 물어보고 대답할 때도 I'm into music.(음악에 빠져있어요) / I enjoy playing tennis.(테니스 치는 걸 즐겨요) / I like cooking.(요리하는 거 좋아해요) / My hobby is playing games.(내 취미는 게임하는 거예요) 등 다양한 표현을 써보자.

Hobbies and Leisure

취미에 대해서
What are your hobbies?

취미가 뭐예요?

What are your hobbies?
What do you do for fun?
What's your favorite pastime?
What are you interested in?

» What's your favorite pastime?과 What's your hobby?는 다르다. favorite은 '매우 좋아하는, 마음에 드는'의 뜻이다. pastime은 '오락, 레크리에이션'으로 이것을 짜 맞추면 우리말의 취미에 가장 가까운 말이 된다. 영어사전에는 '취미'가 hobby로 되어 있지만, 이것은 도예나 우표수집 등 어느 정도 특수한 지식이나 기능을 필요로 하는 것에 대하여 쓰는 말이다. 그렇기 때문에 드라이브나 독서, 영화 감상 등을 my hobby라고는 말할 수 없다.

A **Do you have any particular hobbies?**
특별한 취미가 있어요?

B **Not any more, though I used to collect old coins.**
별다른 취미는 없어요. 전에는 옛날 동전을 수집했지만요.

» Do you have any hobbies in particular?라고 물어도 같은 의미이다. Yes, I have a lot (of hobbies).(네, 많아요) 외에 No, not really. I never seem to have enough time to do anything.(그다지 취미는 없어요. 무엇을 하려고 해도 도무지 시간이 나질 않아요) 등으로 대답할 수도 있을 것이다.

A **What do you do for fun?**
재미있게 하는 일이 있으세요?

B **Nothing in particular. I spend most of the time just talking with friends or watching TV.**
별로요. 대개의 시간은 친구들과 잡담하든지 텔레비전을 보며 지내고 있어요.

A   How do you like to spend your free time?
    어떻게 여가를 보내고 싶으세요?

B   It depends on how much I have. If I have enough time,
    I like to travel.
    얼마나 시간이 있느냐에 따라 다릅니다. 시간이 충분히 있다면 여행을 가고 싶어요.

A   How do you amuse yourself after work?
    퇴근 후에는 어떻게 지내세요?

B   I often go to bars or discos with my colleagues.
    동료들과 바나 디스코장에 자주 갑니다.

A   How do you normally spend your weekends?
    주말은 대개 어떻게 보내세요?

B   Oh, in lots of different ways. Variety is very important,
    you know.
    여러 방법이 있어요. 다양하게 지내는 것이 중요하잖아요.

A   Do you have any special interests other than your
    job?
    업무 외에 무엇에 특히 관심이 있으세요?

B   Yes. I'm taking lessons in flower arranging.
    네, 지금 꽃꽂이를 배우고 있어요.

취미 가운데 하나는 기념우표를 모으는 것입니다.

One of my hobbies is collecting commemorative stamps.

» '(유명인 등의) 사인을 모으는 것'이면 collecting autographs, '외국 인형을 모으는 것'이면 collecting foreign dolls라고 한다.

골동품 수집에 흥미가 있습니다.

I'm interested in collecting antiques.

요리를 꽤 잘합니다.

I'm pretty good at cooking.

» '뜨개질이나 바느질'이면 I'm interested in knitting and sewing.

애완동물을 기르는 것 같은 실내 취미는 있으세요?

Do you have any indoor hobbies, such as keeping pets?

스냅사진을 찍는데 흥미가 있어서 제가 찍은 사진은 현상해서 완성합니다.

I'm interested in taking snapshots. I develop and finish all my own pictures.

취미가 두 가지 있는데 모형 비행기를 만드는 것과 기타를 치는 것입니다.

I have two hobbies; making plastic model planes and playing the guitar.

전에는 목공예였는데 최근에는 유화를 그리고 있습니다.

I used to enjoy wood carving, but recently I've taken to oil painting.

전에는 전축을 꾸몄는데 요즘에는 개인용 컴퓨터로 바꾸었습니다.

I used to make stereo units, but I've switched to personal computers.

술을 많이 마시는데 그건 취미도 오락도 아니지요. 나쁜 버릇일 뿐입니다.

I drink a lot, but it's neither a hobby nor an amusement. It's just a bad habit.

아무나 하고 이야기하는 것이 취미라고 한다면 취미라고 할까요.

Talking with everyone would be my hobby, if I could call it a hobby at all.

여가활동으로는 무얼 하세요?

What do you do for recreation?

What do you do for fun?

한가할 때는 무얼 하세요?

What do you do in your spare time?

What do you do in your free time?

How do you like to spend your free time?

일요일에는 무얼 하세요?

What do you do on Sundays?

How do you normally spend Sundays?

자주 집 근처를 산책합니다.

I often take a stroll in my neighborhood.

시간이 있으면 하이킹이나 피크닉을 합니다.

I go hiking or picnicking whenever I have time.

여름에는 시골로 나갑니다만 겨울에는 동네를 뛰는 정도입니다.

In summer I get out into the country, but in winter I just jog around my neighborhood.

일요일에는 호수로 보트를 타러 갑니다.

I go rowing on the lake on Sundays.

나는 운동은 그렇게 잘하지 못하는데요.

I'm afraid I'm not a good athlete.

I'm not much of a sportsman, I'm afraid.

I'm not good at sports, I'm afraid.

» I don't have enough stamina. It's probably because I had tuberculosis when I was a child.(그다지 활력이 없습니다. 어렸을 적에 결핵을 앓았기 때문인 것 같습니다) 등으로 이유를 덧붙여 말하면 대화가 부드럽게 이어질 수 있다.

요즘에는 운동을 못하고 있어요.

I haven't had much exercise recently.

A   I can't sleep properly these days.
요즘 푹 잘 수가 없어요.

B   That's probably due to a lack of exercise. Why don't you take up some kind of sport?
아마 운동이 부족해서 그럴 겁니다. 운동을 좀 해보는 건 어떠세요?

» sport는 원래 '기분 전환'의 의미로 hunting(사냥), fishing(낚시), horse racing(경마) 등을 포함하며 한국에서 일반적으로 말하는 '스포츠'보다는 범위가 훨씬 넓다.

이것저것 해보았습니다만 곧 싫증났습니다.

I try this and that, but I always get tired very quickly.

조깅을 했었는데 곧 그만 두었어요.

I once took up jogging, but I gave it up very soon.

» '잘 맞지 않는 것 같더군요.'는 I suppose I'm just not very fit.

수영은 기분 전환도 되고 건강에도 좋습니다.

Swimming's relaxing and it's very good for you.

수영은 잘 못합니다. 뜰 수는 있는데 헤엄칠 수는 없어요.

I'm not a good swimmer. I can float, but I can't move around.

<table>
<tr><td>스포츠</td></tr>
<tr><td>Are you interested in sports at all?</td></tr>
</table>

어떤 스포츠를 좋아하세요?

Do you go in for any sports?

Do you do much in the way of sports?

Are you interested in any sports?

Are you interested in sports at all?

» '스포츠를 하다'라고 해서 do sports 또는 play sports라고는 하지 않는다. enjoy, practice, take part in, engage 등을 이용하는 게 보통이다.

어떤 스포츠를 하세요?

Which sport do you take part in?

What sports do you practice?

What sports are you into?

» into는 '~에 열중하여'라는 느낌이 있다. 물론 What sport do you like best?(어떤 스포츠를 가장 좋아하세요?)라고 물어도 상관없다.

A Are you interested in sport at all? 스포츠에 흥미가 있어요?

B Yes, very much. I spend a lot of my free time playing something or other.
네, 아주 많아요. 시간이 나기만 하면 무엇이든 하고 있어요.

A What sports do you do?
어떤 스포츠를 하세요?

B Almost any kind. I like swimming, skiing, tennis, soccer, wind-surfing, and many others.
스포츠는 무엇이나 해요. 수영, 스키, 테니스, 축구, 윈드서핑과 다른 것도 좋아해요.

» 스포츠에 열심인 사람을 a keen sportsman이라고 한다.

골프와 야구를 합니다.

I play golf and baseball.

» 스포츠 종목 중 구기 종목은 baseball(야구), soccer(축구), volleyball(배구), basketball(농구), table tennis(탁구), tennis(테니스), hockey(하키), softball(소프트볼) 등이 있고, 비구기 종목은 swimming(수영), diving(다이빙), marathon(마라톤), sprint(단거리경주), cycling(사이클링), skate(스케이트), ski(스키), rope-jumping(줄넘기), 무술 종목은 Taekwondo(태권도), Judo(유도), boxing(권투), wrestling(레슬링), weight lifting(역도), fencing(펜싱), Archery(양궁), shooting(사격), rowing(조정), triathlon(철인3종 경기) 등이 있다.

전에는 배구와 농구를 했습니다.

I used to play volleyball and basketball.

» 보통 play를 사용하는 운동은 football, soccer, tennis, badminton, ping-pong 등이 있다.

유도, 태권도, 궁도를 합니다.

I do judo, taekwondo and archery.

» do를 사용하는 운동은 fencing, wrestling, weight-lifting 등이 있다.

여름에는 수영을, 겨울에는 스키나 스케이트를 탑니다.

I go swimming in summer, and I go skiing or skating in winter.

» 'go -ing'형을 쓰는 것에는 yachting(요트), wind-surfing(윈드서핑), cycling(사이클), bowling(볼링) 등이 있다.

최근 스쿼시를 시작했습니다.

I've taken up squash recently.

» 아주 좋아하는 것에서 아주 싫어하는 것까지 뉘앙스의 차이를 확인해 보자.
I love movies.(영화를 아주 좋아합니다)
I really like movies.(영화를 정말 좋아합니다)
I like movies.(영화를 좋아합니다)
I don't like movies very much.(영화를 그렇게 좋아하지 않습니다)
I don't like movies.(영화를 좋아하지 않습니다)
I really don't like movies.(영화를 싫어합니다)
I hate movies.(영화를 아주 싫어합니다)

지금은 겨울 스포츠에 빠져 있습니다.

I'm keen on winter sports.

» 겨울 스포츠는 cross country skiing(크로스컨트리 스키), alpine skiing(알파인 스키), snowboarding(스노보드 타기), Ice hockey(아이스하키) 등이 있다.

A   Do you go in for boxing?
권투 좋아하세요?

B   No, I don't, but I'm pretty good at judo, taekwon-do and fencing.
아뇨. 유도, 태권도, 펜싱은 잘합니다.

사이클과 승마를 좋아합니다.

I like cycling and horseback riding.

전에는 육상을 잘 했습니다.

I used to be good at track and field.

어릴 때부터 등산을 좋아했습니다.

I've been interested in mountain climbing since I was a child.

» 'I've(I have)+과거분사'는 '계속 ~해왔다'라는 '계속'과, '~한 적이 있다'라는 '경험'을 나타내는 2가지 용법이 있다. 경험해 온 기간은 for ~로 나타낸다. 계속을

나타내는 표현은 현재가 중심이 되므로 '지금까지 ~년간'이나 '~부터 지금까지'
와 같이 기간, 시기를 나타내는 부분이 뒤에 온다. 기간을 나타낼 경우에는 for를
쓰고 '~부터'라는 시기를 나타낼 때는 since를 쓴다. 경험을 나타내는 경우에는
횟수를 뒤에 쓴다. 1회는 once, 2회는 twice, 3회부터는 three times, four times
와 같이 숫자 뒤에 times를 붙인다.

팀으로 하는 스포츠는 좋아하지 않아요.

I don't go in for team sports very much.
I don't do much in the way of team sports.

» go in for ~는 '~을 좋아하다'라는 의미로 자주 사용된다.

저는 골프나 볼링 같은 개인으로 하는 스포츠를 좋아합니다.

I like games played by individuals like golf or bowling.

» gymnastics(체조), surfing(서핑), yachting(요트)과 같이 '혼자서 하는 스포츠'를
participant sports라고 한다.

A I jog every day, and I swim and cycle three times a
   week. 조깅은 매일, 수영과 자전거는 주 3회 하고 있습니다.

B It sounds as if you ought to do a triathlon.
   마치 3종 경기를 하고 있는 것 같군요.

스포츠는 하는 것보다 보는 것에 흥미가 있습니다.

I'm more interested in watching sports than taking part in them.

» 야구, 씨름, 프로레슬링(pro-wrestling), 볼링 등 직접 하지는 않지만 '관전하며
즐기는 스포츠'를 spectator sports라고 한다.

직접 야구를 하지는 않지만 밤에 항상 텔레비전으로 야간 경기를 봅니다.

I don't play baseball, but I always spend the evening watching night games on television.

» '야간 경기'는 night game 또는 night baseball이라고 한다.

권투 경기 보는 것을 좋아하세요?

Do you like watching boxing matches?

유도 시합을 관람한 적이 있습니까?

Have you ever seen a judo match?

» game(야구 등의 경기)과 match(2인 또는 2조가 싸우는 경기)를 구별해야 한다.

텔레비전으로 피겨 스케이팅을 관전하는 것은 재미있지요?

It's fun to watch figure skating on TV, isn't it?

이번 주말에 잠실 경기장에 가지 않겠습니까?

Would you like to come to the Chamsil Stadium with me this weekend?

A   Who's playing who? 누구와 누가 경기를 하죠?

B   The Giants against the Twins, of course.
     자이언츠 대 트윈스예요.

   » '프로야구'는 professional baseball이라고 한다.

A   Who's going to be on the mound for the Giants?
     자이언츠에서는 누가 등판하죠?

B   Jongsuk Yum may be the starting pitcher.
     염종석이 선발 투수일 겁니다.

A   The first batter has struck out.
     첫 타자가 삼진이군요.

B   That's too bad. 안됐어요.

   » '삼진시키다' 또는 '삼진당하다'는 strike out, fan out이라고 한다.

와! 깨끗한 안타군요.

Wow! There's a fine hit.
A terrific hit!
Wasn't that a good hit?

재미있죠?

It's exciting, isn't it?

유격수는 수비는 잘하지만 강타자는 아니군요.

The shortstop is a good fielder, but not much of a slugger.

A   **What's the score now?** 지금 점수는 어떻게 됐습니까?

B   **The Giants are losing by two runs.**
자이언츠가 2점 지고 있어요.

  » '지금 스코어는 2:0입니다.'는 Now the score's two to nothing.이다.

9회 말입니다.

This is the bottom of the last inning.

» '7회 초'는 the top·first half· of the seventh inning이라고 한다.

만루입니다.

The bases are loaded.

» '무사 만루이다.'는 The bases are full[loaded] with no outs. '일사[이사] 만루이다.'는 The bases are loaded with one[two] out.

A   **Now comes the winning chance for the Giants.**
자이언츠가 기회를 잡았군요.

B   **But there're already two outs. There's little hope of the Giants' winning.**
그런데 벌써 2아웃이에요. 자이언츠가 이길 가망이 없어요.

타자가 누굽니까?

Who is at bat?

» The Giants are at bat.은 '자이언츠 공격입니다.'

볼 카운트는 투 쓰리.

The count is three balls and two strikes.

마지막 피칭이군요.

Now here's the last pitch.

접전이었어요.

It was a really close game, wasn't it?

» It was really fantastic, wasn't it?(정말 재미있었지요?) / It was a breath-taking game, wasn't it?(손에 땀을 쥐는 경기였지요?) / That's an upset.(역전이에요)

여러 가지 스포츠

In the summer I often go diving, yachting or wind-surfing.

미식축구는 미국에서 가장 인기 있는 경기 중 하나예요.

American football is one of the most popular sports in the United States.

» 우리나라에서 인기가 있는 축구는 soccer이고 미식축구는 (American) football 이다. 축구 경기를 보면서 우리가 흔히 쓰는 말들 가운데 콩글리시가 아주 많다. 우선 '골인'은 goal in이 아니라 goal, '센터링'은 centering 이 아니라 cross, '업사 이드'는 upside이 아니라 offside, '헤딩슛'은 heading shoot이 아니라 header라 고 해야 한다.

A We don't play baseball in England.
영국에서는 야구를 하지 않아요.

B I know. You play that weird game cricket over there, don't you?
알아요. 그곳에서는 크리켓이라는 묘한 경기를 하지요?

A Yes, but it isn't that strange. It's a great game, actually.
네, 그렇지만 그렇게 이상하지 않아요. 사실 재미있는 경기예요.

대학 기숙사의 룸메이트가 아이스하키 선수였어요.

My roommate in the college dormitory was an ice-hockey player.

그래서 아직 아이스하키 경기 결과에 관심이 있어요.

That's why I'm still interested in the results of ice-hockey games.

스키 점프나 봅슬레이 같은 겨울 스포츠를 좋아합니다.

I like winter sports like ski-jumping and bob-sleighing.

여름에는 자주 다이빙, 요트, 윈드서핑 등을 하러 갑니다.

In the summer I often go diving, yachting or wind-surfing.

아버지는 등산가여서 암벽 등반을 잘하셨어요.

My father was a mountain climber. He was good at rock-climbing.

골프 핸디는 15이지만 실력이 떨어진 것 같아요.

My golf handicap is fifteen, but I'm afraid I'm out of practice.

독서 · 신문 · 잡지
What's the bestseller at the moment?

바빠서 느긋하게 독서할 시간이 없습니다.

I'm so busy that I have no time for leisurely reading.

TV 보는 시간을 줄이고 독서를 더 해야겠습니다.

I really ought to watch TV less and read more.

A　Do you read a lot? 책을 많이 읽으세요?

B　Not as much as I should. I only ever seem to have time to read when I'm on the train.

생각만큼은 읽지 못해요. 책 읽을 시간이라곤 고작 열차에 타고 있을 때 정도예요.

» 물론 Yes, of course.라고 대답하는 사람도 있을 것이다.

A　What do you like to read?

무슨 책을 좋아하세요?

B　I read anything I can get my hands on.

손에 잡히는 대로 아무거나 읽어요.

대중문학을 좋아합니다.

I like popular literature.

» detective stories(탐정소설), art book(미술서), travel books(여행서), economics and business books(경제·경영서)

비소설이나 만화 주간지도 읽습니다.

I read nonfiction books, and weekly comics as well.

한국 작가의 영역본을 읽어본 적이 있으세요?

Have you ever read any English translations of Korean authors?

A　How do you choose what to read?

읽을 책을 어떻게 고르세요?

B　I make sure I read book reviews and advertisements in the newspaper.

신문에 나오는 서평이나 광고를 보고 결정해요.

» And I order some from the publishers.(그리고 출판사로 몇 권 주문하지요)라는 사람도 있을 것이다.

문고본으로 된 양서를 찾고 있습니다.

I try to find good works published in paperback.

문학에 정통하지요?

You're quite a literary person, aren't you?

좋아하는 작가는 누구입니까?

Who's your favorite author?

» '문학에 소양이 있는 사람'을 literary person이라고 한다. current literature(현대문학), classical literature(고전문학), juvenile literature / children's stories / fairy tales(아동문학)

현재 베스트셀러가 뭐죠?

What's the bestseller at the moment?

A   Which newspapers do you take?
    무슨 신문을 구독하세요?

B   I don't take any. I just glance at the front page in the office.
    보고 있지 않아요. 회사에서 1면을 잠깐 볼 정도예요.

한국에서 발행되는 영어 신문 중에 어느 것이 제일 좋다고 생각하세요?

Which do you think is the best English newspaper published in Korea?

광고나 만화를 보고 나서 사설을 읽습니다.

I read the editorial after looking through the advertisements and cartoons.

» the sports page(스포츠면)부터 읽는 사람도 있고 the radio and TV listings(라디오와 TV란)만을 읽는 사람도 있을 것이다.

무슨 잡지를 좋아하세요?

What kind of magazines do you like?

타임과 뉴스위크를 정기구독하고 있어요.

I'm a subscriber to TIME and Newsweek.

I have a subscription to TIME and Newsweek.

» '구독료는 얼마입니까?'는 What's the subscription fee?

제가 쉽게 읽을 수 있는 영어 잡지를 소개해 주시겠어요?

Could you recommend any English magazines easy enough for me to read?

텔레비전

What's on TV now?

TV에서는 지금 무얼 하고 있습니까?

What's on TV now?

» '무슨 재미있는 프로 있어요?'는 Are there any interesting programs (on TV)?

> A Do you spend much time watching television?
> 텔레비전을 자주 보세요?
>
> B I try not to watch too much, but I suppose I probably watch an average of two or three hours a day.
> 많이 보려고는 하지 않는데 하루 평균 2~3시간은 보는 것 같아요.

여기에서는 무슨 채널을 볼 수 있어요?

What channels can you get here?

» '이 텔레비전은 잘 나와요?'는 Do you get a good picture on this television?

텔레비전을 켜 주시겠어요?

Could you turn on the television?

소리를 줄여주세요.

Please turn down the volume.

(텔레비전을) 끌까요?

Shall we turn it off?

» Shall we ~?를 쓰면 상대방의 동의를 구하는 공손하고 다정한 느낌이 된다.

이 드라마는 젊은 여성에게 아주 인기 있어요.

This drama serial is very popular among young girls.

» TV serial drama(연속극), historical plays(역사물), melodrama(멜로드라마), soap opera(주부를 대상으로 하는 연속극)

매일 밤 9채널 뉴스를 봅니다.

I watch the news on Channel nine every night.

버라이어티 쇼는 자주 보지 않아요.

I don't often watch variety shows.

A   Didn't you see that quiz program last night? It was really exciting.
    어제 퀴즈 프로 보셨어요? 정말 재미있었어요.

B   No, I didn't. All quiz programs sound stupid to me.
    보지 않았어요. 퀴즈 프로는 전부 시시해요.

A   Don't you think a lot of TV programs are really awful?
    TV 프로에는 정말 변변치 못한 것이 많다고 생각지 않으세요?

B   Yes, I think so, but there are some good movies shown in the middle of the night.
    네, 그렇게 생각해요. 하지만 심야에 괜찮은 영화도 해요.

좋아하는 프로는 녹화해 두었다가 나중에 봅니다.

I record my favorite programs on videotape, and enjoy replaying them later.

오늘 밤 9시 반부터 11채널 에서 '햄릿'을 방영해요. 녹화 좀 해주시겠어요?

'Hamlet' is on Channel 11 tonight at 9:30. Could you tape it for me?

» '녹화하다'는 tape·videotape· ~, 또는 record ~ on videotape

때때로 비디오점에서 비디오를 빌려 봅니다.

I sometimes borrow videos from the rental video shop.

이 라디오로 해외방송을 몇 가지 수신할 수 있습니다.

I can pick up some overseas broadcasts with this radio set.

MBC에서는 무슨 프로를 해요?

What's on MBC?

음악 · 영화 · 연극
I'm interested in listening to music.

음악 듣는 것을 좋아합니다.

I'm interested in listening to music.
I like listening to music.

» 음악 장르는 blues(브루스), classical(클래식), country(컨트리), dance(댄스), heavy metal(헤비메탈), hip hop(힙합), jazz(재즈), Latin(라틴), pop(팝), reggae(레게), rock(락), techno(테크노) 등 아주 다양하다.

클래식을 좋아해요. 특히 모차르트에 빠져 있습니다.

I like classical music. I'm especially keen on Mozart.

현대 음악은 전혀 모릅니다.

I've got no ear for modern music.

A Do you like music?

음악 좋아하세요?

B Yes, I do. I spend most of my time listening to music. I'm a bit of a fanatic, I suppose.

네, 좋아해요. 시간이 나면 음악을 들어요. 약간 광적인 면도 있는 것 같아요.

A That's great! So am I.

좋아요! 저도 그래요.

» Are you a music fan?이라고 물을 수도 있다.

A What kind of music do you like?

무슨 음악을 좋아하세요?

B I love pop music so much that I can't get to sleep without listening to some.

팝을 아주 좋아해서 조금이라도 듣지 않으면 잠이 오지 않아요.

» '대중음악에 빠져 있습니다.'는 I'm crazy about popular music.

기타 음악이라면 어떤 거라도 좋아합니다.

I like any kind of guitar music.

» '난 이 노래에 빠졌어요.'는 I'm hooked on this song.

실내악보다 관현악을 좋아합니다.

I prefer orchestral to chamber music.

비틀스 노래를 몇 곡 좋아합니다.

I love some of the Beatles' songs.

재즈 CD를 많이 모았습니다.

I've collected a lot of jazz CDs.

» CD는 compact disk의 약자. '클래식 레코드를 많이 가지고 있는 것이 자랑입니다.'는 I'm proud of having a big collection of classical records.

최고급 CD가 달린 스테레오를 방금 샀습니다.

I've just bought a complete set of stereo units with a top quality CD player.

음악을 틀까요?

Shall I put some music on?

A Do you play any musical instruments yourself?
연주할 수 있는 악기가 있어요?

B Yes. I can play the piano.
네, 피아노를 칠 줄 압니다.

» I'm learning to play the guitar.(기타를 배우고 있어요), I used to be fond of playing the flute.(전에는 플루트 연주를 좋아했어요)

저 록 그룹의 콘서트 표가 두 장 있어요. 가시겠어요?

I've got a couple of tickets for that rock group's concert. Would you like to come?

» '클래식 콘서트'는 a classical music concert이다.

리사이틀은 오늘 밤 몇 시부터입니까?

What time is the recital this evening?

» recital은 '발표회, 연주회'라는 뜻이다.

무엇을 공연합니까?

What's on the program?

» '(연주되는 곡의) 작곡자'를 물을 때는 Who's the composer?, '지휘자'를 물을 때는 Who's conducting the orchestra?

춤을 잘 추시겠네요.

You must be a good dancer.

» '이 왈츠를 출까요?'는 Shall we dance this waltz?

당신 나라에서 유명한 민요를 한 곡 불러 주시겠어요?

Why don't you sing us a folk song that's well known in your country?

미안합니다, 음치라서요.

Sorry, but I'm tone-deaf.
Sorry, but I won't sing. I'm a terrible singer, you know.

지금 무슨 영화를 상영하고 있어요?

What movies are playing now?
What movies are out now?
What's showing?

무슨 영화를 좋아하세요?

What kind of movie do you like?

A Do you go to the movies very often?
  영화 보러 자주 가세요?

B Yes, I do. I see more than five films a month. I suppose I'm quite a movie buff.
  네, 한 달에 5편 이상 봅니다. 영화광이죠.

마지막으로 본 영화가 뭐였어요?

What was the last movie you saw?

» '(그 영화) 누가 감독했어요?' 는 Who directed the movie?

A How was it? 어땠어요?

B It was really boring. It was not as interesting as I expected. 정말 지루했어요. 기대했던 것만큼 재미있지 않았어요.

  » '재미있는 영화였어요.' 는 It was really superb[great, wonderful].

좋아하는 배우는 누구예요?

Who's your favorite actor or actress?

한때 영화배우들 사진을 수집했었어요.

I once collected photos of movie stars.

드라이브 인 극장에 가보고 싶어 죽겠어요.

I'm dying to go to a drive-in theater.

연극 구경하는 것을 좋아합니다.

My favorite pastime is going to the theater.

» '가끔 오페라나 발레도 보러 갑니다.'는 I go to the opera or ballet once in a while.

햄릿을 보러 갑시다. 지난번에 보지 못했어요.

Let's go to see Hamlet. We missed it last time.

» '예매권을 세 장 샀어요.'는 I've bought three tickets in advance. '표는 항상 전화로 예매합니다.'는 I usually order tickets by telephone.

A Are there any good plays on?
공연하고 있는 괜찮은 연극 있어요?

B Yes. 'Queen Myungsung' at the moment.
'명성황후'가 있어요.

실내 오락

I'm crazy about electronic TV games.

포커를 가르쳐 주시겠습니까?

Could you tell me how to play poker?

» '규칙을 읽어 주시겠어요?'는 Would you read us the rules (of the game)? 실내 게임으로 많이 하는 것은 주로 Korean chess[janggi](장기), go(바둑), chess(체스) 등의 board game(보드 게임)과 cards(카드놀이) 등이다.

가위 바위 보로 순서를 결정합시다.

Let's decide the order by scissors-paper-rock.

» 외국에서는 Let's toss a coin for it.(동전을 던져서 순서를 결정합시다)라고 하는 경우가 많다.

카드를 돌리세요.

You deal now.

저는 실내 게임은 못합니다.

I'm not one for indoor games.

텔레비전게임에 빠져 있습니다.

I'm crazy about electronic TV games.

친구 집에서 몇 번인가 해보고 좋아하게 되었습니다.

After playing a few games at my friend's place, I got to like it.

때때로 다트 게임을 합니다.

I sometimes have a game of darts.

핀볼게임 해보셨어요?

Have you tried the pin-ball game?

장기를 한번 해보면 푹 빠질 겁니다.

Once you try Chinese chess, you'll be hooked.

바둑은 좋아하지만 잘하지 못합니다.

I like playing Chinese checkers, but I'm out of practice.

» 바둑은 기본 규칙은 간단(The basic rules are simple)하지만 심오한(There's a lot to this game) 것 같습니다.

미국에는 판을 사용하는 게임에는 어떤 것이 있습니까?

What board games do you have in the United States?

» 체스(chess) 외에 체커(checkers)와 오셀로(othello) 등이 있다.

A   What game would you like to play?
    무슨 게임을 하고 싶어요?

B   Well, how about a game of cards or mahjong?
    저, 카드나 마작 어때요?

실외 오락

I'm interested in gardening.

저의 취미는 오토바이를 타는 것입니다.

My favorite pastime is motorcycle riding.

» 밖에서 즐길 수 있는 활동으로는 hiking(도보 여행), climbing(등산), rafting(래 프팅), rock climbing(암벽 등반), camping(캠핑), fishing(낚시), traveling(여행), swimming(수영), cycling(자전거 타기) 등 셀 수 없이 많다.

때때로 제 4륜 구동차를 타고 간단한 드라이브를 하러 나갑니다.

I sometimes go out for a short drive in my four-wheel-drive car.

사진에 빠져 있어서 카메라를 꼭 가지고 외출합니다.

I'm crazy about photography, and I never go out without a camera.

제 취미는 낚시, 사냥, 수채화, 목공예입니다.

My hobbies are fishing, hunting, water color painting and carpentry.

» '그런데 어떤 것도 잘하는 건 없어요.'는 I'm no good at any of these, though.

원예에 관심이 있어요.

I'm interested in gardening.
I'm interested in horticulture.

» '분재를 좋아합니다.'는 I go in for potted planting. '분재'를 영어로 말하면 cultivation of dwarf trees in the pots(화분에 작은 나무를 기르는 것)라고 할 수 있을 것이다.

목공예를 좋아합니다.

I'm an amateur carpenter.

이번 주말에는 혼자서 새 책꽂이를 만들 겁니다.

I'm going to make myself a new bookcase this weekend.

» 무엇이든 스스로 만드는 것을 좋아하는 사람들을 위한 DIY 제품이 무척 많다. DIY는 do-it-yourself의 약어로 소비자가 직접 가정용품을 제작·수리·장식하는 것이다.

특별한 것은 없습니다. 낮잠을 자거나 정원을 돌봅니다.

I do nothing special – mostly napping or gardening.

» I'm afraid I'm not really much of an outdoors man.(저는 야외활동 타입은 아닌 것 같은데요)이라고 할 수도 있다.

Unit 13 건강과 병원

100세 시대를 사는 현대인에게 건강은 최고의 관심사다. 캐나다와 미국에는 가정의(a family doctor) 제도가 있어서 보통 병원에 간다는 표현을 go to the doctor's / see a doctor라고 한다. go to the hospital이라고 하면 수술이나 긴급 상황을 의미한다. 컨디션을 물을 때는 How do you feel?(기분은 어떠세요?) / How is your health?(건강은 어떠세요?)이라 하고, I feel good.(몸 상태가 좋아요) / I'm not well.(별로 안 좋아요) / I'm getting better.(나아지고 있어요) 등으로 대답한다.

Health and Hospitals

건강을 물을 때
What's the matter?

건강이 좋지 않아 보이네요, 그렇죠?

You aren't looking very well, are you?
You aren't looking yourself.

A Good morning, Jeff. How are you this morning?
안녕하세요, 제프. 오늘 아침 어떠세요?

B I'm fine, thank you, and how are you?
좋아요. 당신은 어때요?

» 건강이 좋다면 Pretty well, thanks. / No problems.라고 한다.

A How are you feeling today?
오늘 기분이 어떠세요?

B Not too well, I'm afraid. I have a terrible headache.
별로입니다. 두통이 심해요.

기분이 좋지 않지요?

Aren't you feeling well?

A Are you all right, Joe? You don't look at all well.
조, 괜찮아요? 전혀 좋아 보이지 않는데요.

B I don't feel well, actually. In fact, I feel terrible.
사실, 좋지 않아요. 몸이 많이 아파요.

안색이 좀 좋지 않아 보이는군요.

You look a bit pale.

» 같은 식으로 You look a bit tired.(좀 피곤해 보이는군요) 또는 You look a bit sleepy.(졸린 것 같군요)라고 말을 해도 좋다.

무슨 일 있어요?

What's the matter?
What's the matter with you?
What's wrong with you?

A   Is anything the matter with you? 무슨 일 있어요?

B   Oh, nothing. Please don't worry. 아무 일 없어요. 걱정 마세요.

기분이 아주 좋지 않습니다. 멀미가 나요.

I feel awful. I'm afraid I'm carsick.

» 몸이 안 좋을 때 쓸 수 있는 표현은 Somehow I don't feel quite right.(어쨌든 몸이 좀 안 좋아요) / I seem to have no energy.(기운이 없어요) / I easily get tired these days.(요새 쉽게 피곤해져요) / I have a chill.(오한이 나요) / I sneeze a lot. (재채기가 자꾸 나와요) / I have a splitting headache.(머리가 쪼개질 것처럼 아파요) / My eyes are sore.(눈이 아파요) / I have a running nose.(콧물이 나요) 등 아주 많다.

얼굴이 붉군요.

Your face is flushed.

» '숙취인 것 같습니다.'는 I'm afraid I have a hangover.

발이 어떻게 된 거예요?

What's the matter with your foot?

A   Would you like to see the doctor?
의사에게 진찰 받으시겠어요?

B   No, thank you. I could manage.
아뇨, 됐어요. 괜찮아요.

   » manage는 '요령껏 이리저리 하여 ~해내다'라는 의미로 I think I can manage by myself.(혼자서 어떻게 할 수 있을 것 같아요)처럼 이용한다.

A   Hello, Greg. Are you feeling any better today?
안녕하세요, 그레그. 오늘은 좀 좋아졌어요?

B   Yes, a little, thanks.
네, 조금이요.

A   Good. You really looked awful yesterday.
좋아요. 어제는 정말 안 좋아 보였어요.

목소리가 쉬었어요.

Your voice is hoarse.

다 나았습니까?

Are you completely better?

아무렇지도 않습니다.

Nothing's wrong with me.

괜찮습니다. 걱정하지 마세요.

I'm all right. Don't worry about me.

컨디션이 좋아요.

I'm in good shape.

어제는 좋지 않았는데 오늘은 많이 좋아졌어요.

I felt terrible yesterday, but I'm much better today.

다 나았습니다. 다시 건강하게 움직일 수 있습니다.

I'm completely better. I'm up and about again.

» up and about은 '(환자가) 좋아져서, 일어나, 활동하여'. 미국에서는 up and around라고도 한다.

I think I'm catching a cold.

몸이 좀 아픕니다.

Something's wrong with me.

감기에 걸린 것 같습니다.

I think I'm catching a cold.

감기 기운이 좀 있습니다.

I've caught a bit of a cold.
I've got a touch of (the) flu.
I have a slight cold.

» influenza는 회화에서는 (the) flu라고 하는 게 보통이다.

A   You don't look very well. What's wrong?
     좋아 보이지 않는데 어디 아프세요?

B   Oh, nothing much. I've just got a bit of a cold. Don't worry.
     대단치 않아요. 감기 기운이 있어요. 걱정하지 마세요.

A   I seem to have caught the flu or something, but I'm not too bad.
     감기 같은 게 걸린 것 같은데 대단치는 않아요.

B   Oh, I'm sorry to hear that. There seems to be a lot of flu about.
     안됐군요. 요즘 감기가 유행하는 것 같아요.

     » about은 '여기저기에'라는 뜻

심한 감기에 걸렸습니다.

I have a terrible cold.

또 감기에 걸린 것 같습니다.

I'm afraid I've caught another cold.

감기라도 걸린 것 같군요.

It sounds to me as if you've got (the) flu.

오한이 납니다.

I feel chilly.

열이 좀 있습니다.

I have a slight fever.
I think I have a little fever.
I feel a little feverish.

» 열이 있다는 것은 I've got a fever. 또는 I've got a temperature.라고도 한다.

노곤합니다.

I feel languid.
I feel dull.

노곤해서 일하고 싶은 생각이 없어요.

I feel dull, and don't feel much like working.

온몸이 쑤십니다.

My body aches all over.
I ache all over.

기운이 없습니다.

I feel run down.

코감기에 걸렸습니다.

I have a cold in the nose.

I've got a head cold.

코가 막혔어요.

My nose is stuffy.

콧물이 납니다.

I have a running nose.

I have a runny nose.

A   You look very pale. Are you all right?
안색이 좋지 않군요. 괜찮으세요?

B   No, I'm not. I can't stop coughing and I'm sure I've got a temperature.
좋지 않아요. 기침이 멈추지 않고 열이 있어요.

목이 아픕니다.

My throat is sore.

I've got a sore throat.

감기가 좀처럼 떨어지지 않습니다.

I can't shake off my cold.

I can't get rid of this cold.

A   Aren't you taking any medicine?
약 안 드셨어요?

B   Of course I am, but it doesn't seem to do much good.
먹었어요. 그런데 잘 듣지 않는 것 같네요.

» '약효가 있다, 약이 잘 듣는다.'는 It works well.이라고 한다.

이제 감기가 빨리 나았으면 좋겠어요.

I hope my cold is going now.

이제 감기가 다 나았습니까?

Have you got rid of your cold?

Did you get over your cold yet?

A   Have you got over your cold?
　　　감기 다 나았어요?

B   Yes, I have. I was in bed all weekend, but I feel much better now, thank you.
　　　네, 주말에는 하루 종일 누워 있었는데 덕분에 지금은 많이 좋아졌어요.

　» '다 나았다'라는 I'm completely better./I've got over it. 등의 표현을 알아두자.

상대방을 위로할 때
That's too bad.

안됐군요.

That's too bad.

I'm very sorry to hear that.

빨리 나으시길 바랍니다.

I hope you get better soon.

건강 조심하세요.

Please take good care of yourself.

» 이런 말을 들으면 I will, thank you. You, too.라고 대답한다.

좀 쉬는 게 어때요?

Why don't you take a short rest?

좀 누워 있어야겠어요.

You should lie down for a while.

하루 쉬셔야 해요.

You should take the day off.

의사에게 진찰 받는 게 좋을 것 같습니다.

I think you should see the doctor.

I think you ought to see the doctor.

열을 재보지 그러세요?

Why don't you take your temperature?

이마에 손을 대볼게요.

Let me feel your forehead.

» 이렇게 말하고 나서 Mmm, that's really burning. You've certainly got a fever.
(음, 정말 뜨겁군요. 열이 있어요) 등으로 말할 수 있다.

아스피린 같은 거 드셨어요?

Have you taken any aspirin or anything like that?

이 알약은 정말 잘 들어요.

I'm sure these tablets will do you a lot of good.

이 파스를 아픈 곳에 붙이는 게 어때요?

How about putting this plaster on where it hurts?

건강은 자신이 돌봐야 해요. 나이가 들어가잖아요.

We must look after ourselves. We're getting old,
 you know.

외래환자 입구는 어디입니까?

Where's the entrance for out-patients?

접수창구는 어디입니까?

Where's the reception desk, please?

오늘이 초진입니다.

This is my first visit.

접수용지는 어디에 있습니까?

Where can I get a registration form?

의료보험증 여기 있습니다.

Here's my health insurance certificate.

의료보험증은 여기에 제출해야 합니까?

Do I have to submit my insurance form here?

A   Hello. My name's Park. I called earlier for an
    appointment.
    안녕하세요. 앞서 전화로 예약한 박입니다.

B   Oh, yes, Mr. Park. Would you please have a seat? The
    doctor will be with you in a few minutes.
    네, 박 선생님, 앉으세요. 잠시 후에 진찰 받으실 수 있습니다.

10시 30분에 진료 예약을 했습니다.

I have an appointment to see the doctor at 10:30.

» surgery(외과), internal department(내과), pediatrics(소아과), dermatology(피
부과), plastic surgery(성형외과), gynecology(부인과)

병력을 써넣어야 합니까?

Do I have to fill out a health history form?

톰슨 박사님은 지금 진료 중입니까?

Is Dr. Thompson engaged now?

이 병원은 몇 시부터 몇 시까지 진료합니까?

What hours is the hospital open?

안과는 어디 있습니까?

Where can I see an oculist?

Where can I see an eye doctor?

이비인후과 전문의의 진료를 받고 싶습니다.

I'd like to see an ear, nose and throat specialist.

» '일반 개업의사'는 general practitioner, '가정 주치의'는 family doctor, '전문의'
  는 specialist라고 한다. 예를 들면 '전문의'는 eye specialist, '이비인후과 전문의'
  는 ear, nose and throat specialist(ENT doctor)라고 한다.

신경과는 있습니까?

Do you have a neurology department?

» '산과 의사'는 obstetrician, '부인과 의사'는 gynecologist, '소아과 의사'는
  pediatrician이라고 하는데 이런 말을 모르면 women's doctor, child doctor(또
  는 children's doctor)라고 해도 좋다.

진료실은 어디입니까?

Where's the consultation room, please?

클라크 박사님이 소개해 주셨습니다.

Dr. Clark has referred me to you.

왕진하실 수 있습니까?

Do you make house calls?

진찰하지 않고 약만 탈 수 있습니까?

Can I get some medicine without being examined?

» '진찰'은 examination, consultation, '진단'은 diagnosis라고 한다.

의사에게 증상을 설명할 때
My stomach is upset.

항상 피곤한데 푹 자지 못해요.

I'm tired all the time and can't sleep well.

A   So, what seems to be the problem?
     그런데, 어디가 아프신 겁니까?

B   I think I'm coming down with the flu. I'm a bit feverish.
     감기에 걸린 것 같습니다. 열이 좀 납니다.

A   Hmm, let's take your temperature now.
     음, 열을 재볼까요.

   » What seems to be the matter? / What's your complaint?는 의사가 진찰
   을 시작할 때 흔히 하는 말이다.

어깨가 뻐근합니다.

I've got a stiff shoulder.

쉽게 숨이 찹니다.

I get out of breath easily.

A   How about coughing? 기침이 납니까?

B   Yes, I have a bad cough. 네, 심합니다.

   » How about chills?(오한은 있습니까?)처럼 'How about ~?'으로 물을 수 있다.

때때로 구역질이 납니다.

I sometimes feel nauseated.

식욕이 없습니다.

I don't have any appetite.

I don't feel like eating.

» How's your appetite?(식욕은 어떠세요?)이라고 물으면 이렇게 대답할 수 있다.

배가 아픕니다.

My stomach is upset.

가슴앓이를 하고 있습니다.

I have heartburn.

설사를 합니다.

I have loose bowels.

I'm suffering from diarrhea.

변비가 있습니다.

I'm constipated.

I'm suffering from constipation.

소화불량으로 고생하고 있습니다.

I'm suffering from indigestion.

간에 문제가 있습니다.

I have liver trouble.

오른쪽 발에 물집이 생겼습니다.

I've got blisters on my right foot.

» '발에 티눈이 생겼다.'는 I've got corns on my foot. '무좀'은 athlete's foot이라고 한다.

왼쪽 발목을 삐었습니다.

I've sprained my left ankle.

» 이어서 I fell yesterday and twisted my ankle. It seems to be worse today.(어제 넘어져서 발목을 삐었는데 오늘은 더 아픈 것 같아요)라고 설명한다. 또한 '골절' 은 fracture, '탈골'은 dislocation이라고 한다.

무릎이 벗겨졌습니다.

I've skinned my knee.

발가락이 부었습니다.

My toe is swollen.

때때로 현기증이 납니다.

I sometimes feel dizzy.

오른쪽 귀가 멍멍합니다.

My right ear is ringing.

꽃가루 알레르기가 있습니다.

I'm allergic to pollen.

생리가 불규칙합니다.

My periods are irregular.

오랫동안 생리를 하지 않았습니다.

I haven't had a period for a long time.

» '임신하다'는 I'm pregnant.

몸무게가 줄고 있습니다.

I'm losing weight.

I've got a pain in my chest.

가슴이 아픕니다.

I've got a pain in my chest.

무릎이 좀 아픕니다.

I've got a slight pain in my knee.

눈이 아픕니다.

My eyes are sore.

멍든 데가 아직 아픕니다.

My bruise is still sore.

왼쪽 귀가 아픕니다.

My left ear hurts.

오른쪽 어깨가 쑤십니다.

My right shoulder aches.

머리가 깨지는 것처럼 아픕니다.

I've got a splitting headache.

» '아픔'을 나타내는 가장 일반적인 말이 pain으로 조금 아플 때나 몹시 아플 때 언제라도 쓸 수 있다. ache는 몸의 일부에 오래 계속되는 통증을 말하는 것으로 headache(두통), stomachache(복통), toothache(치통) 등이 이에 해당한다.

A **Does it hurt anywhere?**
어디가 아픕니까?

B **Oh, yes. My knees, my elbow, … and here.**
네, 무릎, 팔꿈치, … 그리고 여기입니다.

» 손가락으로 아픈 곳을 가리킬 수도 있다. '아무 데도 아픈 데는 없습니다.' 는 I don't feel any pain at all.

등이 뻐근합니다.

I've got a dull pain in the back.

장이 아픕니다.

I have a griping pain in the bowels.

왼쪽 눈이 따끔거립니다.

I have a throbbing pain in the left eye.

배가 너무 아파서 참을 수가 없습니다.

I've got a terrible stomachache. I can't stand it.

허리 주위가 아픕니다.

I have pains all around the waist.

바로 여기가 아픕니다.

It hurts right here.

» '아, 아파!'라고 외치는 것은 Ouch!이다.

턱을 움직일 때 아주 아픕니다.

I have an acute pain when I move my jaw.

숨을 쉴 때 가슴이 아픕니다.

My chest hurts when I breathe.

조금만 스쳐도 아픕니다.

It hurts even when I touch it lightly.

누르면 좀 나아집니다.

It feels a little better when I press it.

관절이 때때로 아픕니다.

My joints sometimes ache.

걸을 때 사타구니가 아픕니다.

I have a pain in my groin when I walk.

쥐가 나서 죽겠습니다.

This cramp pain is killing me.

3일 전부터 아프기 시작했습니다.

The pain started three days ago.

이제 아프지 않습니다.

The pain has gone.

치과 예약할 때

I'd like to make an appointment to see the doctor.

진료 예약을 하고 싶은데요.

I'd like to make an appointment to see the doctor.

가능하면 빨리 진찰을 받고 싶군요.

I'd like to be examined as soon as possible.

A   **Is this Dr. Richards' office?** 리차드 치과 의원입니까?

B   **Yes, it is.** 네, 그렇습니다.

A   **I'd like to make an appointment with Dr. Richards.**
리차드 박사님에게 예약하고 싶습니다.

B   **When would you like to come in?** 언제 오시고 싶습니까?

A   **As soon as possible, this afternoon, if possible.**
되는 대로 빨리, 가능하다면 오늘 오후가 좋겠습니다.

» The doctor is very busy this afternoon, but there's an opening at 5:15.
How would that be?(박사님은 오늘 오후는 매우 바쁘시지만 5시 15분은
비어 있습니다. 그땐 어떠세요?)에 대해 That'll be fine, thank you.(좋습
니다. 부탁하겠습니다)라고 대답하고 이름을 말하면 예약할 수 있다.

치과 치료를 받을 때

It aches constantly.

이를 진찰해 주시겠습니까?

Would you check my teeth, please?

» Sit down and lean back, please.(여기에 앉아서 기대 주십시오), Let's take a look.(좀 봅시다), Open your mouth wide.(입을 크게 벌리세요)라고 시작한다.

A What seems to be the problem?
어디가 아프십니까?

B I've had a terrible toothache since last weekend in the back there.
어금니가 지난 주말부터 아주 아픕니다.

윗 어금니 하나가 제일 아픕니다.

One of the back ones at the top is aching most.

» 충치 관련 용어는 wisdom teeth(사랑니), cavity(충치), upper jawbones(상악골), lower jawbones(하악골), bite(교합), temporary crown(임시 치아), denture(틀니), brace(교정기), silver filling(아말감), all-porcelain crown(올세라믹 크라운) 등이 있다.

3일 동안 아팠습니다.

It's been hurting for three days.

계속 아픕니다.

It aches constantly.

조금만 닿아도 아주 아픕니다.

Any pressure on it is very painful.

찬 물을 마실 때마다 아주 아픕니다.

I get a sharp pain whenever I drink cold water.

그 이는 단 것을 먹으면 아픕니다.

That tooth is sensitive to sweet things.

두드리면 아픕니다.

It's painful when you tap on it.

잇몸에 가끔 둔통이 있습니다.

I sometimes feel a dull pain in the gums.

이가 아픈 것은 참을 수가 없습니다.

I can stand any sort of pain except toothache.

A   I have trouble with one of the upper teeth.
     윗니 하나가 이상합니다.

B   Hmm … It hurts here, right? It's just the last molar on
     the left. There's a cavity.
     음, 여기가 아프시죠? 왼쪽 제일 뒤어금니군요. 충치입니다.

충치가 있는 것 같은데요.

I'm afraid I have some decayed teeth.
I'm afraid I have some cavities.

이 하나가 흔들립니다.

One of my teeth is loose.

이를 남겨둘 수는 없습니까?

Will it be difficult to save the tooth?

죄송하지만 이를 뽑기는 싫습니다.

Sorry, but I hate having a tooth pulled out.

» All right. I'll just put in a filling.(알았습니다. 때우기만 하죠)이라고 하든가, 할
  수 없다면 빼버리든가(pull out) 한다.

매우 아픕니까?

Will it hurt very much?

뽑았습니까?

Is it out?

전혀 아프지 않았어요. 감사합니다.

I felt no pain at all. Thank you very much.

음식물이 이 사이에 자주 낍니다.

Food often gets caught between my teeth.

때운 데가 떨어졌습니다.

I've lost a filling.

» 치과 치료를 받을 때 많이 듣게 되는 표현은 panoramic X-ray(파노라마 엑스 레이 촬영), numb(마취; 마취시키다), antibiotic(항생제), bonding(본딩), core build up(코어 충전), file down(갈아내다), rotten(썩은), inflamed(염증이 생긴), prick(따끔하도록 찌르다), take out(발치하다) 등이다.

A I'd like to get one of my back teeth filled.
어금니 하나를 때우고 싶습니다.

B All right. I'll put a crown over it.
좋습니다. 위에 치관을 씌워 드리겠습니다.

치료해야 할 이가 2~3개 더 있는 것 같습니다.

I think there's a few more teeth that need attention.

의치가 잘 맞지 않는 것 같은데요.

I'm afraid the denture doesn't fit well.

때때로 이를 갑니다.

I sometimes grind my teeth.

잇몸병에 걸리지 않았나 합니다.

I'm afraid I'm suffering from some sort of gum disease.

» '잇몸'은 gum이고, '잇몸이 아프다'는 My gums hurt.라고 한다.

A   That's it for today.
오늘은 여기까지 하죠.

B   Thank you, doctor. It doesn't hurt anymore.
감사합니다. 선생님. 이제 아프지 않아요.

어떤 칫솔을 사용해야 합니까?

What brand of toothbrush should I use?

A   When should I come back?
언제 다시 오면 됩니까?

B   Today, I've just put in a temporary filling, so it'll require two or three more visits. What about the day after?
오늘은 일시적으로 때우기만 했어요. 2~3번 더 오셔야 합니다.
모레는 어떠세요?

» How long will the treatment take?(치료에는 시간이 얼마나 걸립니까?) 도 같은 질문이다.

보험이 됩니까?

Does my insurance cover this?

» 보험이 적용되는지 묻는 질문이다.

영수증을 주시겠습니까?

Could I have a receipt?

어디가 아픈 거죠?

What's wrong with me?

» 중요한 병명도 미리 알아둘 필요가 있다. allergy(알레르기), gastritis(위염), cancer(암), lung cancer(폐암), influenza(독감(=flu), cold(감기), hypertension(고혈압), stroke(뇌졸중), epidemic(유행병), heart disease(심장병), asthma(천식), diabetes(당뇨병), obesity(비만), chicken pox(수두), stress(스트레스), pneumonia(폐렴), mumps((유행성) 이하선염, 볼거리), measles(홍역), enteritis(장염), hepatitis(간염), arthritis(관절염), amnesia(건망증, 기억상실증), dementia(치매)

미안하지만 주사는 싫습니다.

I'm sorry, but I hate injections.

페니실린 알레르기입니다.

I'm allergic to penicillin.

» '알레르기가 있습니까?' Do you have any allergies?라고 물을 때 이렇게 대답한다. '항생물질 알레르기'라면 I'm allergic to antibiotics. 알레르기가 없다면 None.(=I don't have any allergies)이라고 대답한다.

에이즈가 두렵습니다.

I'm very afraid of AIDS.

» AIDS는 후천성 면역 결핍증(Acquired Immune Deficiency Syndrome)의 약자이다.

A Have you ever had any serious illness?
큰 병을 앓은 적이 있으세요?

B Yes, I had tuberculosis when I was a child.
네, 어릴 때 결핵을 앓았습니다.

» 심장발작(heart attack), 당뇨병(diabetes), 치질(piles), 기관지염(bronchitis), 천식(asthma), 홍역(measles), 궤양(ulcer) 등 자신과 관련 있는 병명은 알아두자.

3년 전에 맹장 수술을 받았습니다.

I had my appendix removed three years ago.

» '맹장절제'는 appendectomy라고 한다. 폐(lungs), 간(liver), 신장(kidneys), 편도선(tonsils) 등 신체기관(organs) 이름도 알아두는 것이 좋다.

수술은 한 번도 받은 적이 없습니다.

I've never had an operation.

올해 들어 건강진단을 받은 적이 없습니다.

I haven't had any health checkups this year.

정신과 치료는 받은 적이 없습니다.

I've never been under the care of a psychiatrist.

입원한 것은 아이를 낳을 때뿐이었습니다.

The only time I've ever been in hospital was to have a baby.

» 병원에 입원시키는 것은 hospitalize라고 한다. 그래서 '병원에 입원하다'라고 말하려면 be hospitalize를 써서 I was hospitalized for 3 days.(나는 3일 동안 입원했다)라고 해야 한다. '출산, 분만'은 delivery라고 하지만 약간 형식적인 말이다.

소변검사를 받아야 합니까?

Do I have to have a urine test?

제 검사결과를 가르쳐 주시겠습니까?

Could you give me the results of my laboratory tests?

혈압이 높은 것 같은데요.

I'm afraid my blood pressure is high.

뇌에는 아무 문제가 없었으면 합니다.

I hope there's nothing wrong with my brain.

어떻게 치료하면 됩니까?

How can I get rid of it?

» diarrhea(설사), headache(두통), burn(화상), toothache(치통), vomiting(구
토), fracture(골절), hiccup(딸꾹질), fever(열, 발열), scar(상처, 흉터),
indigestion(소화불량), cough(기침), sneeze(재채기), bruise(타박상),
constipation(변비), unbalanced nutrition(영양실조), dizziness(현기증),
sweat(땀), nausea(오심, 메스꺼움), chill(한기, 오한), bleeding(출혈), blister(물
집), migraine(편두통), faint(기절, 졸도) 등의 증상 관련 단어들도 알아두자.

A   Could you give me some medicine?
약을 좀 주시겠습니까?

B   Well, I'll prescribe some antibiotics.
네, 항생제를 처방하겠습니다.

A   I'll make out a prescription, and you can have it filled
at a drugstore.
처방전을 써 드릴 테니까 약국에 가서 조제 받으세요.

B   Yes, thank you, doctor.
네, 감사합니다. 박사님.

언제 다시 올까요?

When should I come back?

몇 번이나 통원 치료를 해야 합니까?

How often must I come to the hospital?

진찰해 주셔서 감사합니다.

Thank you for seeing me.

틀림없이 지시대로 하겠습니다.

I'll follow your directions to the letter.

» to the letter는 '글자대로, 정확히'이다.

A Would you mind filling out this form for my Korean insurance?

한국의 보험 관계 때문에 그러는데 이 용지에 적어 주시겠습니까?

B Oh, certainly. 그러죠.

» 외국에서 병원 치료를 받은 경우에 필요한 표현이다. I need a voucher so I can be reimbursed by my insurance in Korea.(한국의 보험회사로부터 환불받을 수 있도록 증명서가 필요합니다)라고 설명한다. 날짜(date), 의사의 이름(name), 주소 (address), 증상(symptoms), 진찰료(consultation fee) 등을 써 준다.

A How do I pay?

지불은 어떻게 합니까?

B You can pay my receptionist on your way out.

돌아가실 때 접수원에게 내세요.

A How much will it be for this visit?

오늘 진찰료는 얼마입니까?

B You can ask my receptionist about that, too.

그것도 접수원에게 물어 주십시오.

A Thank you very much, doctor.

선생님, 감사했습니다.

B You're welcome. Come back if you have any problems.

천만에요. 아프면 다시 오세요.

A I certainly will. Goodbye.

그러겠습니다. 안녕히 계세요.

긴급 상황입니다. 구급차를 불러주세요.

It's an emergency. Call me an ambulance, please.

A   My mother had a relapse, and she had to go into the hospital.
   제 어머니는 병이 재발하셔서 입원하셨어요.

B   Oh, dear. I feel very sorry for her. Please give my sympathy to your family.
   맙소사. 정말 안 되셨군요. 제가 위로 드린다고 가족들에게 전해 주세요.

입원하려면 어떤 수속이 필요합니까?

How do I go about being admitted to the hospital?

입원에도 보험이 적용됩니까?

Will my insurance policy cover hospitalization?

가능하다면 1인실을 주세요.

I want to have a private room if possible.

공동 병실도 괜찮습니다.

I'll be all right in a ward.

» (hospital) ward(병동), emergency room(응급실), ambulance(구급차)

수술할 때까지 얼마나 오래 입원해야 합니까?

How long will I have to be in hospital before the operation?

개인 간호사를 고용해도 되겠습니까?

Is it right to hire a private nurse?

A What time can I see the doctor today?
오늘은 언제 의사 선생님을 만날 수 있죠?

B Around four o'clock. He'll be with you again on his evening rounds.
4시쯤에요. 오후 회진 때 다시 만나실 수 있어요.

입원환자 병동을 가르쳐 주시겠습니까?

Would you tell me where the inpatient ward is?

외과 병동의 몇 호실입니까?

Which room is it in the surgical ward?

문병 가서 그녀의 기분을 북돋아 줍시다.

Let's visit her in hospital to cheer her up.

이 병원의 면회 시간을 알고 싶습니다.

Could you tell me what the hospital's visiting hours are, please?

제2병동은 어느 길이죠?

Which way is the ward 2, please?

A How are you feeling today? 오늘은 어떠세요?

B I feel much better, thank you. 많이 좋아졌어요. 고마워요.

꽃을 좀 사왔습니다.

I've brought a bunch of flowers for you.

Here are some flowers for you.

생각한 것보다 건강해 보이네요.

You look a lot better than I imagined.

틀림없이 곧 완쾌될 겁니다.

I'm sure you'll be up and about soon.

» '빨리 완쾌되시길 바랍니다.'는 I hope you get better soon.

편하게 생각하고 푹 쉬세요.

Just take everything easy and relax.

기운내서 병마를 이겨내세요.

**You should fight this disease with everything
  you've got.**

그럼, 이제 가보겠습니다.

Well, I think I'd better be going.

이번 달 안에 다시 오겠습니다.

I promise I'll come back by the end of this month.

건강 조심하세요.

Please take good care of yourself.

A When can I leave the hospital?
   언제 퇴원할 수 있죠?

B You'll be ready (to leave the hospital) in a week.
   1주 후에는 퇴원해도 될 겁니다.

A I'm so relieved to hear that, doctor. Thank you very
   much. 그렇다면 안심이 되는군요. 선생님. 감사합니다.

A The doctor says you can go home the day after!
   의사 선생님이 모레 퇴원할 수 있대요!

B That's wonderful news.
   좋은 소식이군요.

Can I get my prescription filled here?

이것을 조제해 주시겠어요?

Can I get my prescription filled here?

이 처방전을 조제해 주시겠습니까?

Would you make up this prescription, please?

» 약국이나 병원의 약제과(dispensary)에서 처방전을 제시하고 약을 짓는 경우에 쓰는 표현이다.

얼마나 걸립니까?

How soon will it be ready?

A How often should I take this?
한 번 복용합니까?

B You should take it every four hours.
4시간마다 드십시오.

A How many tablets am I supposed to take at a time?
한 번에 몇 알 먹습니까?

B You should take two tablets thirty minutes after each meal.
식후 30분에 두 알 드셔야 해요.

» tablet(정제), pill(알약(코팅한 것), 경구용 피임약), 기타 powder(가루약), liquid(물약), ointment(연고) 등도 알아두자.

기침약은 어느 것입니까?

Which one is cough medicine?

진통제가 들어 있습니까?

Is there any pain-killer in this?

이 캡슐은 무슨 효능이 있습니까?

What is this capsule for?

알았습니다. 지시대로 하겠습니다.

I see. I'll follow your instructions.

약을 살 때
Can you give me something for a cold?

이것은 복통에 잘 듣습니까?

Is this good for stomachaches?

감기약을 주시겠어요?

Can you give me something for a cold?

일반 감기 같습니다.

I think it's a common cold.

변비에는 어떤 약이 좋습니까?

What would you recommend for constipation?

여기에 몇 정이 들어 있습니까?

How many tablets does this contain?

이 약을 먹으면 통증이 가라앉습니까?

Will this medicine relieve my pain?

피로한 눈에는 무엇이 좋습니까?

What's a good remedy for fatigued eyes?

연고를 주십시오.

I'd like some ointment.

안약을 주십시오.

I'd like some eyedrops.

살이 튼 데 잘 듣는 약 있습니까?

Do you have anything good for chapped skin?

이 약은 제게 잘 듣지 않아요.

This drug is no good for me.

붕대와 탈지면을 주십시오.

Some bandages and cotton wool, please.

거즈와 고약을 주십시오.

I'd like some gauze and plasters.

소형 구급상자를 주십시오.

I want a small first-aid kit.

디지털 체온계 있습니까?

Do you have a digital thermometer?

처방 없이 수면제를 살 수 있습니까?

Can I buy some sleeping pills without a prescription?

한방약은 취급하지 않습니까?

Don't you handle Chinese herbal medicines?

해외여행

글로벌 시대에 여행 영어는 필수다. 궁하면 통한다고 배짱부리지 말고 기본표현과 필수표현 정도는 공부하자. 바디랭귀지가 절대로 통하지 않는 곳도 많다. 공항에 도착하면 먼저 입국심사를 통과해야 한다. 질문과 응답은 대부분 정해져 있으니까 기내에서 작성한 입국카드와 여권을 심사관에게 보이고 묻는 대로 성실하게 대답하면 된다. 그 다음에는 BAGGAGE CLAIM 표시를 따라가 짐을 찾고, CUSTOMS 표시를 따라 세관으로 가서 여권과 세관신고서를 담당자에게 보여 주면 끝!

Overseas Trip

I'm planning to go abroad to improve my spoken English.

저는 단체 여행보다 혼자 하는 여행을 좋아합니다.

I always prefer to travel alone rather than with a group.

내일 오후 6시발 샌프란시스코행 KAL 002편을 탑니다.

I'm taking KAL Flight 002 for San Francisco at 6:00 tomorrow evening.

공항에서 뵙겠습니다.

I'll see you at the airport.

즐거운 여행이 되길 바랍니다.

I hope you'll enjoy your trip.

» 여행에도 여러 종류가 있는데, 보통 일반적 의미의 여행을 뜻하는 말은 travel이다. travel은 비교적 장기간의 여행이나 원거리 여행, 외국 여행 등이고, trip은 비교적 짧은 기간 동안 그리 멀지 않은 곳으로 떠나는 여행이나, 단체 여행, 소풍, 출장 등이다. journey는 먼 곳에 가서 오래 머무는 종류의 여행이고, tour는 일정한 지역 내에서 여러 곳을 방문하는 여행이다.

A I'm planning to go abroad to improve my spoken English.
영어 실력을 쌓으러 외국에 갈 계획이에요.

B Oh, that's a good idea. Whereabouts are you going?
좋은 생각이에요. 어디로 가시려고요?

» abroad, overseas는 '해외로'라는 뜻으로 to overseas나 to abroad라고 하기 쉬운데 to는 필요하지 않다. 물론 국명, 지명을 나타낼 때는 to France, to Canada와 같이 to가 필요하다. 또한 '외국'이라고 할 때는 foreign country라 하지 않고 another country라고 한다.

A **Can you recommend any good language school in Los Angeles?**
로스앤젤레스에 있는 이름 있는 랭귀지 스쿨을 소개해 주시겠어요?

B **I'm afraid I don't really know anything about them. I do know that there are a lot, though.**
그건 전혀 모르겠는데요. 많이 있다는 건 알지만요.

A **Where could I get some information about overseas study programs?**
해외 유학에 관한 정보는 어디에 가면 얻을 수 있어요?

B **From the embassies in Seoul. You should try the American Embassy.**
서울에 있는 대사관에서요. 미국 대사관에 가보세요.

A **I hear you're going to the United States.**
미국에 가실 거라고 들었는데요.

B **Yes. I'm going on a package tour to the West Coast.**
네, 미국 서해안으로 패키지여행을 갈 거예요.

A **Are you leaving soon?** 곧 떠나세요?

B **I'm flying out in a week.** 1주일 뒤에 (비행기로) 떠나요.

» '오래 체재하실 겁니까?'는 Are you staying a long time?

» 출국할 때 필요한 절차는 대략 다음과 같다. 공항에 도착하면 먼저 자신이 이용할 airline(항공사) check-in counter(탑승 창구)로 가서 Airline ticket(항공권)과 passport(여권)를 제시하고 좌석이 지정된 boarding pass(탑승권)를 발급 받는다. check-in baggage(부칠 짐)를 부치고 claim check(수하물표)을 받는다. 탑승 수속을 마치고 customs(세관)를 통과할 때 귀금속이나 외제품들을 신고(declare)한다. detector(검색대)에서 소지품 검사와 몸수색을 받는다. 여권, 탑승권을 제시하고 embarkation card(출국신고서)에 도장을 받는다.

I need a tourist visa.

미국 여행을 하려면 비자가 필요합니까?

Is it necessary to get a visa to travel in America?

Do you need a visa to travel in America?

제 여권 기한이 만료되어 새로 신청해야 합니다.

My old passport has expired, so I'll have to apply for a new one.

여권과는 어디 있습니까?

Where's the passport office, please?

여권 발행소 부근의 사진관은 비싸지요?

The photo shops around the passport office are always expensive, aren't they?

여권은 언제 나옵니까?

When can I get my passport?

여행 비자를 부탁합니다.

I need a tourist visa.

» '여권은 있습니다.'는 I've got my passport ready.

제가 원하는 경우에는 체재 연장 허가를 받을 수 있습니까?

Can I get a permit to stay longer if I wish?

그런 경우에는 주거 허가 신청이 필요하죠, 맞습니까?

I need to apply for a residence permit in that case. Is that right?

비자 발급 창구의 업무 시간은 어떻게 됩니까?

What are the office hours of the visa section?

I'd like to reconfirm my reservation.

6시에 출발하는 런던행 비행편을 예약하고 싶습니다.

I'd like to make a reservation for the six o'clock flight to London.

» 여행 일정(schedule)이 확정되면 출발 전에 호텔, 레스토랑, 극장 등의 예약 (reservation, 영국에서는 booking)을 한다.

예약 재확인을 하고 싶습니다.

I'd like to reconfirm my reservation.

» 비행기 출발 3일 전까지 좌석의 reconfirmation(재확인)을 하지 않으면 예약했 더라도 standby passenger(대기 승객)에게 자리가 돌아갈 수 있다.

내일 오후 8시 30분에 출발하는 대한항공 런던행 123편을 예약했습니다.

I have a reservation on KAL Flight 123 for London leaving at 8:30 p.m. tomorrow.

10월 11일 오후 7시 30분에 출발하는 234편으로 변경하고 싶습니다.

I'd like to change to flight 234 departing at 7:30 p.m. on October 11th.

» '일행도 모두 같습니다'는 The number of our party is the same.

금연석으로 잡아 주시겠습니까?

Could you put me in the non-smoking section?

가능하다면 통로석이 좋겠습니다.

I'd like an aisle seat, if I could.

A The travel agency recommended British Airways. Do you think they're good?

여행사에서 영국 항공을 소개했는데 괜찮은 항공사예요?

B Well, I've never used them, but I hear they're a pretty good airline.

글쎄요, 제가 이용한 적은 없지만 꽤 괜찮은 항공사라고 하더군요.

공항에서 기내로

Where's the departure gate, please?

초과 하물은 킬로그램당 얼마입니까?

How much is it per kilogram for excess luggage?

» '하물'은 luggage, 영국에서는 baggage라고 한다. '취급 주의'라는 명찰을 달고 싶을 때는 I'd like this case marked 'fragile', please.라고 한다.

A Can I check in here for flight KAL 266 to Honolulu?

호놀룰루행 대한항공 266편 체크인은 여기서 합니까?

B Yes, sir. Can I see your ticket, please?

네, 비행기 표를 보여 주시겠어요?

A Here you are. 여기 있습니다.

» check-in counter에서 [airline] ticket(항공권)을 boarding pass(탑승권)로 바꾸고 짐을 맡긴다.

A How many cases do you have to check in?

맡기시는 짐은 몇 개나 됩니까?

B Only one. Shall I put it on the scale?

하나뿐입니다. 저울에 올려놓을까요?

A Yes, please. 네, 그러세요.

» 짐이 두 개라면 I have two cases to check in.

A Is it all right to carry this airbag on with me?

이 에어백을 가지고 타도 좋아요?

B Yes, you can. Here is your claim tag and your boarding pass.

네, 수하물 수탁증과 탑승권 여기 있습니다.

» 계속해서 They'll start boarding from Gate 26 in about thirty minutes. Have a good flight.(탑승 시작은 30분 후에 26번 게이트입니다. 즐거운 여행이 되십시오)라고 하면 체크인이 끝난다.

김인식 선생님, 노스웨스트 항공 카운터로 와주십시오.

Would Mr. Kim Insik come to the North West information counter, please?

» 공항에서 승객을 호출하는 방송의 예이다.

탑승구는 어디입니까?

Where's the departure gate, please?

A Excuse me, but could you show me where seat 15A is?

실례지만 15A 좌석이 어딘지 가르쳐 주시겠어요?

B Certainly, sir. It's over there facing the window.

네, 저쪽 창 옆입니다.

좌석벨트는 어떻게 맵니까?

How do you fasten the seat belt?

» '좌석벨트를 풀어도 됩니까?'는 Is it all right to unfasten my seat belt?

언제 이륙합니까?

How soon are we taking off?

여기서 런던까지 시간이 얼마나 걸립니까?

What's the flying time from here to London?

지금 어디를 날고 있습니까?

Where are we flying over now?

비행기는 예정대로 가고 있습니까?

Is the plane on time?

» '로스앤젤레스에는 예정대로 도착합니까?'는 Are we going to be on time in Los Angeles?

지금 현지 시간으로 몇 시입니까?

What's the local time now?

서울과 런던의 시차는 몇 시간이죠?

What's the time difference between Seoul and London?

미국으로 갈 경우에는 하루를 뺍니까, 더합니까?

Are we losing or gaining a day on the way to America?

그곳에 도착하면 시차 적응을 할 수 있을지 걱정됩니다.

I'm worried I'm going to have terrible jet lag when I get there.

다음에는 어디에서 섭니까?

Where are we stopping next?

이곳에 얼마 동안 섭니까?

How long are we stopping here?

기내에 짐을 두고 나가도 됩니까?

May I leave my baggage on board?

A I'm a transit passenger for this flight. Could you tell me where it leaves?
이 편의 환승객입니다. 어디서 떠나는지 가르쳐 주시겠어요?

B Oh, this flight? It'll leave from Gate No. 15.
이 편입니까? 15번 게이트에서 출발합니다.

» transit passenger란 비행기를 갈아타는 '환승객'

날짜 변경선을 지났습니까?

Have we crossed the International Date Line yet?

» 날짜 변경선은 동경 180도의 선을 따라 남극과 북극을 잇는 경계선을 말하는데, 이 선을 동으로 향하여 넘어가면 하루가 늦추어지고, 서로 향하여 넘어가면 하루가 앞당겨진다.

싱가포르에는 몇 시 도착 예정입니까?

What time are we due to arrive at Singapore?
What time are we arriving in Singapore?
What time are we due into Singapore?

» '현지 시각을 묻고 싶다면 in local time이라고 말한다.

기내 서비스
May I have a magazine or something?

잡지 좀 주시겠어요?

May I have a magazine or something?

한국 신문은 있습니까?

Do you have any Korean newspaper?

기내 영화는 몇 시부터 합니까?

What time does the inflight movie start?

자리를 바꿔주실 수 있습니까?

Would it be possible to change my seat, please?

» '영화가 여기에서는 보이지가 않아서요.'라고 이유를 설명하고 싶다면 I can't see the movie from here, you see.

A   Excuse me. My headphones aren't working properly.
실례지만 제 헤드폰이 잘 들리지 않아요.

B   Okay, I'll get you a new set.
알겠어요, 새것을 갖다 드리겠습니다.

A   Thank you. Could you bring me another beer, too, please? 감사합니다. 맥주도 한 잔 더 갖다 주시겠어요?

B   Certainly. 그러겠습니다.

A   Could I have a blanket, please?
모포를 한 장 주시겠어요?

B   Certainly. It's in the overhead compartment.
네, 머리 위 사물함에 있습니다.

멀미가 나는군요. 멀미약 있습니까?

I'm feeling rather sick. Do you have anything for airsickness?

A   I think I'm going to be sick. Could you give me a sick bag, please? 토할 것 같은데요. 멀미봉지를 주시겠습니까?

B   Certainly, sir. It's in the seat pocket. Here you are.
네, 좌석 주머니 안에 있어요. 여기 있습니다.

A   Thank you. 감사합니다.

B   Shall I get you some water?
물을 좀 갖다 드릴까요?

A   Yes, please. 네, 갖다 주세요.

» '토할 것 같다'는 I feel like vomiting. 또는 I feel like throwing up.

이 요동에서 벗어나면 괜찮아질 것 같아요.

I think I'll be all right when the plane gets out of this turbulence.

세관을 통과할 때

Can I see your customs declaration?

세관 신고서 쓰는 것을 도와주시겠습니까?

Could you help me fill out the Customs Declaration Form?

» customs(세관), customs declaration(세관 신고), customs inspection(세관 검사)

A **Can I see your customs declaration?**
세관 신고서를 보여주시겠어요?

B **Here you are.** 여기 있습니다.

A **Do you have anything to declare?**
신고할 게 있으세요?

B **No, I don't have anything (to declare).**
아뇨, 전혀 없어요.

A **Are they all your personal effects?**
모두 개인 소지품입니까?

B **Yes, they are.** 네, 그래요.

  » 개인 소지품은 personal effects 또는 personal belongings라고 한다. '이건 제 개인적으로 쓰는 물건입니다.'는 This is just for my personal use.

A **I have a camera.** 카메라가 있습니다.

B **A gift?** 선물용입니까?

A **Yes.** 네.

B **Let me look at the receipt, then.** 영수증을 보여주십시오.

A **Here you are.** 여기 있습니다.

담배 한 보루를 가지고 있습니다.

I have one carton of cigarettes.

» '친구에게 줄 선물입니다.'는 It's a gift for a friend. '체재할 곳의 가족에게 줄 선물입니다.'는 I'm going to give it to my host family as a present.

> A How much alcohol are you carrying?
> 술은 얼마나 가지고 계세요?
>
> B I have one bottle of whisky. Only the duty-free allowance.
> 위스키 1병 있어요, 면세 한도 내입니다.
>
> » 만일 면세 범위를 초과한 경우에는 I have one bottle of whisky over the duty-free allowance.(위스키 1병이 면세 범위를 넘어섭니다)라고 한다.

보석류는 가지고 있지 않아요.

I have no jewelry.

» 세관에서는 Do you have liquor[cigarette/jewels/gifts for friends?](주류[담배 / 보석 / 귀금속류 / 친구에게 줄 선물]는 가지고 계세요?) 등의 질문을 한다.

미국달러 500불과 한국 원화 10만원을 가지고 있습니다.

I have 500 U.S. dollars and 100,000 Korean won.

입국시 질문에 대답할 때
What's the purpose of your visit?

방문 목적은 무엇입니까?

What's the purpose of your visit?

얼마동안 머무를 계획이십니까?

How long are you planning to stay?
How long will you be here?

A Can I see your passport, please?

여권을 보여주시겠어요?

B Here you are. Do you need my landing card and vaccination certificate, too?

여기 있습니다. 입국카드와 예방접종 증명서도 필요합니까?

A How long are you staying? 얼마 동안 체재하실 겁니까?

B Just two weeks. 2주입니다.

» 입국 심사관(immigration office)과의 대화

3주반입니다. 이곳의 가정집에 체재할 겁니다.

Just three and a half weeks. I'm staying with a family here.

I'll be staying with a family here for three and a half weeks.

A Have you been to Australia before?

호주에 와 보신 적 있으세요?

B No, this is my fist trip.

아뇨, 처음 왔습니다.

A What's the purpose of your visit?

방문 목적은 무엇입니까?

B I'm here on a pleasure trip.

관광 목적으로 왔습니다.

» 간단히 Pleasure.나 Sightseeing. 또는 I'm a tourist.(관광객입니다)라고 해도 좋다.

A (Is this visit for) Business or pleasure?

출장입니까, 관광입니까?

B Half business and half pleasure. 반반입니다.

랭귀지 스쿨에 공부하러 왔습니다만 관광도 할 겁니다.

I've come to study at a language school, but I'll be doing some sightseeing as well.

출장 목적으로 왔습니다. 수출입업을 하고 있습니다.

I'm here on business. I'm in the import-export business.

A   Are you traveling in a group?
단체여행을 하시는 겁니까?

B   No, I'm alone.
아뇨, 저 혼자입니다.

A   Where will you be staying?
어디에 묵으실 겁니까?

B   For the three weeks that I'm in Toronto, I'll be staying with a family. For the rest of time, I'll be staying in hotels.
토론토에 있을 3주간은 가족 집에 머물고 나머지 기간은 호텔에 묵을 겁니다.

A   Okay, here's your passport back. Have a good time in Canada.
네, 여권 여기 있습니다. 캐나다에서 즐겁게 지내세요.

B   Thank you.
감사합니다.

공항에 마중 나온 사람에게

I'm sorry to have kept you waiting.

기다리시게 해서 죄송합니다. 입국 수속이 지체돼서요.

I'm sorry to have kept you waiting. Unfortunately I was held up at immigration.

A Hello, Jane. It's been too long! Thank you for coming to meet me.

안녕하세요, 제인. 오랜만이네요! 마중 나와 주어서 고마워요.

B No problem. It's great to see you again! How was the flight?

천만에요. 다시 만나서 기뻐요! 여행은 즐거우셨어요?

A Fine, but I'm glad it's over. I hope I haven't got jet lag.

네, 그런데 끝나서 기쁘군요. 시차 피로가 없었으면 해요.

방송으로 본드 씨를 불러 주세요. 도착 로비에 저를 만나러 와 계실 것 같은데요.

Call Mr. Bond over the public address system, please. He was supposed to meet me at the arrival lobby.

» 공항에서 사람을 찾을 때 방송해 달라고 부탁하는 표현이다.

A Hello. My name's Kim. You called me over the public address system.

안녕하세요. 제가 김인데요. 방송으로 호출을 받았어요.

B Ah, yes, Miss Kim. There's a message for you.

네, 김 선생님. 메시지가 있습니다.

호텔을 예약할 때

What's the room rate per person?

1인당 숙박료는 얼마입니까?

What's the room rate per person?

이 요금에는 아침식사 포함입니까?

Is breakfast included in this rate?

트윈은 얼마입니까?

How much is a twin room?

A I'd like a single room for tonight. Have you got a vacancy?

오늘 밤 싱글룸을 부탁합니다. 빈 방 있습니까?

B Well, let me see … we have a single with bath.

네, 어디 봅시다, 욕실이 딸린 싱글룸이 있습니다.

A Fine. I'll take that.

좋아요. 그걸로 하겠습니다.

» '방이 없습니다.'는 I'm sorry, but all our singles are taken.(죄송하지만 싱글은 없습니다) 객실의 종류에는 single(침대가 한 개인 방), twin(침대가 두 개), double(더블침대), suit(스위트) 등이 있다.

세금 포함 80달러입니까? 좀 비싼 것 같은데요.

Eighty dollars, including tax? I'm afraid that's too much for me.

» 예약을 포기할 때는 Thank you just the same.(어쨌든 감사합니다)이라고 하며 전화를 끊는다.

싼 호텔을 소개해 주시겠어요?

Could you recommend a cheap hotel?

» '돈이 부족해서 아껴야 합니다.'는 I'm running out of money, so I have to economize. 숙박시설의 유형은 hotel(호텔), guesthouse(민박집), hostel(호스텔), campsite(캠핑장) 등이 있다.

체크인할 때

Check in, please.

체크인을 부탁합니다.

Check in, please.
I'd like to check in.

일찍 체크인을 해도 됩니까?

Is it possible for me to check in so early?

» 예정보다 일찍 도착해서 체크인할 때

예약을 확인하고 싶은데요.

Could you confirm my reservation?
I'd like to check my reservation, please.

A Where can I register?
   접수는 어디서 하죠?

B Right over there, at the front desk. The man on the
   right is in charge.
   저기에 있는 프론트에서요. 오른쪽에 있는 사람이 담당자예요.

A I'd like to check in, please.
   체크인 하고 싶습니다.

B Do you have a reservation here?
   여기에 예약하셨습니까?

A My name is Joe. I have a reservation for tonight.
   조입니다. 오늘 밤 예약했습니다.

B One moment, sir. Ah, yes, a single room with bath. The
   porter will show you up.
   잠깐만 기다리세요. 네, 욕실 딸린 싱글룸이군요. 포터가 안내해 드릴 겁니다.

A I've reserved a twin.
   트윈을 예약했습니다.

B Just a moment, please. Let me check the records.
   잠깐만 기다리세요. 확인해 보겠습니다.

   » 예약확인이 끝나면 Fill out the registration card, please.(숙박카드에 기
     입해 주십시오)라고 한다.

3시까지 제 짐을 맡아주실 수 있습니까?

Could I leave my baggage with you until three o'clock?

제 귀중품을 금고에 보관해 주시겠습니까?

Could you keep my valuables in the safe?

호텔 서비스를 받고 싶을 때

May I have my key? Room 201.

키를 주시겠어요? 201호실입니다.

May I have my key? Room 201.

» 201은 two ou one, 315호실은 three fifteen, 1230은 twelve thirty라고 읽는다.

제게 온 메시지가 있습니까?

Are there any messages for me?

A   When is the check-out time here?
    이 호텔의 체크아웃 시간은 언제입니까?

B   It's 12 noon. 12시입니다.

A   Room Service. May I help you?
    룸서비스입니다. 무얼 도와 드릴까요?

B   Will you send up two coffees and two sandwiches, please?
    커피 두 잔과 샌드위치 두 개를 가져다주시겠습니까?

A   Yes, sir. What's the room number?
    네, 방 번호는 어떻게 됩니까?

B   It's 851. 851입니다.

A   Right away, sir. 곧 가져다 드리겠습니다.

A I'd like to have dinner in my room tonight. Could you send up the menu, please?

오늘 저녁식사는 방에서 먹고 싶습니다. 메뉴를 올려 보내주시겠어요?

B Yes, ma'am. Anything else?

네, 부인. 다른 것은 없습니까?

A Could you give me a wake-up call at six tomorrow morning?

내일 아침 6시에 모닝콜을 부탁합니다.

B Certainly, ma'am.

네, 부인.

세탁할 옷이 있습니다.

I have some clothes that need cleaning.

세탁 서비스는 있습니까?

Do you have a cleaning service?

가능한 한 빨리 세탁해야 합니다.

I need to have my laundry done as quickly as possible.

변기 물이 내려가지 않습니다. 점검해 주시겠습니까?

The toilet doesn't flush well. Will you check on it?

욕실 플러그가 고장입니다.

Something's wrong with my bath plug.

점검할 사람을 보내주시겠습니까?

Could you have someone check it?

» 호텔에는 manager(관리자), room attendant(객실 직원), chambermaid(객실 담당 여종업원), doorman(문지기), porter(짐을 운반하는 사람) 등이 있다.

A | I locked myself out. 키를 방에 두고 나왔습니다.

B | Okay. Just a moment. I'll send someone up to the room. 알겠습니다. 잠깐만 기다리세요. 사람을 올려 보내겠습니다.

A | Oh, Thank you. 감사합니다.

» I locked myself out.은 I was locked out.이라고 해도 좋다.

중대한 문제가 생기면 긴급 전화는 어떻게 합니까?

If I have any serious problem, how can I call the emergency services?

1시 관광버스 표 두 장을 사고 싶습니다.

I'd like to buy two tickets for the one o'clock sightseeing bus.

A | I'd like to check out at eight-thirty. Could you have my bill ready?
8시 30분에 체크아웃 하겠습니다. 제 계산서를 준비해 주시겠어요?

B | Certainly, sir. Room 201, Mr. Choi, right?
네, 201호실 최 선생님, 맞습니까?

A | I want to settle my account. 계산하겠어요.

B | How would you like to pay? 어떻게 지불하시겠습니까?

A | Cash, please. 현금입니다.

B | All right. Here's your bill. The total comes to $52.50.
알겠습니다. 계산서입니다. 모두 52달러 50센트입니다.

» $52.50은 fifty-two dollars and fifty cents이지만, fifty-two, fifty라고 간단히 말한다.

A | What is this charge? I didn't go to the bar last night.
이것은 무슨 요금이죠? 어제 밤에는 바에 가지 않았어요.

B | All right. Just a minute, please.
알겠습니다. 잠깐만 기다리세요.

한국에서 가져온 선물입니다.

Here's something I've brought from Korea.
Here's a present for you from Korea.
I brought you a present from Korea.
It's a small present from Korea.

» It's a traditional doll. I hope you'll like it.(한국 인형이에요. 마음에 드시면 좋겠어요)이라고 하면서 선물을 준다. souvenir는 관광지에서 산 기념품을 가리키므로 이런 경우에는 쓰지 않는다.

A Thank you for coming to see me. I've been looking forward to meeting you all.
   마중 나와 주어서 고마워요. 만나 뵙기를 고대하고 있었습니다.

B We've been looking forward to meeting you, too.
   저희도 당신을 만나기를 기대했습니다.

A Well, this is your home for the next five weeks. George and I want you to treat the place as if it were your own.
   이제부터 5주 동안 여기는 당신 집이예요. 조지와 저는 당신의 집처럼 해드리고 싶어요.

B Thank you very much. I feel very much at home already.
   고마워요. 벌써 제 집에 있는 것 같은데요.

» 외국에는 민박이라는 개념이 거의 없다. 한국식 민박에 가장 가까운 것은 가정집을 개조해서 운영하는 B&B(bed and breakfast)인데, 이곳에서는 잠자리와 아침 식사를 제공한다.

» 홈스테이를 하는 경우에는 식사, 귀가 시간, 인터넷 사용, 빨래, TV시청, 방과 화장실 청소, 금전 관리 등 다양한 측면에서 홈스테이 가정에 적응할 필요가 있다.

A Did you sleep well?
잘 주무셨어요?

B Yes, thank you. I was very tired after the flight.
네, 고마워요. 여행으로 아주 피곤했어요.

A I expect you've still got jet lag!
아직 시차 적응이 안 된 것 같군요!

B Yes, I expect so, but I'll soon get over it.
그런 것 같은데요. 그렇지만 곧 괜찮아질 거예요.

제가 당신과 남편의 이름을 불러도 되겠습니까?

Is it all right for me to call you and your husband by your first names?

걱정 마세요. 제가 하겠어요.

Don't worry, please. I'll see to it myself.

» '세탁은 제가 하겠어요.'는 Don't worry about my clothes: I'll wash them myself.라고 한다. do the washing(세탁하다), do the washing up(설거지를 하다) 등도 알아두자.

설거지를 도와드리겠어요.

Let me help you wash up after dinner.

I'll help with the washing up, if you like.

A You must tell me if there's any kind of food you don't like. 싫어하는 음식이 있으면 제게 말해 주세요.

B Oh, I can eat almost anything. The only thing I can't think of is lamb.
뭐든지 잘 먹어요. 양고기만 빼고요.

» Chicken is the only thing I don't particularly like. I don't know why, but it always seems to upset my stomach somehow.(닭고기만큼은 싫어요. 어쩐 일인지 항상 복통을 일으키는 것 같아요)

영어가 더 늘었으면 해요. 오기 전에 더 열심히 공부했어야 하는 건데.

I wish I could speak English better. I should have studied harder before I came.

여기에 와서야 한국에 대해 알아두는 것이 정말 중요하다는 것을 깨달았어요.

Now I'm here, I realize how important it is to know about Korea.

A   We'd love you to cook us some Korean food while you're here.
여기에 계시는 동안에 꼭 한국 음식을 요리해 주세요.

B   Well, I'm not a good cook, but I'll certainly have a go.
알겠어요. 요리를 잘하지는 못하지만 한 번 해볼게요.

   » I'll have a go.는 I'll try.(한 번 해보다)와 같은 의미이다.

A   I'm sorry the bulgogi I cooked didn't turn out very well!
불고기가 신통치 못해서 미안해요!

B   Nonsense. It was delicious. I loved it!
그렇지 않아요. 정말 맛있었어요.

귀국할 때의 인사
Thank you very much for everything.

이제 귀국해야 할 것 같아요.

It's a pity that I have to go home.
I'm sorry I have to be going back!

여러 가지로 감사했습니다.

Thank you very much for everything.

지난 수 주 동안 여러 가지로 돌보아 주신데 대해 감사드리고 싶습니다.

I want to thank you very much for everything you've done for me over the past few weeks.

» 다소 격식을 차린 인사

A   I've really enjoyed staying with you. Thank you very much.
덕분에 정말 즐겁게 지냈어요. 고맙습니다.

B   Oh, it's been a great pleasure having you.
당신과 함께 지낼 수 있어서 정말 기뻤습니다.

   » I've had a really good time staying with you.도 같은 의미이다.

처음에는 영어가 좀 걱정이었는데 영어실력이 많이 는 것 같아요.

I was a bit worried about my English, but I think it has greatly improved.

I was wondering if I could get by in the States, but I'm sure my English has become much better.

한국에 돌아가면 자주 편지하겠습니다.

I'll write to you as often as I can when I get back to Korea.

친절과 호의에 어떻게 감사를 드려야 할지 모르겠습니다.

I have no words to thank you for all your kindness and hospitality.

» 상당히 격식을 차린 정중한 표현

이 댁에 묵었던 것이 미국 방문 기간 동안의 가장 중요한 부분의 하나였습니다.

Staying with you was one of the most important parts of my visit to the United States.

다시 만나 뵈러 올 수 있으면 좋겠습니다.

I hope I'll be able to come back and see you again.

» '가능하면 내년 여름에 또 오고 싶습니다.'는 I'd like to come back next summer if I can. '언제 한국에 와주세요.'는 I hope you'll come to Korea sometime.

A **Are you going to come and visit me in Korea?**
한국에 오셔서 우리 집을 방문해 주시겠어요?

B **We'll certainly think about having a vacation in Korea.**
꼭 한국에서의 휴가를 고려해 보겠습니다.

A **Let me know when you're coming to Korea. I'll be pleased to show you around.**
오시게 되면 알려주세요. 기꺼이 안내하겠습니다.

B **That's very kind of you.**
고맙습니다.

» I'm looking forward to showing you around.(안내해 드릴 수 있기를 기대하겠습니다)라고 해도 좋다.

A **I'll always remember (what I've experienced) this summer. Say good-bye to the children for me.**
올 여름은 잊을 수 없어요. 아이들에게도 안부 전해주세요.

B **I will. They'll miss you.**
그러죠. 애들도 잊지 못할 거예요.

A **Well, I suppose I'd better go through customs. Thanks very much again. Good-bye.**
자, 이제 세관 검사를 받는 게 좋겠어요. 정말 고마웠어요. 안녕히 계세요.

B **Good-bye. Have a good trip back.**
안녕히 가세요. 좋은 여행하세요.

» 안부를 전해 달라고 할 때 가장 많이 쓰는 표현은 say 외에도 tell, regards, send가 있다. Tell Tommy I said hi.(Tommy한테 안부 전해줘) / Please give my regards to your father.(아버님께 안부 전해 주세요!) / Send my love to her.(그녀에게 안부 전해줘!)

I'd very much like to see Las Vegas and the Grand Canyon.

라스베이거스와 그랜드캐년은 꼭 보고 싶습니다.

I'd very much like to see Las Vegas and the Grand Canyon.

안됐지만 뉴욕에는 하루밖에 머물 수 없습니다.

Unfortunately I have only one day in New York.

어디를 관광하면 좋겠습니까?

What places would you recommend (for) me to see?

A   Do you have any sightseeing tour of the city?
     시내 관광은 있습니까?

B   Yes, we have. A half day course and a full day course.
     네, 반나절 코스와 하루 코스가 있습니다.

캘리포니아는 넓어서 어디서부터 보면 좋을지 모르겠습니다.

California is so large; I've no idea where to start.

한국인이 그다지 가보지 않은 작은 마을을 가보고 싶습니다.

I'd like to see the kind of small towns that few Korean people visit on sightseeing tours.

대륙횡단 버스여행을 할 생각인데 어떻게 생각하세요?

What do you think of my idea of taking a bus trip across the continent?

로스앤젤레스와 토론토간의 여행에 항공사를 추천해 주시겠어요?

Which airline would you recommend for a trip between Los Angels and Toronto?

런던 지하철 노선도는 어디에서 얻을 수 있습니까?

Where can I get a London Underground map?

» Where can I get information about the tube in London?(런던의 지하철 정보는 어디에서 얻을 수 있습니까?)도 같은 뜻이다. 영국에서는 '지하철'을 underground 또는 tube, '엘리베이터'를 lift, '(장거리)버스'를 coach라고 한다.

스코틀랜드 버스 관광은 재미있었어.

The coach tour around Scotland was wonderful.

버스 여행은 아주 좋지만 좀 비싼 편이죠?

Coach tours are luxurious, but they're rather expensive, aren't they?

우선 캠브리지를 방문하고 싶습니다.

First of all, I'd like to visit Cambridge.

> A Do you think Stratford is worth a visit?
>   스트래트포드는 가볼 만한 것 같아요?
>
> B Yes, certainly. There are a lot of things to see there.
>   네, 볼 것이 아주 많아요.

북아일랜드와 웨일즈에 가보고 싶은데 한 주면 모두 보고 올 수 있습니까?

I'd like to visit Northern Ireland and Wales. Is it possible to cover both in a week?

Bed and Breakfast가 가장 싼 호텔이라고 하는데 맞습니까?

I've heard that Bed and Breakfast is the cheapest kind of hotel. Is that right?

유럽에서 한국으로는 어떻게 돌아오는 게 가장 빠릅니까?

Which is the quickest way back from Europe to Korea?

예약은 어디서 합니까?

Where can I make a reservation?

내일 비행편을 예약할 수 있습니까?

Can you book us tomorrow's flight?

다른 비행편은 없습니까?

Do you have any other flights?

직행입니까?

Is it a direct flight?

인천에는 몇 시에 도착합니까?

What time will we arrive in Incheon?

» 비행기를 예약할 때 알아두면 좋은 표현: I'd like to book a flight to Seoul.(서울행 비행기를 예약하고 싶어요) / Economy, please.(일반석으로 부탁해요) / Is there a non-stop flight?(논스톱편이 있나요?) / How long is the layover?(경유지에서는 얼마나 기다려야 해요?) / Please give me an open ticket for my return flight.(귀국행은 오픈티켓으로 해 주세요) / I'd like to pre-order my in-flight meals.(미리 기내식을 지정하고 싶습니다) / What time does the first flight leave?(첫 비행기는 몇 시에 출발해요?) / What is the arrival time?(도착시간은 언제에요?) / Please put me on the waiting list.(대기자 명단에 올려주세요) / How many are on the waiting list now?(현재 대기자는 몇 명이에요?) / How much is the fare?(요금이 얼마죠?) / Is there a cheaper ticket?(더 저렴한 티켓이 있나요?)

I want to reconfirm my reservation.

예약 재확인을 하고 싶은데요.

I want to reconfirm my reservation.

» I'd like to confirm my reservation.(예약을 확인하고 싶어요)라고 이미 확인한 것을 또 다시 확인하는 표현이다. I want to ~보다 I'd like to ~가 더 공손하다.

몇 시에 출발하는지 확인하고 싶은데요.

I want to make sure what time it's leaving.

2등석을 부탁합니다.

Economy-class, please.

» First-class, please.(1등석을 부탁합니다)

예약을 재확인했습니다.

You're reconfirmed.

I want to change the flight.

비행기 일정을 변경하고 싶은데요.

I want to change the flight.

죄송합니다만, 비행편을 변경하고 싶은데요.

Excuse me, I want to change the flight.

오후 비행기로 변경하고 싶습니다.

I'd like to change it to an afternoon flight.

미안합니다, 그 편은 다 찼습니다.

I'm sorry, but that flight is fully booked up.

웨이팅[대기자]으로 해주세요.

Would you put my name on the waiting list?

어느 정도 기다려야 할까요?

How long do we have to wait?

» '현재 대기자는 몇 명이에요?'라고 물을 땐 How many are on the waiting list now?

예약을 취소하고 싶은데요.

I'd like to cancel my reservation.

공항으로 갈 때
To the airport, please.

공항까지 부탁합니다.

To the airport, please.

» I need to go to the airport. / Take me to the airport. / Airport, please. 라고 해도 된다.

짐은 몇 개입니까?

How many pieces of baggage?

공항까지 어느 정도 걸립니까?

How long will it take to get to the airport?

공항까지 대충 얼마입니까?

What is the approximate fare to the airport?

빨리 가주세요. 늦었습니다.

Please hurry. I'm late, I am afraid.

» '빨리 가주세요.'는 Please hurry. / Please make it quick. '천천히 가세요.'는 Please slow down. Please drive safely.

A	Let's hurry, otherwise we will miss our flight.
	서두르죠, 그렇지 않으면 비행기를 놓칠 것 같습니다.
B	All right. I'm ready.
	그러죠, 전 준비됐습니다.
A	We've got to be there by 5:30.
	5시 30분까지는 그곳에 도착해야 합니다.

어느 항공사입니까?

Which airlines?

기사님, 호텔로 돌아가 주시겠어요?

Driver, would you go back to the hotel?

카메라를 호텔에 놓고 왔습니다.

I left my camera in the hotel.

중요한 것을 놓고 왔습니다.

I left something very important there.

어디에 두었는지 기억하고 있습니까?

Do you remember where you left it?

탑승수속을 할 때
Can I carry this in the cabin?

대한항공 카운터는 어디입니까?

Where's the Korean Airlines counter?

» '몇 번 항공기입니까?'는 What's your flight number?라고 한다.

여기서 체크인할 수 있습니까?

Can I check-in here?

통로 쪽으로 주세요.

An aisle seat, please.

» A window seat, please.(창 쪽으로 주세요)

탑승은 몇 시부터입니까?

When is the boarding time?

» What is the arrival time?(도착시간은 언제에요?)

출국카드는 어디서 받습니까?

Where can I get an embarkation card?

꼭 그 비행기를 타야 합니다.

I must catch the flight.

공항세는 있습니까?

Is there an airport tax?

짐의 초과중량 요금은 얼마입니까?

How much must I pay for the extra weight?

이것은 기내에 가지고 들어갈 수 있습니까?

Can I carry this in the cabin?

231편 탑승 게이트는 여기입니까?

Is this the boarding gate for flight 231?

비행기 안에서
When do we land in Incheon?

탑승권을 보여 주세요.

May I have your ticket?

이제 비행기가 움직이네요.

The plane is in motion now.

입국카드는 가지고 계십니까?

Do you have an immigration card?

이것이 세관신고서입니다.

This is the customs declaration form.

인천에 언제 도착합니까?

When do we land in Incheon?

제 시간에 도착합니까?

Are we arriving on time?

목적지는 인천입니까?

Is Incheon your destination?

비행기 여행은 어땠습니까?

How was your flight?

» 도착이 가까워지면 We'll be landing in about fifteen minutes.(약 15뒤에 착륙할 예정입니다) Please fasten your seatbelt and return your seat to the upright position.(안전벨트를 매시고, 좌석의 등받이를 세워 주세요) Please stay in your seat until the aircraft has come to a complete standstill and the Fasten Seatbelt sign has been switched off.(비행기가 완전히 멈춰 설 때까지 자리에 그대로 계세요. 그리고 안전벨트 표시등이 꺼질 때까지 안전벨트를 착용하세요)라는 안내방송을 듣게 된다.

쇼핑

유럽이나 미국의 백화점은 등급별로 나뉘고 회원제, 창고형 매장, 할인 mall, 재활용센터, 구세군매장 등 형태가 아주 다양하다. Dollar Tree는 모든 물건을 1달러에 파는 곳이고, Clearance Sale은 재고정리 매장이다. Hi, May I help you?(어서 오세요)라고 점원이 인사하면 I'm just looking.(그냥 둘러볼게요)이라고 대답하자. 말을 걸었는데 대답을 하지 않으면 상대에게 실례가 된다. 간단하게 Just browsing.이라고 해도 된다. 쇼핑할 계획이라면 영업시간도 미리미리 체크!

Shopping

상점에서 물건을 고를 때
Can you show me that, please?

뭘 도와 드릴까요?

May I help you?

Can I help you?

» '무얼 찾으세요?'라는 느낌으로 점원이 손님에게 하는 인사

아뇨, 그냥 둘러보고 있습니다.

No. I'm just looking, thank you.

No. Just looking, thanks.

친구에게 선물로 줄만한 것이 있는지 찾고 있습니다.

I'm looking for something nice for a friend.

이건 어떻습니까?

How do you like it?

저것을 보여 주시겠어요?

Can you show me that, please?

May I see the one over there?

제일 위 선반에 있는 것을 보여주세요.

Let me see the one on the top shelf.

A May I see those in the front row of that case, please?
저 상자 앞줄에 있는 것을 보여주세요.

B Yes, ma'am. Here you are.
네, 여기 있습니다.

» '왼쪽에서 세 번째 줄에 있는 것(들)을 보여주세요.'는 Can you show me the one·those· in the third row from the left?라고 한다.

오른쪽에서 두 번째 것이 예뻐 보이네요.

The second one from the right looks lovely.

저걸 보세요! 저것도 아주 멋있어요.

Look at that one! That's also very nice.

어느 것을 고를까요?

Which one shall I choose?

둘 다 좋아서 고르기 어려워요.

Both are so nice. It's difficult to choose.

너무 비싸지 않다면 그것도 괜찮겠어요.

That will be all right as long as it's not too expensive.

이것이 제게 아주 잘 어울리겠어요.

This will suit me perfectly.

이게 아주 멋집니다.

This is very nice.

누구라도 좋아하겠지요?

Anyone will like it, don't you think?

이게 가장 마음에 들어요.

I like this one best.

그건 좀 비싼 것 같군요.

That seems rather expensive.

좀 더 싼 것을 몇 가지 보여주시겠어요?

Can you show me some cheaper ones?

다른 종류는 뭐가 있습니까?

What other kinds do you have?

이것은 무엇으로 만든 겁니까?

What is this made of?

이건 뭐에 쓰는 겁니까?

What is this used for?

견본은 있습니까?

Do you have a sample?

뭐를 추천하시겠어요?

What would you recommend?

제게는 너무 크지요?

It's too large for me, isn't it?

이것보다 작은 것은 없습니까?

Don't you have this in a smaller size?

같은 모양으로다른 사이즈 있어요?

Do you have the same kind in different sizes?

이게 바로 제가 찾던 겁니다.

This is just what I needed.

그럼 그것으로 하겠어요.

Let's decide on it, then.

그걸 사겠습니다. 얼마입니까?

I'll take it. How much is it?

한 개면 충분합니다.

One will be enough.

찾는 물건이 없을 때
That's not what I wanted.

제가 찾는 물건이 아닙니다.

That's not what I wanted.

제게는 맞지 않는데요.

I'm afraid that's not suitable for me.

질이 더 좋은 게 있어요?

Do you have any better quality ones?

요즘에는 어떤 종류가 가장 인기 있어요?

Which kinds are most popular these days?

이것은 유행이 좀 지난 것 같군요.

This seems to be a bit out of fashion.

마음에 드는 것을 찾을 수가 없어요.

I don't see any that I really like.

좀 더 찾아보는 게 좋을 것 같습니다.

I think I'd better look around some more.

잘 생각해 보겠습니다.

I'll think it over. Thank you.

다음에 사죠.

Perhaps next time.

가격 흥정과 지불
How much is this?

이건 얼마입니까?

How much is this?

» sale이란 글자만 보고 할인판매를 한다고 생각하면 안 된다. for sale는 그냥 '판매
용'이라는 뜻이고 '세일 중'일 때는 on sale 또는 have a sale라고 한다.

어째서 값이 다릅니까?

Why is the price different?

세금이 포함된 가격입니까?

Does the price include tax?

너무 비싸요.

That's too much for me.

How expensive!

깎아 준다면 두 개를 사겠어요.

I'll take two of them if you give me a discount.

좀 깎아 주시겠어요?

Can you give me a discount on this?

Can you come down a little?

값이 적당하군요. 그걸 사겠습니다.

The price is reasonable. I'll take it.

얼마입니까?

How much is it?
How much do I owe you?

전부 얼마입니까?

How much are they in all?
How much are those altogether?

50달러짜리 지폐인데 거스름돈은 있습니까?

Do you have change for a fifty-dollar bill?

» 미국에서는 penny(=1 cent), nickel(=5 cents), dime(=10 cents), quarter(=25 cents), half(=50 cents), buck(=1 dollar)으로 주화를 부른다.

10파운드짜리 지폐인데 거스름돈은 있습니까?

Do you have change for a ten-pound note?

» 미국은 화폐단위가 cent, dollar인데 비해서 영국은 penny, pence(penny의 복수), pound로 쓴다.

현금으로 지불하시겠습니까, 카드로 하시겠습니까?

Are you going to pay with cash or credit?
Will you pay (in) cash or by card?
Cash or charge?

» credit 대신에 charge를 사용할 수도 있다.

카드로 지불하고 싶습니다.

I want to pay by credit card.

여행자 수표로 지불할 수 있습니까?

Can I pay by traveler's checks?

할부로 살 수 있습니까?

Can I buy it on an installment plan?

현금으로 사면 값을 깎아 주시겠어요?

Will you reduce the price if I buy them in cash?

영수증을 주시겠어요?

Can I have a receipt?

» 우리나라에서도 그렇지만 외국에서도 물건을 환불하거나 교환하기 위해서는 영수증을 잘 간직하고 있어야 한다. 물건을 살 때 상점에서 영수증을 꼭 챙겨야 한다. May I have the receipt?라고 말해도 된다.

이것을 환불해 주세요.

I want to get a refund on this.

» 물건을 환불해 달라고 할 때는 return, refund, 또는 get me my money back이라는 표현을 쓴다. Can I have a refund?(환불해 주시겠어요?)라고 간단하게 말해도 된다.

다른 것으로 바꿔 주시겠습니까?

Would you exchange it for another?

» 교환할 때는 exchange를 쓴다. Can I exchange it?(다른 것으로 바꿀 수 있나요?)라고 간단하게 말해도 좋다.

A Here's your change.
거스름돈 여기 있습니다.

B Thank you very much.
감사합니다.

» '거스름돈, 잔돈'은 항상 change이지 changes라고 하지 않는다.

엘리베이터는 어디 있습니까?

Where can I find the elevators?

A Do you have a floor plan?
매장 안내도가 있습니까?

B Yes, sir. Here you are.
네, 여기 있습니다.

» a floor plan은 각 층 매장의 위치를 알려주는 팸플릿

완구 매장은 이 층에 있습니까?

Is the toy department on this floor?

A Where's the shoe department, please?
신발 매장은 어디에 있습니까?

B It's on the third floor, sir. Take an escalator over there.
3층에 있습니다. 저기 에스컬레이터를 이용하세요.

» 미국에서 the third floor는 '3층'이지만 영국에서는 the ground floor(1층), the first floor(2층), the second floor(3층)이므로 혼동하지 말 것

전기제품 매장은 어느 쪽입니까?

Which way is the electric appliances department?

» '~매장'은 ~ section, ~ counter, ~ department로 나타낸다.

식료품은 지하에 있습니까?

Is the food stuff in the basement?

» '지하 1층'은 the first basement, '지하 2층'은 the second basement(영미 공용), '옥상'은 roof라고 한다.

상품권은 어디에서 살 수 있습니까?

Where can I get gift coupons?

보증서는 있습니까?

Is this guaranteed?

수입품은 있습니까?

Do you have any imported brands?

지금 주문하면 언제 받을 수 있습니까?

Can I get it soon if I order now?

A   Are these meant to be a present? 선물용입니까?

B   Yes, a birthday gift. 네, 생일 선물입니다.

A   I'm giving it as a wedding gift, so please pack it accordingly.

결혼선물로 주려고 하니까 그렇게 포장해 주세요.

B   Certainly, sir. I'll see to it.

알았습니다. 그렇게 하겠습니다.

» I'd like to have it gift-wrapped.(선물용으로 포장해 주십시오)라고 해도 좋다.

리본을 달아 포장해 주시겠습니까?

Would you wrap it with a ribbon?

포장해서 우송해 주시겠어요?

Will you pack and mail it?

집까지 배달해 주실 수 있어요?

Could you deliver it to my house?

배달 받을 때 지불해도 됩니까?

Can I pay on delivery?

언제 배달됩니까?

When will it be delivered?

한국으로 부쳐주실 수 있습니까?

Can I ask you to send these to Korea?

계산대는 어디 있습니까?

Where is the check-out counter?

A Do you wish to have them delivered?
배달해 드릴까요?

B No, I'll take them with me.
아뇨, 제가 가지고 가겠습니다.

남성복 전문점
May I try this suit on?

이 양복을 입어 봐도 됩니까?

May I try this suit on?

» '입어보다, 신어보다, 써보다' 등은 try ~ on을 쓴다.

재질은 무엇입니까?

What is this made of?

디자인이 제게 어울립니까?

Will this design suit me?

이 짙은 갈색 양복을 어떻게 생각하세요?

What do you think of this dark brown suit?

대개 기성복을 입습니다.

I usually make do with ready-made clothes.

» '맞춤복'은 custom-tailored

양복을 주문하고[맞추고] 싶습니다.

I'd like to order a suit.

견본을 보여 주십시오.

Let me see your sample-book, please.

재질은 상관없습니다.

I don't much care about the material.

그렇게 짙은 색이 아니라면 회색이나 갈색이 좋습니다.

I like either grey or brown, if it isn't too dark.

이 재질과 무늬로 결정했습니다.

I've decided on this material and pattern.

안감은 무슨 재질을 사용하죠?

What cloth is used for the lining?

줄무늬 바지도 맞추고 싶습니다.

I'd like to order striped trousers, too.

허리를 좀 넉넉하게 해주세요.

I'd like the waist a bit loose.

벨트의 위치는 바로 여기입니다.

The belt is just right where it is.

가봉은 언제 하러 오면 될까요?

When shall I come for a fitting?

소매를 좀 더 줄여주세요.

I'd like the sleeves a little shorter.

제 이름의 이니셜을 박아 주시겠어요?

Can you sew my initials on?

» initial은 이름의 첫 글자를 말하는데 대개 복수(initials)로 사용한다.

벨트와 멜빵을 보고 싶어요.

I'd like to see some belts and suspenders.

이 넥타이는 얼마입니까?

How much are these ties?

» '핀이 달린 넥타이 있습니까?'는 Do you have clip-on ties?

넥타이핀과 커프스 버튼을 보여주십시오.

Let me have a look at your tie pins and cuff links.

남성용 속옷은 어디 있습니까?

Where is men's underwear?

스포츠 셔츠를 보여주십시오.

Please show me some sport shirts.

진열대에 있는 엷은 청색 셔츠를 보고 싶어요.

I want to see the light blue shirt in the window.

여성복 전문점
I want to have a two-piece suit made.

마네킹에 입혀져 있는 것과 같은 블라우스를 주시겠어요?

Can I have a blouse like the one that mannequin is wearing?

더 밝은 색을 보여주시겠어요?

Can you show me one in a lighter color?

이 멋진 핑크 색조가 마음에 듭니다.

I like this lovely shade of pink.

이 재킷은 너무 야한 것 같지 않나요?

Don't you think this jacket is too showy?

» '더 수수하고 차분한 색이 좋겠습니다.'는 I'd prefer a plainer and quieter color.

깃은 벌어진 것을 좋아합니다.

I prefer an open collar to a tight one.

이 스웨터는 너무 헐렁한 것 같습니다.

This sweater seems too loose.

투피스를 맞추고 싶습니다.

I want to have a two-piece suit made.

문양집을 보여주시겠습니까?

Will you show me your pattern book?

이 디자인이 지금 유행하고 있습니까?

Is this design in fashion now?

스커트를 1인치 길게 해주세요.

I'd like the skirt an inch longer.

이 바지가 스웨터와 어울리는 것 같아요?

Do you think these slacks go with this sweater?

저 속치마를 잠깐 봐도 됩니까?

May I have a look at that petticoat?

실크 스타킹 있습니까?

Do you have silk stockings?

신고 있으면 좀 늘어납니까?

Do they stretch a little while you're wearing them?

앞치마와 속옷을 사고 싶습니다.

I want an apron and a chemise.

저 레인코트를 보여주십시오.

Let me see that raincoat, please.

모자 가게 · 구두 가게
Please show me that felt hat.

지금 유행하는 모자를 몇 가지 보여주시겠어요?

Can you show me some hats which are in fashion now?

저 중절모를 보여주세요.

Please show me that felt hat.

» '그 옆에 있는 것을 보여주시겠어요?'는 Can I see the one next to it?이다. 테두리가 있는 모자는 hat, 테두리가 없는 모자는 cap이라고 한다.

아동용 야구모자를 찾고 있습니다.

I'm looking for a child's baseball cap.

이 모자는 테두리와 리본이 마음에 들지 않습니다.

I don't like the brim or the ribbon.

이런 종류로 다른 것이 있습니까?

What else do you have of this kind?

저에게 이것이 어울릴 것 같습니까?

Do you think this suits me?

거울은 어디 있습니까?

Where's the mirror?

검은 가죽구두를 사고 싶습니다.

I want some black leather shoes.

이것은 무슨 가죽입니까?

What sort of leather are these?

이 하이힐을 신어 봐도 됩니까?

May I try these high-heels on?

이 구두를 신어 봐도 됩니까?

Let me try this pair on, please.

» '구두 한 켤레'는 a pair of shoes이다.

구두 주걱을 써도 되겠습니까?

May I use a shoehorn?

볼이 좁아서 너무 꼭 죕니다.

They are narrow and a bit too tight for me.

» '발가락이 꼭 죈다.'는 They are tight across the toes.

더 큰 사이즈를 보여주시겠어요?

Will you show me a larger size?

꼭 맞습니다.

This pair fits me perfectly.

» This seems about my size.라고 할 수도 있다.

갈색으로 같은 사이즈는 있습니까?

Do you have the same size in brown?

운동화와 캔버스화를 보여주세요.

Please show me some sneakers and canvas shoes.

슈퍼마켓
Where's the dairy products section?

어느 슈퍼마켓에서 물건을 사세요?

Which supermarket do you usually shop at?

오늘은 정말 붐비지요?

It's terribly crowded today, isn't it?
This place is really packed today.

» '이렇게 붐빈 적이 없었어요.'는 I've never seen it so crowded. '내일 다시 올까
요?'는 Shall we come back tomorrow?

손수레를 가져오는것이 좋을 것 같습니다.

I think we'd better go and get a shopping cart.

육류 코너로 갑시다.

Let's go to the meat counter.

유제품 매장은 어디입니까?

Where's the dairy products section?

» Where is the milk?(우유가 어디에 있나요?)라고 간단하게 물어봐도 된다.

싸지요?

That's a bargain, isn't it?

» '값싼 물건'이 bargain이다. '세일품만을 사는 사람'을 bargain hunter라고 한다.

가공식품 매장은 어디입니까?

Where's the processed food section?

» '냉동식품'은 frozen food이다.

진공 포장된 건포도는 어디 있습니까?

Where can I find vacuum-packed raisins?

제조일이 언제입니까?

When was it packed?

이것들은 이번 주만 세일합니까?

Are these on sale only this week?

여기 있는 것들은 모두 5달러지요?

These are all exactly 5 dollars, aren't they?

왜 오늘은 이렇게 야채가 비쌀까요.

I wonder why vegetable are so expensive today.

계산대에서 만나요.

I'll see you at the checkout.

» 슈퍼마켓의 '계산대'는 checkout이라고 한다. 금전등록기는 cash register, 계산원은 cashier이다.

야채가게 · 과일가게
Well, I need tomatoes and onions.

안녕하세요. 야채를 주십시오.

Hello. I'd like some vegetables.

저, 토마토와 양파를 사려는데요.

Well, I need tomatoes and onions.

큼직한 오이 12개 주세요.

I want a dozen larger cucumbers.

상추 2개와 당근 1파운드를 사겠습니다.

I'll take two lettuces and a pound of carrots.

» '완두콩, 콩과 콩나물 200그램 주십시오.'는 I'll take some peas, soybeans and 200 grams of bean sprout.

시금치와 아스파라거스를 조금 주십시오.

Some spinach and some asparagus, please.

감자는 없습니까?

Don't you have any potatoes?

죽순이나 연근 같은 야채는 있습니까?

Do you have any root vegetables, such as bamboo shoots or lotus roots?

» 양상추(lettuce), 배추(chinese cabbage), 양배추(cabbage), 꽃양배추 (cauliflower), 샐러리(celery), 브로콜리(broccoli), 시금치(spinach), 가지 (eggplant), 완두콩(pea), 검은콩(black bean), 오이(cucumber), 당근(carrot), 무(radish), 버섯(mushroom), 양송이(button mushroom), 감자(potato), 피망 (green pepper), 양파(onion), 호박(pumpkin), 파(green onion, spring onion, scallion), 마늘(garlic), 생강(ginger), 미나리(parsley), 부추(chives), 상추 (lettuce) 등 자주 쓰는 야채 이름은 알아두는 것이 좋다.

어떤 야채가 제철입니까?

What vegetables are in season?

호박은 이제 철이 지났죠?

Are pumpkins out of season now?

이 포도 두 송이 주세요.

Two bunches of these grapes, please.

바나나는 한 다발에 얼마입니까?

How much is this bunch of bananas?

킬로그램에 2달러입니까? 좋아요. 2킬로그램 사겠습니다.

Two dollars per kilogram? All right. I'll take two kilograms.

이 바나나는 덜 익은 것 같군요. 잘 익은 것은 없습니까?

These bananas look a bit green. Aren't there any riper ones?

이 바나나는 상한 것 같네요. 바꿔주시겠어요?

These bananas look damaged. Will you change them?

» Those peaches look a bit bruised. Have you got any others?(그 복숭아는 멍이 좀 들었군요. 다른 것은 없습니까?)라고도 할 수 있다.

딸기 두 상자를 사겠습니다.

I'll take two boxes of strawberries.

» 딸기(strawberry), 포도(grape), 사과(apple), 수박(watermelon), 자몽 (grapefruit), 귤(orange, mandarin), 멜론(melon), 키위(kiwi), 버찌·체리·앵두 (cherry), 참외(oriental melon), 배(pear), 복숭아(peach), 자두(plum), 토마토 (tomato), 파인애플(pineapple), 구아바(guava), 코코넛(coconut), 라임(lime), 레몬(lemon), 머루(wild grape), 유자(citron), 무화과(fig), 석류(pomegranate)

이 사과 달아요?

Are these apples sweet?

이 파인애플은 얼마입니까?

How much is this pineapple?

어떤 과일이 제철입니까?

Which fruits are in season?

배는 아직 좀 비싼 것 같지요?

Pears are still rather expensive, aren't they?

이것은 온실에서 재배한 겁니까?

Was this grown in a greenhouse?

씨 없는 포도도 사고 싶습니다. 전부 얼마입니까?

I want some seedless grapes, too. How much will that be altogether?

정육점
I'd like some sirloin, please.

이 고기는 부드럽습니까?

Is this meat tender?

등심을 주세요.

I'd like some sirloin, please.

» 베이컨(bacon), 쇠고기(beef), 닭고기(chicken), 양고기(lamb), 소시지 (sausages), 돼지고기(pork), 칠면조(turkey), 송아지 고기(veal)

저민 쇠고기 600그램 주십시오.

I'd like 600 grams of ground beef.

» '돼지간 1파운드'는 I'd like one pound of pork liver.

닭고기 1파운드와 베이컨을 좀 사겠습니다.

I'll take a pound of chicken and some bacon.

» '포크 소시지 500그램'이면 I'd like 500 grams of pork sausages.

뼈 없는 햄도 사겠습니다.

I'll take some boneless ham, too.

보일드 햄 10장과 소시지 12개를 주세요.

I'd like ten slices of boiled ham and a dozen sausages.

버터나 마가린 있습니까?

Do you have butter or margarine?

신선한 양고기 있습니까?

Do you have any fresh mutton?

그러면 대신 허리살이라도 좋아요.

Then fillet will do instead.

생선가게
Do you have squid?

이 조기는 싱싱해 보이는군요. 얼마입니까?

This croaker looks marvelous. How much is it?

» 멸치(anchovy), 대구(cod), 청어(herring), 훈제 청어(kipper), 고등어 (mackerel), 넙치(plaice), 연어(salmon), 정어리(sardine), 훈제 연어(smoked salmon), 서대기(sole), 송어(trout), 참치(tuna), 해덕(haddock)

이 가자미와 오징어를 사겠어요.

I'll take this flounder and squid.

» '가자미 세 마리'는 three of these flatfish라고도 한다.

연어 세 토막을 주십시오.

Three salmon steaks, please.

» 얇게 썬 '참치회'는 slices of raw tuna라고 한다.

저 참치는 싱싱합니까?

Is that tuna fresh?

이것은 송어입니까, 연어입니까?

Is this trout or salmon?

» '날로 먹을 수 있습니까?'는 Can I eat it raw?, '생굴'은 oyster이다.

오징어 있습니까?

Do you have squid?

민물 생선은 팔지 않나요?

Don't you sell river fish?

이 대합조개 몇 개를 사겠어요.

I'll take some of these clams.

전부 하나로 포장해 주시겠어요?

Can you wrap up everything together?

빵가게 · 제과점
Two loaves of bread, please.

빵 두 덩이 주세요.

Two loaves of bread, please.

» '호밀빵 한 덩이 주세요.'는 I'd like a loaf of rye bread. 외에 black bread, brown bread, corn bread 등으로 말할 수 있다.

롤빵 6개 주세요.

Half a dozen rolls, please.

» 바케뜨(baguette), 롤빵(rolls), 갈색빵(brown bread), 흰빵(white bread), 마늘빵 (garlic bread), 지중해식 빵(pitta bread), 대니시 페이스트리(Danish pastry), 키 시(quiche, 프랑스식 야채 파이), 스펀지케이크(sponge cake)

햄버거와 핫도그용 빵을 주세요.

Some hamburger and hotdog buns, please.

막 구워낸 신선한 빵은 없습니까?

Isn't there any bread fresh out of the oven?

얇게 썰어 주시겠어요?

Could you slice this thin, please?

빵가루 한 통과 딸기잼 두 병 주십시오.

I need a tin of baking powder and two jars of strawberry jam.

비스킷이나 도넛 있습니까?

Do you have any biscuits or doughnuts?

이 크래커 맛있어요?

Are these crackers nice?

초콜릿케이크 세 조각 주십시오.

Three slices of chocolate cake, please.

» 자른 케이크 하나는 a slice of cake이라고 한다. 따라서 '한 쪽에 얼마입니까?'는 How much is this per slice?라고 한다.

과일케이크를 주시겠습니까?

May I have a fruitcake?

여기에 있는 스펀지케이크를 하나 주시겠습니까?

Could I have one of these sponge cakes over here, please?

딸기 파이 하나와 쇼트케이크 세 조각 주세요.

One strawberry pie and three shortcakes, please.

» 영국에는 shortbread(버터를 듬뿍 넣어 만든 쿠키류)가 있다.

이 케이크 재료는 뭐죠?

What is this cake made of?

» 제빵 가루(baking powder), 제과용 밀가루(self-raising flour), 옥수수 가루 (cornflour), 설탕(sugar), 갈색 설탕(brown sugar), 아이싱 설탕(icing sugar), 반죽 과자(pastry), 효모(yeast), 건살구(dried apricots), 건자두(prunes)

이 케이크는 어린이용인가요?

I wonder if these cakes are for children.

한 묶음에 몇 개 들어 있습니까?

How many are there in a packet?

속에 뭘 넣었어요?

What's inside?

설탕이 입혀져 있나요?

It's coated with sugar, isn't it?

생일케이크를 주문하고 싶습니다.

I'd like to order a birthday cake.

» 크리스마스 케이크를 주문한다면 Can I order Christmas cakes?라고 한다. bread는 breads라고 복수형으로 쓰지 않지만 cake은 a cake, two cakes, three cakes처럼 복수형으로 쓸 수 있다.

전화

영어가 서툰데도 상대가 말을 제법 잘 알아듣는 것은 얼굴 표정, 몸짓, 태도 등에서 많은 정보를 얻기 때문이다. 그런데 전화로 말할 때는 그럴 수 없기 때문에 극복하는 방법은 딱 하나, 핵심 표현(Key expression)을 열심히 공부하는 것밖에 없다. 외국어로 전화 통화를 할 경우, 명료하고 간결하게 또박또박 발음하는 것이 중요하다. 전화를 받을 때 상대의 이름을 잘 알아듣지 못했으면 May I have your name again?(이름을 다시 말씀해 주시겠어요?)이라고 꼭 확인해야 한다.

Telephone

전화를 걸 때

Can I speak to Lydia?

이 근처에 공중전화가 있습니까?

Is there a pay phone (booth) around here?

» '공중전화'는 a pay phone 또는 a public telephone이라고 한다. '공중전화 부스'
는 a pay phone booth

전화를 써도 됩니까?

Can I use your telephone?

May I use your telephone?

» '(전화를) 빌리다'는 borrow가 아니라 use를 쓴다.

여보세요, 에반스 씨입니까?

Hello. Is this Mr. Evans?

Hello. Is that Mr. Evans?

» 상대방을 가리키는 '그쪽은'은 미국에서는 this를 써서 'Is this ~?'라고 하지만, 반
면 영국에서는 '자신'은 this, '상대방'은 that을 써서 Is that ~?이라고 하는 경우
가 많다.

여보세요, 존스 씨 댁입니까?

Hello. Is this the Jones residence?

Hello. Is that the Jones residence?

로버츠 박사님 계십니까?

Is Dr. Roberts in, please?

Is Dr. Roberts there, please?

리디아와 통화하고 싶습니다.

Can I speak to Lydia?

May I speak to Lydia?

Could I speak to Lydia, please?
I'd like to speak to Lydia, please?
Could I possibly have a word with Lydia?
Would you call Lydia to the phone?

» 여러 가지 표현이 가능하지만 Lydia, please.(리디아를 부탁합니다), Front, please.(프런트를 부탁합니다) 등으로 간단히 할 수도 있다.

A Hello. Is Professor Harris in, please?
여보세요, 해리스 교수님 계십니까?

B Yes, he is. Who's calling, please?
네, 계십니다. 전화 거시는 분은 누구십니까?

A This is Chulsu Kim. I'm one of Professor Harris' students.
김철수라고 합니다. 해리스 교수님 제자입니다.

» 전화에서는 I'm ~.보다 'This is ~(speaking).'라고 한다. 격의 없는 친구 사이에서는 '~ here.'라고 해도 좋다.

경리부의 그린 씨와 통화하고 싶습니다.
I'd like to speak to Ms. Green in the Accounts Department.

영업부의 누군가와 통화하고 싶습니다.
I'd like to speak with someone in the Sales Department.

거기 홍보부에 화이트 씨 계십니까?
Is Mr. White in the Public Relations Department there?

A Hello. Dave?

여보세요, 데이브니?

B Speaking.

그래.

A Chulsu here. Could you tell me Linda's phone number, please? I've got to talk to her about tomorrow's meeting.

나 철수야. 린다 전화번호 가르쳐 주겠어? 내일 모임에 대해 얘기할 것이 있어.

B Sure. Hang on a moment .... Her number's 3460-0786.

그러지. 잠깐 기다려. 3460-0786이야.

A Thanks a lot.

고마워.

B Not at all. See you tomorrow.

천만에. 내일 봐.

A Yes. Bye.

그래. 안녕.

» 용건은 전화번호를 묻는 것이다. I just called to ask you for Linda's phone number.(린다 전화번호를 알고 싶어서 전화했어)라고 용건을 확실히 말하는 것도 좋다.

오늘 오후에 팩스를 보내겠습니다.

I'll fax it (to you) this afternoon.
I'll send it (to you) by fax this afternoon.

» 팩시밀리(facsimile)는 회화에서 fax라고 하는 게 보통이다.

내선 118번 부탁합니다.

Can I have extension 118, please?
Please give me extension 118.

A Would you put me through to the Editorial Department, please?

편집부에 연결해 주시겠습니까?

B Yes, sir. Who shall I say is calling?

네, 전화 거시는 분이 누구시죠?

A Dr. Lee from K. University.

K대학의 이박사입니다.

B Hold on a moment, please …. All right, you're through.

잠깐만 기다리세요. 네, 연결했습니다.

» through는 교환을 거치거나 다른 방이나 사무실로 전화를 돌려주는 경우에 쓴다.

A Good morning. K. Trading Company. Can I help you?

안녕하세요. K무역입니다. 무엇을 도와 드릴까요?

B Yes. Could you put me through to Mr. Weston, please? I think that's extension 546.

네, 웨스톤 씨를 연결해 주시겠습니까? 내선 546번 같은데요.

A No, extension 546 is the director's room. Mr. Weston's extension is 246.

아닌데요, 내선 546은 중역실입니다. 웨스턴 씨는 내선 246입니다.

B Oh, sorry. 죄송합니다.

A One moment, please. 잠깐만 기다리세요.

» 이런 식으로 내선(extension)에 연결한다. 만일 연결할 수 없는 경우에는 I'm sorry, but the line is busy. Would you like to hold the line?(죄송하지만 지금 통화중입니다. 잠깐만 기다려 주시겠습니까?)이라는 등의 대답을 해준다.

Can I leave a message for him?

여보세요, 10분전에 전화했던 김입니다. 브라운 씨 돌아오셨어요?

**Hello. This is Kim again. I called ten minutes ago
for Mr. Brown. Is he back from lunch yet?**

언제 돌아옵니까?

When will he be back?

When do you expect him back?

몇 시에 돌아오는지 알고 계세요?

Do you know what time he'll be back?

» '어디 계신지 여쭤 봐도 될까요?'는 May I ask where he is?

A   Sorry, but he's out for lunch. Would you like to leave a
      message?

      죄송합니다. 점심 식사하러 외출하셨어요. 전하실 말씀이 있습니까?

B   No, it's all right, thanks. I'll call him back later.
      Goodbye.

      아뇨, 됐습니다. 나중에 다시 전화하겠습니다. 안녕히 계세요.

A   Goodbye.

      안녕히 계세요.

어떻게 연락할 방법은 없습니까?

Is there any way I can reach him?

» '휴대폰으로 해 보시죠?'는 Why don't you try his cell phone? '해 봤어요. 휴대
폰도 꺼져 있습니다.'는 I've already tried. His cell is also turned off.이다.

그녀에게 연락할 수 있는 다른 번호는 없습니까?

Is there another number I can reach her at?

그녀의 연락처를 가르쳐 주시겠습니까? 급히 연락할 일이 있어서요.

Could you tell me where I can reach her? I have to contact her immediately.

» 간신히 연락이 되었을 경우에는 Jane, I've been trying to get you all morning.(제인, 오전 내내 연락했어요) 등으로 말할 수도 있다. '통화할 수 있어서 반가웠어요.'는 Nice talking to you. 전화를 받은 쪽은 Thank you for calling. Goodbye. 라고 하며 전화를 끊는다.

전언을 남겨도 되겠습니까?

Can I leave a message for him?

박에게서 전화 왔었다고 전해 주세요.

Please tell him that Mr. Park called.

돌아오시면 저에게 전화해 달라고 전해주세요.

Please tell him to give me a ring when he comes back.

Could you ask him to call me as soon as he gets back?

실례했습니다. 다시 전화번호부에서 번호를 찾아보겠습니다.

I'm very sorry. I'll check the number again in the directory.

» '전화번호부'는 telephone book 또는 (telephone) directory라고 한다.

장거리 전화를 걸 때

I'd like to make a long-distance call to Seoul.

서울로 장거리 전화를 걸고 싶습니다.

I'd like to make a long-distance call to Seoul.

» a local call(시내전화), a long-distance call(시외전화, 장거리 전화)

교환을 통해야 합니까? 아니면 직접 걸 수 있습니까?

Do I have to make the call through the operator, or is it possible to dial direct?

» '직접 통화하다'는 call direct 또는 dial direct라고 한다.

국제전화 교환입니까, 한국의 서울로 전화하고 싶습니다.

Overseas operator? I'd like to place a call to Seoul in Korea.

» '전화 걸다'는 make a call 외에 place a call이라고 할 수도 있다.

A   **Could you tell me how to make a direct call to Seoul?**
서울로 직접 전화하는 방법을 가르쳐 주시겠습니까?

B   **Of course. First dial 101 and wait for the tone. Then dial the code number for Korea – that's 82. Then dial the number you want in Korea without the first 0.**
물론이죠. 먼저 다이얼 101을 돌려서 발신음을 기다리세요. 그리고 한국의 코드 번호 82를 누르세요. 다음에 한국에 걸고 싶은 번호를 앞의 0을 빼고 누르세요.

A   **So, for Busan I should dial 51 instead of 051?**
그러면 부산으로는 051이 아니라 51을 돌리는 거군요.

B   **Yes, that's right.**
네, 맞아요.

     » 전화번호의 0은 zero 또는 [ou]로 읽는다.

시외국번 051, 전화번호는 231-6655입니다.

The area code is 051, and the telephone number is 231-6655.

» 시외전화는 a long-distance call, 시내전화는 a local call, 국제전화는 an international telephone call이다.

제 전화번호는 410-3219입니다.

My telephone number is 410-3219.

지명통화를 부탁합니다.

I'd like to make it a person-to-person call.

» 국제 전화를 신청하는 방법은 station-to-station call(번호 통화), Personal call(지명 통화), Collect call(수신자 부담 통화)이 있다.

서울에 수신자 부담 전화를 부탁합니다.

Can I make it a collect call to Seoul?
Can I charge the call to the Seoul number?
Can I transfer the charges to the Seoul number?

» Collect call은 상대방이 요금을 지불하겠다고 승인해야 통화를 할 수 있다.

미안합니다만 다른 사람과 연결됐습니다.

Sorry, but I was connected to the wrong person.

제가 건 번호는 서울 231-6655입니다.

The number I wanted was Seoul 231-6655.

김 선생님을 부탁합니다.

I'd like to talk to Mr. Kim.

내 이름은 김철수고 철자는 K-I-M입니다.

My name is Mr. Chulsu Kim. That's K-I-M.

거기는 지금 몇 시입니까?

What time is it over there?

연결하는 데 얼마나 걸립니까?

How long will it take to put me through?

미안하지만 통화를 취소해 주시겠습니까?

Sorry, but could you cancel the call?

끊어졌습니다. 다시 연결해 주시겠습니까?

Would you put me through again? I was disconnected.

연결이 되지 않습니다. 어떻게 하면 좋겠습니까?

Operator, I'm having trouble getting through to this number. Could you help me, please?

통화 시간과 요금을 가르쳐 주십시오.

Could you tell me the time and charges?

» calling rate(통화요금), phone bill(통화요금 청구서)

걸려온 전화를 받을 때
Hello, Kim here.

제가 받겠습니다.

I'll answer it.
I'll get it.

» '전화를 받다'는 answer the phone이다.

여보세요, 김입니다.

Hello, Kim here.
Hello, this is Kim speaking.

» 일반 가정에서는 수화기(receiver)를 들고 Hello, Kim residence.라고 할 수도 있다. '저는 ~입니다.'는 'This is ~ (speaking).'라고 하는 것이 기본 패턴이다.

A Hello. Is Miss Lee there? 여보세요. 이 선생님 계십니까?

B Speaking. 접니다.

» 자신에게 걸려온 전화일 경우에는 Speaking. 또는, This is she[he].라고 한다.

안녕하세요, 에밀리. 어디에서 전화하는 겁니까?

Hello, Emily. Where are you calling from?

A   Hello. Could I speak to Miss Mira Choi?
여보세요, 최미라 씨를 바꿔 주시겠어요?

B   Yes, sure. Who's calling, please?
네, 그러죠. 전화 거시는 분이 누구시죠?

A   This is Emily Jones.
저는 에밀리 존스입니다.

B   Oh, Miss Jones? One moment, please.
아, 존스 씨군요. 잠깐만 기다리세요.

  » 상대방의 이름을 물을 때에는 Who's calling (her), please?라고 하든
지 정중하게 May I ask who's calling?(누구십니까?), Who shall I say is
calling?(어느 분이라고 전해 드릴까요?)이라고 묻는다.

끊지 말고 잠깐만 기다리세요.

Hold on a minute, please.
Hold the line, please.
One moment, please.
Just a moment, please.

» '전화를 끊고 기다려 주십시오.'는 Hang up and wait, please.라고 한다.

잠깐만 기다리세요. 제가 가서 받으라고 하겠습니다.

Just a moment, please. I'll go and get her.

안녕하세요. 총무부입니다. 무얼 도와 드릴까요?

Good morning. The general affairs department. Can I help you?

» 마케팅사업부(Marketing Business Dept), 무역부(International Dept), 경리부
(Accounting Dept), 시스템사업부(Department of System Integration), 시설관
리부(Facilities Management Dept), e-Biz부(e-Business Dept)

전화 거시는 분은 누구십니까? 성함의 철자를 말씀해 주시겠어요?

Who am I speaking to? Can you spell it for me, please?

» 업무상 전화라면 상대방의 이름을 정확히 알아둘 필요가 있다.

맞는지 확인해 보겠습니다.

Let me make sure I understand you right, please.

» 필요한 경우에는 이렇게 말하고 S-C-R-I-V-E-R, Mr. Scriver? Is that right?(맞습니까?)이라고 정확히 확인하는 게 좋다.

존스 씨, 프리맨 박사님께 전화 왔습니다.

Mr. Jones, Dr. Freeman's on the phone.
Mr. Jones, there's a call from Dr. Freeman.

스미스 씨를 바꿔 드리겠습니다.

I'll get you Mr. Smith.

미안하지만 지금 다른 전화를 받고 계십니다.

Sorry, but he's on another line.
Sorry, but he's on another phone.

» 이어서 Would you hang up? I'll ask him to call you back.(끊으시겠습니까? (통화가 끝나면) 전화 드리도록 하겠습니다)이라고 할 수도 있다.

기다리시게 해서 죄송합니다, 브라운 씨. 스미스 씨는 지금 회의 중입니다.

Sorry to have kept you waiting, Miss Brown. Mr. Smith is in a meeting right now.

그의 보좌관이 전화를 받을 겁니다.

His assistant will speak with you.

서비스부를 연결하겠습니다.

I'll connect you to the Service Department.

김 선생님이 담당하고 있습니다. 내선 221로 전화하셔서 김 선생님을 찾아 주시겠습니까?

Ms. Kim deals with that. Could you call again and ask for Ms. Kim on extension 221?

She's not here right now.

그녀는 지금 여기 안 계십니다.

She's not here right now.

I'm afraid she's out at the moment.

I'm sorry, but she's not in at the moment.

A Hello, Park here.
여보세요, 박입니다.

B Hello. Could I speak to Ms. Lee, please?
여보세요, 이 선생님을 부탁합니다.

A I'm afraid she's not in at the moment.
지금 안 계시는데요.

B When will she be back?
언제 돌아옵니까?

A I think she'll be back at around three o'clock.
Shall I tell her to call you when she gets back?
3시경에는 돌아오실 것 같습니다. 돌아오시면 전화 드리라고 전할까요?

B Yes, please. My name is Jane Parker.
네, 그래 주세요. 제 이름은 제인 파커입니다.

A OK. I'll tell her. Goodbye.
네, 그렇게 전하겠습니다. 안녕히 계세요.

B Thank you. Goodbye.
감사합니다. 안녕히 계세요.

지금 자리에 안 계십니다.

He's not at his desk.

» He just left.(방금 나갔습니다)는 표현에는 나가서 돌아오지 않는다는 의미가 들어 있고, He just stepped out.(잠깐 나갔습니다)는 돌아온다는 의미가 들어 있다.

미안하지만 오늘은 비번입니다.

Sorry, but she's off today.

» '오늘 아침에 병가 냈어요.' 또는 '아침에 아파서 못 나온다고 전화했어요.'는 She called in sick this morning.라고 표현한다.

지금 휴가 중으로 2~3일 안 계십니다.

He's on vacation, and he'll be off for a couple of days.

» '그 분은 열흘 동안 휴가 중입니다. 다른 분 바꿔 드릴까요?'는 He's on holiday for 10 days. Can someone else help you?

죄송하지만 아직 출근 전입니다.

I'm sorry, he's not in yet.

지금 출장 중이십니다.

He's on a business trip.

» He's out of town.도 같은 의미이다.

금요일에 돌아오십니다.

He'll be back on Friday.
He won't be back until Friday.

» '늦어도 금요일까진 돌아오십니다.'는 He should be back by Friday at the latest. '곧 돌아올 겁니다.'는 He should be back soon.

대단히 죄송하지만 퇴근했습니다.

I'm very sorry, but he's left the office for the day.

» '퇴근했습니다.'는 He has gone home. / He left for home.라고 해도 된다.

A Good afternoon. (This is) ABC Bank.
   안녕하세요. ABC 은행입니다.

B Good afternoon. Is Mr. Park there, please?
   안녕하세요. 박 선생님 계십니까?

A No, I'm afraid he's out for lunch at the moment. Can I take a message?
   아뇨, 지금 점심 식사하러 나가셨는데요. 전하실 말씀이 있습니까?

죄송하지만 지금 회의 중이십니다.

Sorry, but he's in conference now.

I'm sorry, but he's in a meeting at the moment.

회의가 끝나면 전화 드리라고 전할까요?

Shall I have him call you when the meeting is over?

Shall I ask him to call you when the meeting is over?

» He'll call you back later.(나중에 다시 전화하실 겁니다)라고 해도 좋다.

30분 후에 다시 전화해 주시겠습니까?

Could you call back in half an hour, please?

» '핸드폰으로 해보세요.'는 You could try his cell phone number.

전하실 말씀이 있습니까?

Would you like to leave a message?

Shall I take a message for him?

» 이렇게 말하면 Please tell him to give me a call.(저에게 전화하라고 전해 주세요)
이라고 하든지 No, thanks. I will call him back again.(아뇨, 괜찮습니다. 나중에
다시 전화하겠습니다)이라고 대답하면 된다.

알겠습니다, 화이트 씨. 말씀을 전해 드리겠습니다.

All right, Ms. White. I'll give him your message.

» '가능한 빨리 전화하라고 하겠습니다.'는 I will have him call you as soon as possible. 내용을 알고 있으니까 '저한테 말씀하셔도 됩니다.'라고 할 때는 You can talk to me. / I would happy to handle it for you.라고 한다.

콜린스 씨, 30분 전에 울프 씨에게서 전화가 왔었어요.

Oh, Mr. Collins. There was a call (for you) from a Mr. Wolf half an hour ago.

A He didn't leave a message, but he wanted you to call him when you get in.
전언은 없었지만 돌아오면 전화를 달라고 하셨어요.

B Thank you. I'll call him straight away.
고마워요. 지금 전화할게요.

» '곧, 지금'은 straight away, right away, immediately, at once.

3263-2894로 전화하시면 됩니다.

You can reach him at 3263-2894.

You can contact him at 3263-2894.

You can get in touch with him at 3263-2894.

» 더 격의 없이 '이 번호로 전화하세요.'는 You can get him at[on] this number.

톰, 당신 아버지께서 전화하셨는데 묵고 계신 호텔로 전화하라고 하셨어요.
번호는 045-231-2111예요.

Tom, your father rang and asked you to call the hotel he's staying at. The number is 045-231-2111.

I'm sorry. I must have a wrong number.

몇 번에 거셨어요?

What number are you calling?
What number did you want?

» Where are you calling to?(어디에 전화하신 겁니까?) / You've got the wrong number. Let me give you the number you need.(전화를 잘못 거셨어요. 그쪽 전화번호를 가르쳐 드릴게요)라는 표현도 있다.

> A What extension did you want?
> 내선 몇 번에 거셨어요?
>
> B 226.
> 226입니다.
>
> A This is 126.
> 여기는 126입니다.

죄송하지만 제가 전화를 잘못 걸었습니다.

Sorry, I've dialed the wrong number.
I must have dialed wrong. I'm sorry.
I'm sorry. I must have a wrong number.

> A Hello. Is this Dr. Kim's office?
> 여보세요. 김 박사님 병원입니까?
>
> B No, this is Mr. Lee's residence. You must have (dialed) the wrong number.
> 아뇨, 이 선생님 댁입니다. 전화를 잘못 거신 것 같군요.
>
> » No, I'm afraid you've got the wrong number.라고 해도 같으며 wrong 이 핵심어이다.

죄송하지만 여기에 최라는 분은 안 계시는데요. 판매부에 최라는 분이 계십니다.

I'm sorry, but there's no one called Choi here. We have a Choi in the Sales Department.

» 이런 경우에는 Oh, I see. I must have been given wrong information. Thank you for your help, and sorry to have bothered you.(알겠습니다. 제가 잘못 안 것 같군요. 도와주셔서 감사합니다)라는 대답을 들을 수도 있다. 그렇다면 That's all right. Goodbye.(천만에요. 안녕히 계세요)라고 응답하면 된다.

A Sorry, I can't hear you very well. Could you speak a little louder?
잘 들리지 않는데요. 크게 말씀해 주시겠습니까?

B Hello, hello! How's this?
여보세요, 여보세요. 어떻습니까?

A I can hear you well now.
이제 잘 들립니다.

» 다시 말해 달라고 할 때에는 Could you repeat that?/Could you say that again?이라고 한다. 천천히 말해 달라고 할 때에는 Excuse me, but could you speak more slowly?

미안하지만 연결 상태가 좋지 않은 것 같군요. 끊고 다시 전화해 주시겠습니까?

I'm sorry, but we have a bad connection. Could you hang up and dial again?

죄송합니다. 전화가 끊겼습니다.

I'm sorry, We were cut off. The line was disconnected. I'm awfully sorry.

Unit 17 은행과 우체국

단기간의 여행을 할 때는 환전소(Exchange Bureau)를 이용하는 것으로 충분하지만, 어학연수를 가거나 비교적 긴 여행을 가면 은행에 계좌를 만들어 놓는 것이 여러 가지로 편리하다. 인터넷, 휴대폰이 세계 최고 수준인 우리나라에서야 앉아서 다 처리할 수 있지만 대부분의 다른 나라에서는 은행이나 우체국을 자주 이용하게 된다. Where can I find the bank?(은행은 어디에 있습니까?) / I would like to open an account.(계좌를 개설하고 싶습니다) 등의 표현을 알아두자.

Bank
and Post Office

I'd like to open an account.

백 달러 지폐를 바꿔 주시겠습니까?

Could you change a 100-dollar bill for me?

10달러 지폐 5장과 5달러 지폐 10장을 주십시오.

Five tens and ten fives, please.

» Five ten dollar bills and ten five dollar bills, please.라고 해도 된다. '5달러 지폐 8장, 50센트 주화 10개, 나머지는 10센트 주화로 주십시오.'는 Give me eight fives, ten half dollars, and the rest in dimes, please.라고 하면 된다.

A **Can I change some money here?**
여기서 환전할 수 있습니까?

B **No, sir. You've got to go to window 5.**
아뇨. 5번 창구로 가셔야 해요.

이 수표를 현금으로 바꿔 주시겠습니까?

Can I cash these checks?

A **I'd like to cash some traveler's checks, please.**
여행자 수표를 현금으로 바꿔주세요.

B **Fine. How much for?**
좋습니다. 얼마입니까?

A **One hundred and fifty dollars.**
150달러입니다.

수표마다 이서를 해야 합니까?

Is it necessary to sign each check?

» '(수표에) 서명하다'는 countersign을 쓸 수도 있다.

외환창구는 어디입니까?

Which window is the foreign exchange section, please?

A What's the exchange rate today?
오늘의 환율은 얼마입니까?

B The current rates are on the notice board, madam.
현재의 환율은 게시판에 있습니다.

» '환율'은 the exchange rate, '환산표'는 a conversion table이라고 한다.

미국 달러를 영국 파운드로 환전하고 싶습니다.

I'd like to change American dollars into British pounds.

호주 달러는 지금 얼마입니까?

How much is the Australian dollar now?

미국 달러와 한국 원과의 환율은 얼마입니까?

Would you tell me what the exchange rate is for U. S. dollars to Korean won?

원화로 얼마가 됩니까?

How much will that be in won?

1달러에 1200원입니까?

Is it 1200 won to the dollar?

예금을 하고 싶습니다.

I'd like to make a deposit.

계좌를 개설하고 싶습니다.

I'd like to open an account.

보통예금 계좌로 해주십시오.

A regular savings account, please.

» bank account(은행예금 계좌), (regular) savings account(보통예금 계좌), checking account(당좌예금 계좌) 등은 알아두자.

제 계좌를 이 은행으로 바꾸고 싶습니다.

I'd like to change my account to this bank.

정기예금과 적립예금은 어느 것이 좋습니까?

Which would you recommend, a fixed deposit or an installment deposit?

» '적립예금'은 cumulative deposit이라고도 한다.

이자율은 얼마입니까?

What are the interest rates?

» What's the interest rate on this account?(이 계좌의 이자는 얼마입니까?) / What's the current interest rate for personal loans?(개인 대출에 대한 현재 이자는 얼마입니까?) / What interest rates do you offer on saving accounts?(보통예금 이자율은 어떻게 되나요?) / Which investment account offers the best rate?(어떤 투자 계좌가 가장 높은 이자율을 제공하나요?)

용지에 다 기입했습니다.

I've finished filling out the form.

당좌예금 계좌로 직접 불입할 수 있습니까?

Can I have money sent direct to my checking account?

투자신탁을 취급하고 있습니까?

Do you deal with investment trusts here?

여행자 수표를 사고 싶습니다.

I'd like to buy some traveler's checks.

300달러짜리 수표를 주십시오.

Let me have 300 dollars worth of checks.
I'd like a check for 300 dollars.

» '수표책'은 check-book이라고 한다.

1,500달러를 인출하고 싶습니다.

I'd like to withdraw 1,500 dollars.

제 잔고를 가르쳐 주시겠어요?

Could you tell me how much the balance is?

현금자동지급기는 어디 있습니까?

Where are the cash machines, please?

» *ATM(현금 자동 인출기)은 Automatic Teller Machine의 약자이다.

대출을 받을 수 있습니까?

Could I get a loan?

장기 대출제도에 대해 알고 싶습니다.

I'd like to know about the long-term loan system.

우체국에서
I'd like to send a money order to Korea.

13센트 우표를 5장 주십시오.

Five 13-cent stamps, please.

» '20센트 우표 10장'은 (I'd like) Ten 20-cents stamps, please.

항공봉함 엽서를 10장 주십시오.

Ten aerograms, please.
Ten air letters, please.

이 편지의 요금은 얼마입니까?

What's the postage for this letter?

항공우편요율은 얼마입니까?

What's the air mail rate?

What's the rate for air mail?

» '요금 일람표'처럼 리스트로 되어 있는 '요금'은 rate을 쓴다. '선편'은 surface mail이라고 한다.

이것을 등기우편으로 해주십시오.

I'd like to have this registered.

I want to send this by registered mail.

속달로 보내주세요.

Send it by special delivery, please.

I'd like to send this by express delivery.

이것을 런던으로 부치고 싶습니다. 크리스마스까지는 도착할까요?

I'd like to send this to London. Will it get there by Christmas?

» '소포'는 parcel 또는 package라고 한다.

로스앤젤레스에 편지가 도착하는데 얼마나 걸립니까?

How long will it take to get to Los Angeles?

» When will it get there?(언제 도착합니까?)라고 물어도 좋다.

더 빠른 방법으로 보내고 싶습니다.

I'd like to send it a quicker way.

이것은 한국으로 보내는데 얼마입니까?

How much does it cost to send this to Korea?

한국으로 우편환을 보내고 싶습니다.

I'd like to send a money order to Korea.

» '우편환'은 (postal) money order라고 한다.

여기에는 무엇을 써야 합니까?

What do I have to fill in here?

발신인의 이름과 주소는 어디에 써야 합니까?

Where should I write the sender's name and address?

» '수취인'은 receiver, '수취인 주소'는 address, '발송지'는 forwarding address이다. '친전'은 confidential로 나타낸다.

우편번호는 130-110입니다.

The zip code is 130-110.